KB191050

JLPT
합격 시그널

# 일본어능력시험

## 단어장 N3

### 테마별 **필수 어휘**와 **기출 어휘** 완전 마스터

# 이 책의 구성

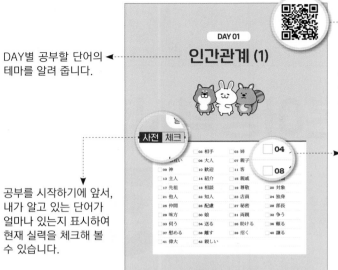

DAY별 공부할 단어의
테마를 알려 줍니다.

QR코드를 스캔하여 쉽고
간단하게 원어민 음성을
확인할 수 있습니다.

공부를 시작하기에 앞서,
내가 알고 있는 단어가
얼마나 있는지 표시하여
현재 실력을 체크해 볼
수 있습니다.

숫자를 보고 원하는
단어를 쉽고 빠르게
찾을 수 있도록 과에서
공부할 단어에는 넘버링이
부여되어 있으며,
본문에서는 이 순서대로
단어를 학습합니다.

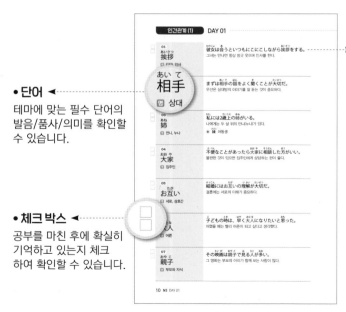

• 예문

제시 단어가 어떻게 사용
되는지, 테마와 관련된
문장을 통해 뉘앙스를
익힐 수 있습니다.

• 단어

테마에 맞는 필수 단어의
발음/품사/의미를 확인할
수 있습니다.

• 체크 박스

공부를 마친 후에 확실히
기억하고 있는지 체크
하여 확인할 수 있습니다.

▶ ● 트랙 번호

모든 제시 단어와 예문은
원어민 음성을 들으며
발음을 확인할 수 있습니다.

전체 원어민 음성은 하단
QR코드 스캔을 통한 스트
리밍 서비스 이용, 혹은 시
사일본어사 홈페이지에서
mp3 파일을 다운로드 후
이용할 수 있습니다.
(www.sisabooks.com/jpn)

전체 음성 듣기

● 관련 어휘 ◀

제시 단어와 함께 공부하면
좋은 관련 어휘를 수록하여
학습 효율을 높여 줍니다.

유 유의어
    비슷한 의미를 가진 표현
반 반의어
    반대 의미를 가진 표현
➕ 추가 관련 어휘
자 타 관련 자동사 / 타동사

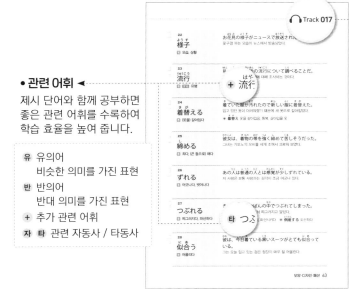

● 확인 문제 ◀

문제를 통해 공부한 단어의
발음 및 문장 활용을 다시
한번 체크해 봅니다.

▶ ● 정답

하단의 정답을 보고 채점을
한 후, 다시 한번 문제를
확인하며 복습해 봅니다.

3

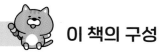

# 이 책의 구성

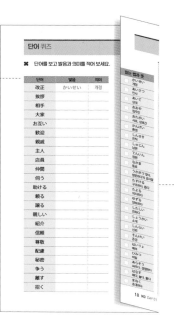

• **단어 퀴즈** ◄
얼마나 기억하고 있는지
현재 성취도를 확인하기
위해 제시된 단어를 보고
발음과 의미를 적어 봅니다.

► 점선을 따라 접으면
퀴즈 정답을 확인할 수
있습니다.

• **퀴즈 정답** ◄
절취선을 따라 접어
퀴즈의 정답을 확인하고,
정답을 맞춘 단어에
체크해 봅니다.

► 다시 한번 단어를 보며
발음과 의미를 적고 복습
해 봅니다. 앞서 확실히
기억하지 못했던 단어를
반복 연습하여 확실히
암기하고 넘어갈 수
있습니다.

## • 독해 연습

테마와 관련된 내용의
독해 지문을 읽으면서
공부한 어휘가 긴 글에서
어떻게 사용되고 있는지를
알아봅니다.

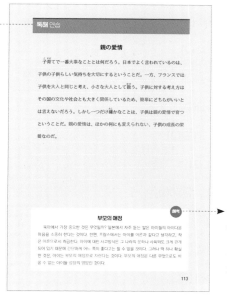

## • 해석

글에서 단어가 어떤
뉘앙스로 사용되었는지를
한국어로 문맥을 보며
파악해 봅니다.

시험에 출제되는
유형에 맞게 구분한 **어휘집**

시험 직전
**집중 공략 어휘**

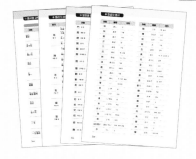

한 글자 명사, 닮은꼴 한자, 틀리기 쉬운 발음, 가타카나어, 접두어/접미어, 복합 동사, 자주 사용하는 표현에서 문제 유형에 맞는 단어를 바로 찾아볼 수 있습니다.
또한 **품사별 고득점 어휘**에서는 독해나 청해 등의 한 지문 안에 나올 수 있는 다양한 단어에 익숙해질 수 있도록 함께 기억하면 좋은 보다 폭넓은 레벨의 단어를 문장과 함께 학습할 수 있습니다.

### 기출어휘

시험 직전 간단하게 복습할 수 있도록 현재까지 출제된 문자 어휘 영역의 과거 유형별 **기출 어휘**를 발음순으로 수록하고 있습니다.

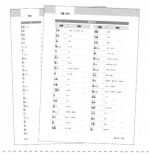

### 색인

**발음 순**으로 수록된 **색인**을 통해 본문에서 다룬 모든 단어를 빠르게 찾을 수 있습니다.

# 목차

시험 직전
## 집중 공략 어휘

## 품사 일람표

| 명 | 명사 |
|---|---|
| 동 | 동사 |
| イ | イ형용사 |
| ナ | ナ형용사 |
| 연 | 연체사 |
| 부 | 부사 |
| 자 | 자동사 |
| 타 | 타동사 |

## 관련어 일람표

| + | 추가 관련어휘 |
|---|---|
| 반 | 반의어 |
| 유 | 유의어 |

## DAY 01

# 인간관계 (1)

음성듣기

얼마나
알고 있나요?

**사전 체크**

| | | | |
|---|---|---|---|
| ☐ **01** 挨拶 | ☐ **02** 相手 | ☐ **03** 姉 | ☐ **04** 大家 |
| ☐ **05** お互い | ☐ **06** 大人 | ☐ **07** 親子 | ☐ **08** 家族 |
| ☐ **09** 神 | ☐ **10** 歓迎 | ☐ **11** 客 | ☐ **12** 恋人 |
| ☐ **13** 主人 | ☐ **14** 紹介 | ☐ **15** 親戚 | ☐ **16** 信頼 |
| ☐ **17** 先祖 | ☐ **18** 相談 | ☐ **19** 尊敬 | ☐ **20** 対象 |
| ☐ **21** 他人 | ☐ **22** 知人 | ☐ **23** 店員 | ☐ **24** 独身 |
| ☐ **25** 仲間 | ☐ **26** 配慮 | ☐ **27** 秘密 | ☐ **28** 部長 |
| ☐ **29** 味方 | ☐ **30** 娘 | ☐ **31** 両親 | ☐ **32** 争う |
| ☐ **33** 伺う | ☐ **34** 送る | ☐ **35** 助ける | ☐ **36** 頼る |
| ☐ **37** 慰める | ☐ **38** 離す | ☐ **39** 招く | ☐ **40** 譲る |
| ☐ **41** 偉大 | ☐ **42** 親しい | | |

**01**
あいさつ
**挨拶**
[명] [する] 인사

彼女は会うといつもにこにこしながら挨拶をする。
그녀는 만나면 항상 방긋 웃으며 인사를 한다.

**02**
あい て
**相手**
[명] 상대

まずは相手の話をよく聞くことが大切だ。
우선은 상대방의 이야기를 잘 듣는 것이 중요하다.

**03**
あね
**姉**
[명] 언니, 누나

私には2歳上の姉がいる。
나에게는 두 살 위의 언니(누나)가 있다.
✛ 妹 여동생

**04**
おお や
**大家**
[명] 집주인

不便なことがあったら大家に相談した方がいい。
불편한 것이 있으면 집주인에게 상담하는 편이 좋다.

**05**
たが
**お互い**
[명] 서로, 상호간

結婚にはお互いの理解が大切だ。
결혼에는 서로의 이해가 중요하다.

**06**
おとな
**大人**
[명] 어른

子どもの時は、早く大人になりたいと思った。
어렸을 때는 빨리 어른이 되고 싶다고 생각했다.

**07**
おや こ
**親子**
[명] 부모와 자식

その映画は親子で見る人が多い。
그 영화는 부모와 아이가 함께 보는 사람이 많다.

**08**
かぞく
家族
명 가족

週末は家族と旅行するつもりだ。
주말에는 가족과 여행 갈 생각이다.

---

**09**
かみ
神
명 신

神は人間に喜びと苦しみを与えたといわれる。
신은 인간에게 기쁨과 고통을 주었다고 한다.

---

**10**
かんげい
歓迎
명 する 환영

遠くから来た友達を、家族で歓迎した。
멀리서 온 친구를 가족 모두가 환영했다.

---

**11**
きゃく
客
명 손님

このイベントが成功すれば客が増えると思う。
이 이벤트가 성공하면 손님이 늘어날 거라고 생각한다.

---

**12**
こいびと
恋人
명 애인, 연인

10年間付き合った恋人と結婚することにした。
10년 동안 사귄 애인과 결혼하기로 했다.

---

**13**
しゅじん
主人
명 남편

主人は会社から帰るとすぐにお風呂に入る。
남편은 회사에서 돌아오면 곧바로 목욕을 한다.

---

**14**
しょうかい
紹介
명 する 소개

私たちは友達の紹介で出会った。
우리들은 친구의 소개로 만났다.

**15**
しんせき
**親戚**
[명] 친척

しんせき あつ　　　　　　　　　　　　いなか かえ
親戚の集まりのために、田舎に帰らなければならない。
친척 모임을 위해 고향에 돌아가야 한다.

---

**16**
しんらい
**信頼**
[명] [する] 신뢰

かれ ぶか　　　　しんらい あつ
彼は部下からの信頼が厚い。
그는 부하로부터의 신뢰가 두텁다.

---

**17**
せん ぞ
**先祖**
[명] 선조

せん ぞ　　　　　　しら
先祖について調べてみることにした。
선조에 대해 조사해 보기로 했다.

---

**18**
そうだん
**相談**
[명] [する] 상담

なや ごと ひとり かんが　　　ともだち そうだん
悩み事は一人で考えずに、友達に相談すべきだ。
고민거리는 혼자서 생각하지 말고 친구에게 상담해야 한다.

---

**19**
そんけい
**尊敬**
[명] [する] 존경

せんぱい　　　　　　　　　そんけい
先輩はみんなから尊敬されている。
선배는 모두로부터 존경 받고 있다.

---

**20**
たいしょう
**対象**
[명] 대상

だいがくせい たいしょう つく
このアンケートは大学生を対象に作られている。
이 앙케트는 대학생을 대상으로 만들어져 있다.

---

**21**
た にん
**他人**
[명] 타인

た にん いっしょ く　　　　　むずか
他人と一緒に暮らすのは難しいことだ。
타인과 함께 생활하는 것은 어려운 일이다.

**22**
ち じん
**知人**
명 지인

ちじん
知人にすすめられて今の会社で働いている。
지인에게 권유 받아 지금의 회사에서 일하고 있다.

**23**
てんいん
**店員**
명 점원

たいど わる てんいん い
態度の悪い店員のいるレストランには行きたくない。
불친절한 점원이 있는 레스토랑에는 가고 싶지 않다.

**24**
どくしん
**独身**
명 독신

かのじょ どくしん こいびと
彼女はまだ独身で、恋人もいない。
그녀는 아직 독신이고, 애인도 없다.

**25**
なか ま
**仲間**
명 동료, 친구

がくせいじ だい なか ま いま れんらく
学生時代のクラブの仲間と今も連絡をしている。
학창 시절의 동아리 친구와 지금도 연락을 하고 있다.

**26**
はいりょ
**配慮**
명 する 배려

さいきん わかもの はいりょ た
最近の若者は配慮が足りないといわれる。
요즘 젊은이들은 배려가 부족하다고 한다.

**27**
ひ みつ
**秘密**
명 비밀

かれ ひ みつ まも しんよう
彼は秘密を守らないから、信用できない。
그는 비밀을 지키지 않기 때문에 신용할 수 없다.

**28**
ぶ ちょう
**部長**
명 부장(님)

ぶ ちょう しょるい み
部長、すみませんが、この書類、見ていただけますか。
부장님, 죄송하지만 이 서류 좀 봐 주실 수 있습니까?

---

**29**
みかた
**味方**
명 する 자기 편, 아군

どんな時<sup>とき</sup>でも私<sup>わたし</sup>はあなたの味方<sup>みかた</sup>です。
어떤 때라도 나는 당신의 편입니다.

➕ 味方<sup>みかた</sup>する 편들다

---

**30**
むすめ
**娘**
명 딸

娘<sup>むすめ</sup>は来年<sup>らいねん</sup>、中学生<sup>ちゅうがくせい</sup>になりますが、息子<sup>むすこ</sup>はまだ小学生<sup>しょうがくせい</sup>です。
딸은 내년에 중학생이 되지만, 아들은 아직 초등학생입니다.

➕ 息子<sup>むすこ</sup> 아들

---

**31**
りょうしん
**両親**
명 부모, 양친

私<sup>わたし</sup>の両親<sup>りょうしん</sup>は働<sup>はたら</sup>いているので、子どものころは寂<sup>さび</sup>しかった。
우리 부모님은 일을 하기 때문에 어렸을 때는 외로웠다.

---

**32**
あらそ
**争う**
통 싸우다, 다투다, 경쟁하다

2人<sup>ふたり</sup>は1位<sup>い</sup>を争<sup>あらそ</sup>って厳<sup>きび</sup>しい競争<sup>きょうそう</sup>をしてきた。
두 사람은 1위를 다투며 치열한 경쟁을 해 왔다.

---

**33**
うかが
**伺う**
통 '묻다·듣다·방문하다'의
　　겸양 표현

明日<sup>あした</sup>8時<sup>じ</sup>に先生<sup>せんせい</sup>のお宅<sup>たく</sup>に伺<sup>うかが</sup>います。
내일 8시에 선생님 댁에 방문하겠습니다.

ちょっと伺<sup>うかが</sup>いますが、新宿駅<sup>しんじゅくえき</sup>はどちらでしょうか。
말씀 좀 묻겠습니다만, 신주쿠역은 어느 쪽입니까?

---

**34**
おく
**送る**
통 보내다

日本<sup>にほん</sup>の友達<sup>ともだち</sup>に手紙<sup>てがみ</sup>を送<sup>おく</sup>りました。
일본에 있는 친구에게 편지를 보냈습니다.

---

**35**
たす
**助ける**
통 구조하다, 살리다, 돕다

道<sup>みち</sup>で重<sup>おも</sup>い荷物<sup>にもつ</sup>を持<sup>も</sup>ったおばあさんを助<sup>たす</sup>けた。
길에서 무거운 짐을 든 할머니를 도와주었다.

➡ 助<sup>たす</sup>かる 살아나다, 도움이 되다

---

**36**
たよ
**頼る**

동 의지하다

ぶか じょうし たよ
部下は上司に頼ってばかりいてはだめだ。
부하는 상사에게 의지하기만 해서는 안된다.

---

**37**
なぐさ
**慰める**

동 위로하다

じゅけん しっぱい お こ むすこ なぐさ
受験に失敗して落ち込んでいる息子を慰めた。
입시에 실패해서 풀 죽어 있는 아들을 위로했다.

---

**38**
はな
**離す**

동 떼다, 놓다, 풀다

おや ふたり はな むずか
親でもあの二人を離すことは難しいだろう。
부모라도 저 두 사람을 떼어놓는 것은 어려울 것이다.

자 はな
離れる 떨어지다

---

**39**
まね
**招く**

동 초대하다, 초래하다

たんじょうび ひと まね
誕生日にたくさんの人を招いてパーティーをした。
생일에 많은 사람을 초대하여 파티를 했다.

---

**40**
ゆず
**譲る**

동 양보하다

でんしゃ としよ せき ゆず ひと すく
電車でお年寄りに席を譲る人が少なくなった。
전철에서 노인에게 자리를 양보하는 사람이 적어졌다.

---

**41**
い だい
**偉大**

ナ 명 위대

わたし ちち い だい そんざい
私にとって父は偉大な存在だ。
나에게 있어서 아버지는 위대한 존재이다.

---

**42**
した
**親しい**

イ 친하다

かのじょ わたし いちばんした ともだち
彼女は、私の一番親しい友達だ。
그녀는 내 가장 친한 친구이다.

**1** 해당 어휘의 읽는 법을 찾고, 빈칸에 그 의미를 써 넣으세요.

| 보기 | 学生 | ⓥ がくせい | ② がっせい | 학생 |
|------|------|------------|-----------|------|

(1) 他人　　① たじん　　② たにん　　_____

(2) 偉大　　① いだい　　② いたい　　_____

(3) 親しい　① したしい　② あたらしい　_____

(4) 相談　　① しょうだん ② そうだん　_____

(5) 相手　　① あいて　　② あいしゅ　_____


**2** 문맥에 맞는 단어를 보기에서 골라 알맞은 형태로 바꾸어 써 넣으세요.

(6) 受験に失敗して落ち込んでいる息子を(　　　　)た。

(7) 2人は1位を(　　　　)厳しい競争をしてきた。

(8) 部下は上司に(　　　　)ばかりではだめだ。

(9) 誕生日にたくさんの人を(　　　　)パーティーをした。

(10) ちょっと(　　　　)ますが、新宿駅はどちらでしょうか。

| 보기 | 争う | 伺う | 頼る | 慰める | 招く |
|------|------|------|------|--------|------|

✖ 단어를 보고 발음과 의미를 적어 보세요.

| 단어 | 발음 | 의미 |
|------|------|------|
| 改正 | かいせい | 개정 |
| 挨拶 | | |
| 相手 | | |
| 大家 | | |
| お互い | | |
| 歓迎 | | |
| 親戚 | | |
| 主人 | | |
| 店員 | | |
| 仲間 | | |
| 伺う | | |
| 助ける | | |
| 頼る | | |
| 譲る | | |
| 親しい | | |
| 紹介 | | |
| 信頼 | | |
| 尊敬 | | |
| 配慮 | | |
| 秘密 | | |
| 争う | | |
| 離す | | |
| 招く | | |

📖 선을 따라 접으면 답을 확인할 수 있어요.

❁ 한번 더 복습해 봅시다.

| 읽는 법과 뜻 | | 한자 | 발음 | 의미 |
|---|---|---|---|---|
| ☐ | かいせい<br>개정 | 예 改正 | かいせい | 개정 |
| ☐ | あいさつ<br>인사 | 挨拶 | | |
| ☐ | あいて<br>상대 | 相手 | | |
| ☐ | おおや<br>집주인 | 大家 | | |
| ☐ | おたがい<br>서로, 상호간 | お互い | | |
| ☐ | かんげい<br>환영 | 歓迎 | | |
| ☐ | しんせき<br>친척 | 親戚 | | |
| ☐ | しゅじん<br>남편 | 主人 | | |
| ☐ | てんいん<br>점원 | 店員 | | |
| ☐ | なかま<br>동료 | 仲間 | | |
| ☐ | うかがう '찾다,<br>방문하다'의 겸사말 | 伺う | | |
| ☐ | たすける<br>구조하다, 돕다 | 助ける | | |
| ☐ | たよる<br>의지하다 | 頼る | | |
| ☐ | ゆずる<br>양보하다 | 譲る | | |
| ☐ | したしい<br>친하다 | 親しい | | |
| ☐ | しょうかい<br>소개 | 紹介 | | |
| ☐ | しんらい<br>신뢰 | 信頼 | | |
| ☐ | そんけい<br>존경 | 尊敬 | | |
| ☐ | はいりょ<br>배려 | 配慮 | | |
| ☐ | ひみつ<br>비밀 | 秘密 | | |
| ☐ | あらそう<br>싸우다, 경쟁하다 | 争う | | |
| ☐ | はなす<br>떼다, 놓다, 풀다 | 離す | | |
| ☐ | まねく<br>초대하다 | 招く | | |

# DAY 02

# 인간관계 (2)

음성듣기

얼마나
알고 있나요?

**사전 체크**

| | | | |
|---|---|---|---|
| ☐ 01 愛情 | ☐ 02 兄 | ☐ 03 いとこ | ☐ 04 おかげ |
| ☐ 05 夫 | ☐ 06 お礼 | ☐ 07 代わり | ☐ 08 感謝 |
| ☐ 09 兄弟 | ☐ 10 ご無沙汰 | ☐ 11 自信 | ☐ 12 氏名 |
| ☐ 13 出身 | ☐ 14 招待 | ☐ 15 信用 | ☐ 16 生命 |
| ☐ 17 先輩 | ☐ 18 祖父 | ☐ 19 存在 | ☐ 20 立場 |
| ☐ 21 男性 | ☐ 22 父親 | ☐ 23 同僚 | ☐ 24 年寄り |
| ☐ 25 人間 | ☐ 26 久しぶり | ☐ 27 夫婦 | ☐ 28 訪問 |
| ☐ 29 マナー | ☐ 30 名字 | ☐ 31 迷惑 | ☐ 32 いらっしゃる |
| ☐ 33 贈る | ☐ 34 誘う | ☐ 35 訪ねる | ☐ 36 似る |
| ☐ 37 話す | ☐ 38 見送る | ☐ 39 もてる | ☐ 40 別れる |
| ☐ 41 礼儀正しい | ☐ 42 若い | | |

| 01 あいじょう 愛情 명 애정 | 恋人のために愛情を込めてケーキを作った。<br>애인을 위해 애정을 담아 케이크를 만들었다. |

| 02 あに 兄 명 형, 오빠 | 家にいる時は、いつも兄に料理を作らされた。<br>집에 있을 때는 늘 오빠가(형이) 나에게 요리를 만들게 했다.<br>＋ 弟 남동생 |

| 03 いとこ 명 사촌 | 今年の夏休みは、いとこと海外旅行をするつもりだ。<br>올해 여름 방학에는 사촌과 해외여행을 갈 생각이다. |

| 04 おかげ 명 덕택, 덕분 | 彼女のおかげで楽しい旅行になった。<br>그녀 덕분에 즐거운 여행이 되었다. |

| 05 おっと 夫 명 남편 | 最近は夫の仕事が忙しいので、家事は私が一人でしています。<br>요즘은 남편 일이 바빠서 집안일은 제가 혼자서 하고 있습니다.<br>反 妻 아내 |

| 06 れい お礼 명 사례, 감사 인사, 답례 | お世話になったら、お礼を言うのが礼儀だ。<br>신세를 졌으면 감사 인사를 하는 것이 예의이다.<br>これ、つまらないものですが、この間のお礼です。<br>이거, 별것 아닙니다만 요전번의 답례입니다. |

| 07 か 代わり 명 대신 | 風邪を引いている母の代わりに私が料理を作った。<br>감기에 걸린 엄마 대신 내가 요리를 만들었다. |

**08**
かんしゃ
**感謝**
명 する 감사

父の日なので、父に感謝の気持ちを伝えた。
아버지날이라서 아버지께 감사의 마음을 전했다.

---

**09**
きょうだい
**兄弟**
명 형제

子どものころはよく兄弟げんかをしたものだ。
어렸을 때는 자주 형제끼리 싸움을 하곤 했다.

반 姉妹 자매

---

**10**
ぶ さ た
**ご無沙汰**
명 する 오랫동안 격조함,
무소식

久しぶりに会った教授に「ご無沙汰しております」
とあいさつした。
오랜만에 만난 교수님에게 '격조했습니다'라고 인사했다.

---

**11**
じ しん
**自信**
명 자신

彼は昨日の失敗で自信を失った。
그는 어제의 실수로 자신을 잃었다.

---

**12**
し めい
**氏名**
명 성명

ここに住所と氏名と電話番号を書いてください。
여기에 주소와 성명과 전화번호를 써 주세요.

---

**13**
しゅっしん
**出身**
명 출신

彼の出身地は、北海道の南にある町です。
그의 출신지는 홋카이도 남쪽에 있는 마을입니다.

---

**14**
しょうたい
**招待**
명 する 초대

彼は結婚式に親しい友達を招待した。
그는 결혼식에 친한 친구를 초대했다.

**15**
しんよう
**信用**
명 する 신용

彼女<ruby>女<rt></rt></ruby>はずっと一緒<ruby><rt>いっしょ</rt></ruby>に仕事<ruby><rt>しごと</rt></ruby>をしてきた信用<ruby><rt>しんよう</rt></ruby>できる人<ruby><rt>ひと</rt></ruby>だ。
그녀는 계속 같이 일을 해 온 신용할 수 있는 사람이다.

**16**
せいめい
**生命**
명 생명

生命工学部<ruby><rt>せいめいこうがくぶ</rt></ruby>に進学<ruby><rt>しんがく</rt></ruby>するのを目標<ruby><rt>もくひょう</rt></ruby>に頑張<ruby><rt>がんば</rt></ruby>っています。
생명공학부에 진학하는 것을 목표로 노력하고 있습니다.

**17**
せんぱい
**先輩**
명 선배

彼<ruby><rt>かれ</rt></ruby>は私<ruby><rt>わたし</rt></ruby>にとって人生<ruby><rt>じんせい</rt></ruby>の先輩<ruby><rt>せんぱい</rt></ruby>だ。
그는 나에게 있어서 인생의 선배이다.
반 後輩<ruby><rt>こうはい</rt></ruby> 후배

**18**
そ ふ
**祖父**
명 할아버지

祖父<ruby><rt>そふ</rt></ruby>は毎日夜<ruby><rt>まいにちよる</rt></ruby>8時<ruby><rt>じ</rt></ruby>に寝<ruby><rt>ね</rt></ruby>て、朝<ruby><rt>あさ</rt></ruby>4時<ruby><rt>じ</rt></ruby>に起<ruby><rt>お</rt></ruby>きます。
할아버지는 매일 밤 8시에 자고, 아침 4시에 일어납니다.
+ 祖母<ruby><rt>そぼ</rt></ruby> 할머니

**19**
そんざい
**存在**
명 する 존재

家族<ruby><rt>かぞく</rt></ruby>は私<ruby><rt>わたし</rt></ruby>の人生<ruby><rt>じんせい</rt></ruby>の中<ruby><rt>なか</rt></ruby>でなくてはならない存在<ruby><rt>そんざい</rt></ruby>だ。
가족은 내 인생 중에서 없어서는 안 되는 존재이다.

**20**
たち ば
**立場**
명 입장

まずは相手<ruby><rt>あいて</rt></ruby>の立場<ruby><rt>たちば</rt></ruby>を考<ruby><rt>かんが</rt></ruby>えてみることが重要<ruby><rt>じゅうよう</rt></ruby>だ。
우선은 상대방의 입장을 생각해 보는 것이 중요하다.

**21**
だんせい
**男性**
명 남성

優<ruby><rt>やさ</rt></ruby>しい男性<ruby><rt>だんせい</rt></ruby>がタイプです。
다정한 남성이 타입(이상형)입니다.
반 女性<ruby><rt>じょせい</rt></ruby> 여성

**22**
ちちおや
**父親**
명 아버지, 부친

あそこに<ruby>座<rt>すわ</rt></ruby>っているのが<ruby>私<rt>わたし</rt></ruby>の<ruby>父親<rt>ちちおや</rt></ruby>です。
저기에 앉아 있는 사람이 제 아버지입니다.
반 <ruby>母親<rt>ははおや</rt></ruby> 어머니, 모친

---

**23**
どうりょう
**同僚**
명 동료

<ruby>同僚<rt>どうりょう</rt></ruby>の<ruby>娘<rt>むすめ</rt></ruby>さんが<ruby>来月<rt>らいげつ</rt></ruby>ハワイで<ruby>結婚<rt>けっこん</rt></ruby>するそうだ。
동료의 따님이 다음 달 하와이에서 결혼한다고 한다.

---

**24**
とし よ
**年寄り**
명 늙은이, 노인

<ruby>年寄<rt>としよ</rt></ruby>りになると<ruby>力<rt>ちから</rt></ruby>が<ruby>弱<rt>よわ</rt></ruby>くなるし、<ruby>疲<rt>つか</rt></ruby>れやすくなる。
노인이 되면(나이를 먹으면) 힘이 약해지고 쉽게 피곤해진다.

---

**25**
にんげん
**人間**
명 인간

<ruby>人間<rt>にんげん</rt></ruby>は<ruby>一人<rt>ひとり</rt></ruby>では<ruby>生<rt>い</rt></ruby>きていけない<ruby>弱<rt>よわ</rt></ruby>いものだ。
인간은 혼자서는 살아갈 수 없는 나약한 것(동물)이다.

---

**26**
ひさ
**久しぶり**
명 ナ 오래간만

プサンに<ruby>行<rt>い</rt></ruby>くのは<ruby>小学生<rt>しょうがくせい</rt></ruby>の<ruby>時以来<rt>ときいらい</rt></ruby>で、とても<ruby>久<rt>ひさ</rt></ruby>しぶりだ。
부산에 가는 것은 초등학생 때 이후로, 아주 오랜만이다.

---

**27**
ふう ふ
**夫婦**
명 부부

<ruby>仲<rt>なか</rt></ruby>がいい<ruby>夫婦<rt>ふうふ</rt></ruby>のことを「おしどり<ruby>夫婦<rt>ふうふ</rt></ruby>」という。
사이가 좋은 부부를 '잉꼬부부'라고 말한다.

---

**28**
ほうもん
**訪問**
명 する 방문

<ruby>先週末<rt>せんしゅうまつ</rt></ruby>、<ruby>先生<rt>せんせい</rt></ruby>の<ruby>お宅<rt>たく</rt></ruby>を<ruby>訪問<rt>ほうもん</rt></ruby>した。
지난 주말에 선생님 댁을 방문했다.

**29**

**マナー**

图 매너

マナーがいい人が印象もいい。
매너가 좋은 사람이 인상도 좋다.

요 礼儀 예의

---

**30**

みょうじ
**名字**

图 성씨

日本人の名字は複雑で30万以上あります。
일본인의 성씨는 복잡해서 30만이 넘게 있습니다.

---

**31**

めいわく
**迷惑**

图 ナ する 폐, 성가심

母は人に迷惑をかけることが一番嫌いだ。
어머니는 다른 사람에게 폐를 끼치는 것을 가장 싫어한다.

---

**32**

**いらっしゃる**

图 오시다, 가시다, 계시다

あそこにいらっしゃる方はとても有名な大学教授だそうです。
저쪽에 계시는 분은 매우 유명한 대학교수라고 합니다.

---

**33**

おく
**贈る**

图 선물하다, 보내다, 주다

母の日に、カーネーションを贈りました。
어머니날에 카네이션을 선물했습니다.

---

**34**

さそ
**誘う**

图 꾀다, 권유하다

彼女を映画に誘うつもりだ。
그녀에게 영화를 보자고 권유할 생각이다.

---

**35**

たず
**訪ねる**

图 방문하다, 찾다

久しぶりに祖父母の家を訪ねた。
오랜만에 조부모님 댁을 방문했다.

**36**
に
**似る**
동 닮다

かれ かお せいかく ちちおや に
彼は顔も性格も父親に似ている。
그는 얼굴도 성격도 아버지를 닮았다.

**37**
はな
**話す**
동 말하다, 이야기하다

こくさいでん わ か ぞく ぶんはな
国際電話で家族と30分話した。
국제 전화로 가족과 30분 이야기했다.

**38**
み おく
**見送る**
동 배웅하다, 지켜보다,
보류하다

えき ともだち み おく いえ かえ
駅で友達を見送ってから家に帰った。
역에서 친구를 배웅한 다음에 집으로 돌아갔다.
반 出迎える 마중 나가다

**39**
**もてる**
동 인기 있다

あね び じん だんせい
姉はとても美人だから男性にもてます。
언니(누나)는 상당한 미인이라서 남성에게 인기가 있습니다.

**40**
わか
**別れる**
동 헤어지다, 이별하다

かのじょ ねん つ あ かれし わか
彼女は8年も付き合った彼氏と別れた。
그녀는 8년이나 사귄 남자 친구와 헤어졌다.

**41**
れい ぎ ただ
**礼儀正しい**
イ 예의 바르다

しょうがくせい れい ぎ ただ
あの小学生は、あいさつもできて礼儀正しい。
저 초등학생은 인사도 잘하고 예의 바르다.

**42**
わか
**若い**
イ 젊다, 어리다

あじ たの わか ひと にんき
カクテルはいろいろな味が楽しめて若い人に人気が
ある。
칵테일은 다양한 맛을 즐길 수 있어서 젊은 사람에게 인기가 있다.

## 확인 문제

**1** 해당 어휘의 읽는 법을 찾고, 빈칸에 그 의미를 써 넣으세요.

| 보기 学生 | ☑ がくせい | ② がっせい | 학생 |
|---|---|---|---|

(1) 祖父　　① そふ　　② そぼ　　_____

(2) 名字　　① めいじ　　② みょうじ　　_____

(3) 夫婦　　① ふうふ　　② ふふう　　_____

(4) 若い　　① わかい　　② にがい　　_____

(5) 立場　　① りっぱ　　② たちば　　_____

**2** 문맥에 맞는 단어를 보기에서 골라 알맞은 형태로 바꾸어 써 넣으세요.

(6) 彼女は8年も付き合った彼氏と(　　　　)た。

(7) 彼女を映画に(　　　　)つもりだ。

(8) あの小学生は、あいさつもできて(　　　　)。

(9) 駅で友達を(　　　　)から家に帰った。

(10) 彼は顔も性格も父親に(　　　　)。

| 보기 | 誘う | 似る | 見送る | 別れる | 礼儀正しい |
|---|---|---|---|---|---|

---

정답

(1) ① 할아버지　(2) ② 성씨　(3) ① 부부　(4) ① 젊다, 어리다　(5) ② 입장
(6) 別(わか)れ　(7) 誘(さそ)う　(8) 礼儀正(れいぎただ)しい　(9) 見送(みおく)って　(10) 似(に)ている

## 단어 퀴즈

✤ 단어를 보고 발음과 의미를 적어 보세요.

| 단어 | 발음 | 의미 |
|---|---|---|
| 改正 | かいせい | 개정 |
| 自信 | | |
| お礼 | | |
| 代わり | | |
| 感謝 | | |
| 兄弟 | | |
| 出身 | | |
| 年寄り | | |
| 夫婦 | | |
| 訪問 | | |
| 迷惑 | | |
| 立場 | | |
| 贈る | | |
| 誘う | | |
| 訪ねる | | |
| 似る | | |
| 先輩 | | |
| 見送る | | |
| 別れる | | |
| 礼儀正しい | | |
| 夫 | | |
| 招待 | | |
| 同僚 | | |

선을 따라 접으면 답을 확인할 수 있어요.

✖ 한번 더 복습해 봅시다.

| 읽는 법과 뜻 |
|---|
| ☐ かいせい<br>개정 |
| ☐ じしん<br>자신 |
| ☐ おれい<br>사례, 감사 (인사) |
| ☐ かわり<br>대신 |
| ☐ かんしゃ<br>감사 |
| ☐ きょうだい<br>형제 |
| ☐ しゅっしん<br>출신 |
| ☐ としより<br>늙은이, 노인 |
| ☐ ふうふ<br>부부 |
| ☐ ほうもん<br>방문 |
| ☐ めいわく<br>폐, 성가심 |
| ☐ たちば<br>입장 |
| ☐ おくる<br>선물하다, 보내다 |
| ☐ さそう<br>꾀다, 권유하다 |
| ☐ たずねる<br>방문하다, 찾다 |
| ☐ にる<br>닮다 |
| ☐ せんぱい<br>선배 |
| ☐ みおくる<br>배웅하다, 지켜보다 |
| ☐ わかれる<br>헤어지다, 이별하다 |
| ☐ れいぎただしい<br>예의 바르다 |
| ☐ おっと<br>남편 |
| ☐ しょうたい<br>초대 |
| ☐ どうりょう<br>동료 |

| 한자 | 발음 | 의미 |
|---|---|---|
| 예 改正 | かいせい | 개정 |
| 自信 | | |
| お礼 | | |
| 代わり | | |
| 感謝 | | |
| 兄弟 | | |
| 出身 | | |
| 年寄り | | |
| 夫婦 | | |
| 訪問 | | |
| 迷惑 | | |
| 立場 | | |
| 贈る | | |
| 誘う | | |
| 訪ねる | | |
| 似る | | |
| 先輩 | | |
| 見送る | | |
| 別れる | | |
| 礼儀正しい | | |
| 夫 | | |
| 招待 | | |
| 同僚 | | |

음성듣기

# DAY 03

# 성격과 성질

얼마나
알고 있나요?

**사전 체크**

☐ 01 共通　　　☐ 02 緊張　　　☐ 03 癖　　　☐ 04 けち

☐ 05 欠点　　　☐ 06 行動　　　☐ 07 声　　　☐ 08 正直

☐ 09 性格　　　☐ 10 短所　　　☐ 11 特長　　　☐ 12 特定

☐ 13 左利き　　☐ 14 変わる　　☐ 15 異なる　　☐ 16 偉い

☐ 17 賢い　　　☐ 18 固い　　　☐ 19 細かい　　☐ 20 しつこい

☐ 21 ずうずうしい　☐ 22 ずるい　　☐ 23 鋭い　　☐ 24 そそっかしい

☐ 25 頼もしい　　☐ 26 鈍い　　　☐ 27 古い　　　☐ 28 珍しい

☐ 29 優しい　　　☐ 30 あいまい　　☐ 31 いいかげん　☐ 32 おおざっぱ

☐ 33 穏やか　　　☐ 34 勝手　　　☐ 35 素直　　　☐ 36 大丈夫

☐ 37 駄目　　　☐ 38 単純　　　☐ 39 不思議　　☐ 40 愉快

☐ 41 豊か　　　☐ 42 立派

**01**
きょうつう
**共通**
명 する 공통

ふたり きょうつう ひと まえ た す
二人に共通しているのは、人の前に立つのが好きだ
てん
という点だ。
두 사람에게 공통되는 것은 사람들 앞에 서는 것을 좋아한다는 점이다.

---

**02**
きんちょう
**緊張**
명 する 긴장

わたし ひとまえ で きんちょう
私は人前に出るといつも緊張する。
나는 사람들 앞에 나가면 항상 긴장한다.

---

**03**
くせ
**癖**
명 버릇

ち こく わたし わる くせ
遅刻するのは私の悪い癖です。
지각하는 것은 저의 나쁜 버릇입니다.

---

**04**
**けち**
명 ナ 구두쇠, 인색함,
쩨쩨함

かれ かね も せいかく ひと きら
彼はお金持ちなのにけちな性格で人に嫌われる。
그는 부자인데 인색한 성격이라서 사람들에게 미움받는다.

---

**05**
けってん
**欠点**
명 결점, 단점, 흠

せ かい けってん にんげん
この世界に欠点のない人間などいない。
이 세상에 결점이 없는 인간따위 없다.
じゃくてん
➕ 弱点 약점

---

**06**
こうどう
**行動**
명 する 행동

かのじょ こうどう はや
彼女はいつも行動が早い。
그녀는 언제나 행동이 빠르다.

---

**07**
こえ
**声**
명 목소리

か しゅ こえ たか
あの歌手の声は、高くてとてもきれいだ。
저 가수의 목소리는 높고 매우 예쁘다.
こえ
➕ 声がする 소리가 나다

---

**08**
しょうじき
**正直**
명 ナ 정직

かれ しょうじき ひと うそ
彼は正直な人なので、嘘がつけない。
그는 정직한 사람이라서 거짓말을 하지 못한다.

**09**
せいかく
**性格**
명 성격

かれ まじめ せいかく
彼は真面目な性格だ。
그는 성실한 성격이다.

**10**
たんしょ
**短所**
명 단점

かれ たんしょ
彼はせっかちなところが短所だ。
그는 성급한 점이 단점이다.
ちょうしょ
반 **長所** 장점

**11**
とくちょう
**特長**
명 특별히 뛰어난 장점

しょうひん とくちょう つか
この商品の特長は使いやすいことです。
이 상품의 특별한 장점은 사용하기 쉽다는 것입니다.

**12**
とくてい
**特定**
명 する 특정

かのじょ とくてい ともだち はな
彼女は、特定の友達としか話しません。
그녀는 특정 친구와밖에 말하지 않습니다.
(그녀는 특정 친구와만 이야기합니다.)

**13**
ひだり き
**左利き**
명 왼손잡이

わたし かぞく ひだりき つか とき
私の家族はみんな左利きだが、はさみを使う時だけ
みぎて つか
右手を使う。
우리 가족은 모두 왼손잡이지만, 가위를 쓸 때만 오른손을 쓴다.

**14**
か
**変わる**
동 변하다, 바뀌다

ことし しょうひん おお か
今年から商品のデザインが大きく変わった。
올해부터 상품 디자인이 크게 바뀌었다.
か
타 **変える** 바꾸다

**15**
こと
**異なる**
동 다르다, 같지 않다

<ruby>二<rt>ふた</rt></ruby>人の<ruby>息子<rt>むすこ</rt></ruby>の<ruby>性格<rt>せいかく</rt></ruby>はそれぞれ<ruby>異<rt>こと</rt></ruby>なります。
두 아들의 성격은 각자 다릅니다.

---

**16**
えら
**偉い**
イ 훌륭하다, 위대하다

<ruby>彼<rt>かれ</rt></ruby>は<ruby>自分<rt>じぶん</rt></ruby>のことを<ruby>他<rt>ほか</rt></ruby>の<ruby>人<rt>ひと</rt></ruby>より<ruby>偉<rt>えら</rt></ruby>いと<ruby>思<rt>おも</rt></ruby>っている。
그는 자신을 다른 사람보다 훌륭하다고 생각하고 있다.

---

**17**
かしこ
**賢い**
イ 현명하다, 똑똑하다

<ruby>犬<rt>いぬ</rt></ruby>はとても<ruby>賢<rt>かしこ</rt></ruby>い<ruby>動物<rt>どうぶつ</rt></ruby>だ。
개는 매우 영리한 동물이다.

---

**18**
かた
**固い**
イ 단단하다, 딱딱하다

このチョコレートは<ruby>固<rt>かた</rt></ruby>くて<ruby>食<rt>た</rt></ruby>べにくい。
이 초콜릿은 딱딱해서 먹기 어렵다.

---

**19**
こま
**細かい**
イ 잘다, 미세하다,
까다롭다, 세세하다

うちの<ruby>母<rt>はは</rt></ruby>は、<ruby>細<rt>こま</rt></ruby>かいことまでよく<ruby>覚<rt>おぼ</rt></ruby>えている。
우리 엄마는 세세한 것까지 잘 기억하고 있다.

---

**20**
**しつこい**
イ 끈질기다, 집요하다

しつこいセールスマンが<ruby>家<rt>いえ</rt></ruby>に<ruby>来<rt>き</rt></ruby>て<ruby>大変<rt>たいへん</rt></ruby>だった。
집요한 세일즈맨이 집에 와서 힘들었다.

---

**21**
**ずうずうしい**
イ 뻔뻔스럽다

あの<ruby>人<rt>ひと</rt></ruby>はずうずうしくて、<ruby>好<rt>す</rt></ruby>きになれない。
저 사람은 뻔뻔스러워서 좋아질 수 없다.

**22**

**ずるい**

✔ 교활하다, 빼질거리다

あの人はいつも楽な仕事ばかりしてずるいと思う。
저 사람은 항상 편한 일만 하고 약았다고 생각한다.

---

**23**
すると
**鋭い**

✔ 날카롭다, 예리하다

その男は鋭いナイフをポケットに隠していた。
그 남자는 날카로운 칼을 주머니에 숨기고 있었다.

---

**24**

**そそっかしい**

✔ 경솔하다, 덜렁대다

彼女はそそっかしい性格で、いつも失敗ばかりして
いる。
그녀는 덜렁대는 성격이라서 언제나 실수만 한다.

---

**25**
たの
**頼もしい**

✔ 믿음직하다

兄は何でも知っているので、とても頼もしい。
형은 뭐든지 알고 있어서 매우 믿음직하다.

---

**26**
にぶ
**鈍い**

✔ 둔하다, 무디다

後半になると選手たちの動きが鈍くなった。
후반이 되자 선수들의 움직임이 둔해졌다.

---

**27**
ふる
**古い**

✔ 오래되다, 낡다

父の考え方は古いと思う。
아버지의 사고방식은 낡았다고 생각한다.

➕ 中古 중고

---

**28**
めずら
**珍しい**

✔ 드물다, 희귀하다

課長が週末に出勤するのは珍しいことだ。
과장님이 주말에 출근하는 것은 보기 드문 일이다.

---

성격과 성질 **33**

---

**29**
**優しい** やさ

イ 상냥하다, 자상하다, 다정하다

父は厳しいが、母に対してはいつも優しい。
ちち　きび　　　　　　　　はは　たい　　　　　　　　　　やさ
아버지는 엄격하지만 어머니를 대할 때는 항상 다정하다.

---

**30**
**あいまい**

ナ 애매함

彼の返事は、いつもあいまいでよく分かりません。
かれ　へん じ　　　　　　　　　　　　　　　　　　　　わ
그의 대답은 항상 애매해서 잘 모르겠습니다.

---

**31**
**いいかげん**

ナ 적당함, 알맞음, 무책임함

安全管理がいいかげんな会社は事故が多い。
あんぜんかん り　　　　　　　　　　かいしゃ　じ こ　おお
안전 관리가 소홀한 회사는 사고가 많다.

---

**32**
**おおざっぱ**

ナ 조잡함, 엉성함, 대략적임, 대충

今年上半期の収益はおおざっぱに見て昨年の1.5倍だ。
ことしかみはん き　しゅうえき　　　　　　　　　　　　　み　さくねん　　　　ばい
올해 상반기 수익은 얼추 봐서 작년의 1.5배이다.

---

**33**
**穏やか** おだ

ナ 온화함

祖母は穏やかな性格で、怒ったことがない。
そ ぼ　おだ　　　せいかく　　　おこ
할머니는 온화한 성격으로 화낸 적이 없다.

---

**34**
**勝手** かって

ナ 제멋대로임

主人はいつも勝手なことばかりを言うので困っている。
しゅじん　　　　　　かって　　　　　　　　　　　い　　　　こま
남편은 언제나 내키는 대로 말해서 곤란하다.

---

**35**
**素直** す なお

ナ 솔직함, 순진함, 고분고분함

彼女の性格は素直で親切だ。
かのじょ　せいかく　す なお　しんせつ
그녀의 성격은 솔직하고 친절하다.

---

**36**
だいじょうぶ
**大丈夫**
ナ 괜찮음

このビルは地震が起きても大丈夫だ。
이 빌딩은 지진이 일어나도 괜찮다.

**37**
だめ
**駄目**
ナ 명 좋지 않음, 소용없음

私の駄目なところは、すぐに人を信じることだ。
나의 좋지 않은 점은 금방 사람을 믿는 것이다.

**38**
たんじゅん
**単純**
ナ 명 단순

このアルバイトは、単純な仕事で面白くありません。
이 아르바이트는 단순한 업무라서 재미없습니다.

**39**
ふしぎ
**不思議**
ナ 명 불가사의, 이상함, 신기함

昨夜は不思議な夢を見た。
어젯밤은 이상한 꿈을 꾸었다.

**40**
ゆかい
**愉快**
ナ 명 유쾌

私の父はいつも愉快で明るい人です。
우리 아버지는 늘 유쾌하고 밝은 사람입니다.

**41**
ゆた
**豊か**
ナ 명 풍부, 풍요로움

あの俳優は声も大きくて表現力が豊かだ。
저 배우는 목소리도 크고 표현력이 풍부하다.
＋ ほうふ 豊富 풍부

**42**
りっぱ
**立派**
ナ 훌륭함

息子も立派な大人になったなと思う。
아들도 훌륭한 어른이 되었다고 생각한다.

**1** 해당 어휘의 읽는 법을 찾고, 빈칸에 그 의미를 써 넣으세요.

> 보기 学生　　　**①** がくせい　　② がっせい　　　　　学생

(1) 欠点　　　① けつてん　　② けってん　　　_____

(2) 共通　　　① こうつう　　② きょうつう　　_____

(3) 行動　　　① こうどう　　② きょうどう　　_____

(4) 癖　　　　① くせ　　　　② かべ　　　　　_____

(5) 穏やか　　① おだやか　　② あざやか　　　_____

**2** 문맥에 맞는 단어를 보기에서 골라 알맞은 형태로 바꾸어 써 넣으세요.

(6) このチョコレートは(　　　　)食べにくい。

(7) 私は人前に出るといつも(　　　　)する。

(8) このアルバイトは、(　　　　)仕事で面白くありません。

(9) (　　　　)セールスマンが家に来て大変だった。

(10) あの人は(　　　　)、好きになれない。

> 보기　緊張　　ずうずうしい　　固い　　しつこい　　単純

# 단어 퀴즈

✼ 단어를 보고 발음과 의미를 적어 보세요.

| 단어 | 발음 | 의미 |
|---|---|---|
| 改正 | かいせい | 개정 |
| 正直 | | |
| 特長 | | |
| 偉い | | |
| 賢い | | |
| 固い | | |
| 細かい | | |
| 珍しい | | |
| 優しい | | |
| 勝手 | | |
| 素直 | | |
| 駄目 | | |
| 不思議 | | |
| 豊か | | |
| 立派 | | |
| 共通 | | |
| 癖 | | |
| 欠点 | | |
| 短所 | | |
| 異なる | | |
| 鋭い | | |
| 鈍い | | |
| 性格 | | |

해설을 따라 접으면 답을 확인할 수 있어요.

❀ 한번 더 복습해 봅시다.

| 읽는 법과 뜻 | 한자 | 발음 | 의미 |
|---|---|---|---|
| ☐ かいせい<br>개정 | **예** 改正 | かいせい | 개정 |
| ☐ しょうじき<br>정직 | 正直 | | |
| ☐ とくちょう<br>특별한 장점 | 特長 | | |
| ☐ えらい<br>훌륭하다 | 偉い | | |
| ☐ かしこい<br>현명하다 | 賢い | | |
| ☐ かたい<br>단단하다, 딱딱하다 | 固い | | |
| ☐ こまかい<br>잘다, 미세하다 | 細かい | | |
| ☐ めずらしい<br>드물다, 희귀하다 | 珍しい | | |
| ☐ やさしい<br>상냥하다 | 優しい | | |
| ☐ かって<br>제멋대로임 | 勝手 | | |
| ☐ すなお<br>순진함, 솔직함 | 素直 | | |
| ☐ だめ<br>좋지 않음, 소용없음 | 駄目 | | |
| ☐ ふしぎ<br>불가사의, 이상함 | 不思議 | | |
| ☐ ゆたか<br>풍부 | 豊か | | |
| ☐ りっぱ<br>훌륭함 | 立派 | | |
| ☐ きょうつう<br>공통 | 共通 | | |
| ☐ くせ<br>버릇 | 癖 | | |
| ☐ けってん<br>결점, 단점 | 欠点 | | |
| ☐ たんしょ<br>단점 | 短所 | | |
| ☐ ことなる<br>다르다, 같지 않다 | 異なる | | |
| ☐ するどい<br>날카롭다, 예리하다 | 鋭い | | |
| ☐ にぶい<br>둔하다, 무디다 | 鈍い | | |
| ☐ せいかく<br>성격 | 性格 | | |

# DAY 04

# 감정과 태도 (1)

음성 듣기

얼마나
알고 있나요?

**사전 체크**

| | | | |
|---|---|---|---|
| ☐ 01 安心 | ☐ 02 笑顔 | ☐ 03 感激 | ☐ 04 感情 |
| ☐ 05 感動 | ☐ 06 機嫌 | ☐ 07 苦情 | ☐ 08 失望 |
| ☐ 09 自慢 | ☐ 10 集中 | ☐ 11 上品 | ☐ 12 涙 |
| ☐ 13 比較 | ☐ 14 真心 | ☐ 15 文句 | ☐ 16 わがまま |
| ☐ 17 味わう | ☐ 18 謝る | ☐ 19 慌てる | ☐ 20 怒る |
| ☐ 21 驚く | ☐ 22 思う | ☐ 23 断る | ☐ 24 信じる |
| ☐ 25 黙る | ☐ 26 喜ぶ | ☐ 27 意外 | ☐ 28 親切 |
| ☐ 29 丁寧 | ☐ 30 真面目 | ☐ 31 積極的 | ☐ 32 気軽 |
| ☐ 33 退屈 | ☐ 34 平気 | ☐ 35 厚かましい | ☐ 36 嬉しい |
| ☐ 37 大人しい | ☐ 38 くだらない | ☐ 39 怖い | ☐ 40 つまらない |
| ☐ 41 とんでもない | ☐ 42 恥ずかしい | | |

**01**
あんしん
**安心**
명 する 안심

インフルエンザの注射を打ったので、もう安心だ。
독감 (예방) 주사를 맞아서 이제 안심이다.

**02**
えがお
**笑顔**
명 웃는 얼굴,
미소 지은 얼굴

彼女はいつも笑顔が素敵だ。
그녀는 언제나 웃는 얼굴이 멋지다.

**03**
かんげき
**感激**
명 する 감격

彼は好きな芸能人からサインをもらって感激していた。
그는 좋아하는 연예인에게 사인을 받아서 감격하고 있었다.

**04**
かんじょう
**感情**
명 감정

彼は他人に感情をあまり見せない。
그는 타인에게 감정을 그다지 보이지 않는다.

**05**
かんどう
**感動**
명 する 감동

今日見た映画は、今まで見た映画の中で一番感動しました。
오늘 본 영화는 지금까지 본 영화 중에서 가장 감동했습니다.

**06**
きげん
**機嫌**
명 기분, 심기, 비위

社長は近ごろ小さなことでもすぐ機嫌が悪くなる。
사장님은 요즘 사소한 일로도 금방 기분이 나빠진다.

**07**
くじょう
**苦情**
명 불평, 항의, 푸념, 불만

隣の家からうるさいと苦情の電話がかかってきた。
옆집에서 시끄럽다고 항의 전화가 걸려 왔다.

유 クレーム 클레임, 항의

**08 しつぼう 失望** 명 する 실망
彼女の無神経な言葉に失望しました。
그녀의 무신경한 말에 실망했습니다.

**09 じまん 自慢** 명 する 자랑
彼は酔っぱらうと必ず子供の自慢をする。
그는 술에 취하면 꼭 아이 자랑을 한다.

**10 しゅうちゅう 集中** 명 する 집중
集中すればこの仕事は1時間で全部片付けることができる。
집중하면 이 업무는 한 시간에 전부 처리할 수 있다.

**11 じょうひん 上品** 명 ナ 고상함, 품위가 있음
彼女は食べ方が上品です。
그녀는 먹는 모습이(방식이) 품위가 있습니다.
반 下品 품위가 없음, 상스러움

**12 なみだ 涙** 명 눈물
学生は試験に落ちた悔しさから涙を流した。
학생은 시험에 떨어진 분함으로 눈물을 흘렸다.

**13 ひかく 比較** 명 する 비교
彼は他の人と比較されることを嫌がる。
그는 다른 사람과 비교당하는 것을 싫어한다.

**14 まごころ 真心** 명 진심
恋人のために真心を込めて、マフラーを編んだ。
연인을 위해 진심을 담아서 머플러를 짰다.

---

**15**
もん く
**文句**
图 불만, 불평, 트집

<ruby>文句<rt>もんく</rt></ruby>ばかり<ruby>言<rt>い</rt></ruby>う<ruby>人<rt>ひと</rt></ruby>は<ruby>成長<rt>せいちょう</rt></ruby>しない。
불평만 하는 사람은 성장하지 않는다.

---

**16**
**わがまま**
图 ナ 제멋대로 굶, 버릇없음

<ruby>私<rt>わたし</rt></ruby>の<ruby>弟<rt>おとうと</rt></ruby>はとてもわがままで、<ruby>自分<rt>じぶん</rt></ruby>の<ruby>好<rt>す</rt></ruby>きな<ruby>事<rt>こと</rt></ruby>しか
しない。
내 남동생은 너무 제멋대로라서, 자신이 좋아하는 일밖에 하지 않는다.

---

**17**
あじ
**味わう**
图 맛보다

<ruby>初<rt>はじ</rt></ruby>めて<ruby>試合<rt>しあい</rt></ruby>に<ruby>勝<rt>か</rt></ruby>って、みんなと<ruby>共<rt>とも</rt></ruby>に<ruby>喜<rt>よろこ</rt></ruby>びを<ruby>味<rt>あじ</rt></ruby>わった。
처음으로 시합에 이겨서 모두 함께 기쁨을 맛보았다.

---

**18**
あやま
**謝る**
图 사과하다

<ruby>仲直<rt>なかなお</rt></ruby>りをしたいなら<ruby>自分<rt>じぶん</rt></ruby>から<ruby>先<rt>さき</rt></ruby>に<ruby>謝<rt>あやま</rt></ruby>ることが<ruby>大切<rt>たいせつ</rt></ruby>だ。
화해를 하고 싶다면 자기가 먼저 사과하는 것이 중요하다.

---

**19**
あわ
**慌てる**
图 당황하다, 허둥대다

これから<ruby>言<rt>い</rt></ruby>うことは<ruby>慌<rt>あわ</rt></ruby>てないで<ruby>聞<rt>き</rt></ruby>いてください。
지금부터 하는 말은 당황하지 말고 들어 주세요.

---

**20**
おこ
**怒る**
图 화내다

そんなに<ruby>怒<rt>おこ</rt></ruby>らないでください。
그렇게 화내지 말아 주세요.

유 どなる 호통치다, 고함치다

---

**21**
おどろ
**驚く**
图 놀라다

<ruby>東京<rt>とうきょう</rt></ruby>は<ruby>思<rt>おも</rt></ruby>ったより<ruby>寒<rt>さむ</rt></ruby>くて<ruby>驚<rt>おどろ</rt></ruby>きました。
도쿄는 생각보다 추워서 놀랐습니다.

---

**22**
おも
**思う**
图 생각하다

寂しい時、家族のことを思う。
외로울 때 가족에 대해 생각한다.
➕ 思い込む 믿어 버리다, 굳게 결심하다

---

**23**
ことわ
**断る**
图 거절하다, 양해를 구하다

食事に誘われたが、約束があったので断った。
식사에 초대받았지만, 약속이 있었기 때문에 거절했다.

---

**24**
しん
**信じる**
图 믿다

これ以上彼の言うことは信じられない。
더 이상 그가 하는 말은 믿을 수 없다.

---

**25**
だま
**黙る**
图 말을 하지 않다,
입을 다물다

うるさかった学生たちが先生の声で黙った。
시끄러웠던 학생들이 선생님 목소리에 입을 다물었다.

---

**26**
よろこ
**喜ぶ**
图 기뻐하다, 즐거워 하다

彼女はクリスマスプレゼントをもらって喜んで
います。
그녀는 크리스마스 선물을 받고 기뻐하고 있습니다.
➕ 喜び 기쁨

---

**27**
い がい
**意外**
ナ 名 의외, 뜻밖, 생각 밖

彼が教師の免許を持っているなんて、意外だな。
그가 교사 면허를 가지고 있다니, 의외인걸.

---

**28**
しんせつ
**親切**
ナ 名 친절

旅行中、親切に道を教えてもらって嬉しかった。
여행 중에 친절하게 길을 가르쳐 주어서 기뻤다.

**29**
ていねい
**丁寧**
ナ 명 정중함, 꼼꼼함, 세심하게 배려함

担当者は質問に丁寧に答えてくれました。
담당자는 질문에 정중하게 답해 주었습니다.

**30**
まじめ
**真面目**
ナ 명 성실함, 진지함

彼女は遅刻も欠席もしない、とても真面目な学生だ。
그녀는 지각도 결석도 하지 않는 매우 성실한 학생이다.

**31**
せっきょくてき
**積極的**
ナ 적극적

ボランティアには積極的に参加することにしている。
봉사 활동에는 적극적으로 참가하려고 하고 있다.
반 消極的 소극적

**32**
きがる
**気軽**
ナ 가벼움, 편함

うちの会社の社長は気軽に話しかけることができます。
우리 회사의 사장님은 편하게 말을 걸 수 있습니다.

**33**
たいくつ
**退屈**
ナ 명 する 지루함, 따분함

日曜日は予定がなく、とても退屈だった。
일요일은 예정이 없어서 매우 따분했다.

**34**
へいき
**平気**
ナ 명 아무렇지도 않음

友達に心配されるのが嫌で、平気だと嘘をついてしまった。
친구가 걱정하는 것이 싫어서, 아무렇지 않다고 거짓말을 해 버렸다.

**35**
あつ
**厚かましい**
イ 뻔뻔스럽다

初めて会う人にお願いをするのは、少し厚かましいと思う。
처음 만나는 사람에게 부탁을 하는 것은 조금 뻔뻔하다고 생각한다.

**36**
うれ
**嬉しい**
ｲ 기쁘다

100点を取って先生にほめられた時はとても嬉しかった。
100점을 받아서 선생님에게 칭찬받았을 때는 매우 기뻤다.

**37**
おとな
**大人しい**
ｲ 얌전하다, 점잖다

子どもが泣かずに大人しくしていたので安心した。
아이가 울지 않고 얌전히 있어서 안심했다.

**38**
**くだらない**
ｲ 하찮다, 시시하다

くだらない冗談に付き合っている暇はない。
시시한 농담에 어울리고 있을 틈은 없다.

**39**
こわ
**怖い**
ｲ 무섭다

夜、スピードを出して運転するのはとても怖い。
밤에 속도를 내서 운전하는 것은 너무 무섭다.
＋ 恐怖 공포

**40**
**つまらない**
ｲ 시시하다, 재미없다,
보잘것없다

あの人はいつも自分の話ばかりするのでつまらない。
저 사람은 늘 자기 이야기만 해서 재미없다.

**41**
**とんでもない**
ｲ 터무니없다, 당치도 않다

とんでもない数の鳥が飛んでいる。
엄청난 수의 새가 날고 있다.

**42**
は
**恥ずかしい**
ｲ 부끄럽다

自分の国について何も知らないのは恥ずかしいことだ。
자기 나라에 대해 아무것도 모르는 것은 부끄러운 일이다.

## 확인 문제

**1** 해당 어휘의 읽는 법을 찾고, 빈칸에 그 의미를 써 넣으세요.

| 보기 | 学生 | ✓ がくせい | ② がっせい | 학생 |

(1) 苦情 　① こじょう 　② くじょう 　_____

(2) 感動 　① かんどう 　② かんど 　_____

(3) 涙 　① あせ 　② なみだ 　_____

(4) 断る 　① ことわる 　② あわてる 　_____

(5) 比較 　① ひこく 　② ひかく 　_____

**2** 문맥에 맞는 단어를 보기 에서 골라 알맞은 형태로 바꾸어 써 넣으세요.

(6) ( 　　　　 )ばかり言う人は成長しない。

(7) 彼女は食べ方が( 　　　　 )だ。

(8) これから言うことは( 　　　　 )ないで聞いてください。

(9) 子どもが泣かずに( 　　　　 )していたので安心した。

(10) 彼は酔っぱらうと必ず子供の( 　　　　 )をする。

| 보기 | 上品 　自慢 　文句 　慌てる 　大人しい |

---

정답

(1) ② 불평, 항의 　(2) ① 감동 　(3) ② 눈물 　(4) ① 거절하다 　(5) ② 비교
(6) 文句(もんく) 　(7) 上品(じょうひん) 　(8) 慌(あわ)て 　(9) 大人(おとな)しく 　(10) 自慢(じまん)

# 단어 퀴즈

✖  단어를 보고 발음과 의미를 적어 보세요.

| 단어 | 발음 | 의미 |
|------|------|------|
| 改正 | かいせい | 개정 |
| 笑顔 | | |
| 上品 | | |
| 涙 | | |
| 比較 | | |
| 文句 | | |
| 味わう | | |
| 謝る | | |
| 怒る | | |
| 驚く | | |
| 断る | | |
| 喜ぶ | | |
| 丁寧 | | |
| 真面目 | | |
| 気軽 | | |
| 平気 | | |
| 嬉しい | | |
| 怖い | | |
| 恥ずかしい | | |
| 自慢 | | |
| 積極的 | | |
| 大人しい | | |
| 感動 | | |

정답을 가리고 적으면 답을 확인할 수 있어요.

✽ 한번 더 복습해 봅시다.

| 읽는 법과 뜻 |
| --- |
| ☐ かいせい 개정 |
| ☐ えがお 웃는 얼굴 |
| ☐ じょうひん 고상함, 품위가 있음 |
| ☐ なみだ 눈물 |
| ☐ ひかく 비교 |
| ☐ もんく 불만, 불평, 트집 |
| ☐ あじわう 맛보다 |
| ☐ あやまる 사과하다 |
| ☐ おこる 화내다 |
| ☐ おどろく 놀라다 |
| ☐ ことわる 거절하다 |
| ☐ よろこぶ 기뻐하다 |
| ☐ ていねい 정중함 |
| ☐ まじめ 성실함, 진지함 |
| ☐ きがる 가벼움, 편함 |
| ☐ へいき 아무렇지도 않음 |
| ☐ うれしい 기쁘다 |
| ☐ こわい 무섭다 |
| ☐ はずかしい 부끄럽다 |
| ☐ じまん 자랑 |
| ☐ せっきょくてき 적극적 |
| ☐ おとなしい 얌전하다, 점잖다 |
| ☐ かんどう 감동 |

| 한자 | 발음 | 의미 |
| --- | --- | --- |
| 예 改正 | かいせい | 개정 |
| 笑顔 | | |
| 上品 | | |
| 涙 | | |
| 比較 | | |
| 文句 | | |
| 味わう | | |
| 謝る | | |
| 怒る | | |
| 驚く | | |
| 断る | | |
| 喜ぶ | | |
| 丁寧 | | |
| 真面目 | | |
| 気軽 | | |
| 平気 | | |
| 嬉しい | | |
| 怖い | | |
| 恥ずかしい | | |
| 自慢 | | |
| 積極的 | | |
| 大人しい | | |
| 感動 | | |

음성듣기

# DAY 05

# 감정과 태도 (2)

얼마나
알고 있나요?

**사전 체크**

| | | | |
|---|---|---|---|
| ☐ 01 意志 | ☐ 02 遠慮 | ☐ 03 感じ | ☐ 04 感心 |
| ☐ 05 記憶 | ☐ 06 期待 | ☐ 07 幸い | ☐ 08 支配 |
| ☐ 09 邪魔 | ☐ 10 冗談 | ☐ 11 心配 | ☐ 12 反対 |
| ☐ 13 不満 | ☐ 14 満足 | ☐ 15 予想 | ☐ 16 甘やかす |
| ☐ 17 表す | ☐ 18 祈る | ☐ 19 落ち着く | ☐ 20 思い浮かぶ |
| ☐ 21 悲しむ | ☐ 22 叱る | ☐ 23 憎む | ☐ 24 向ける |
| ☐ 25 笑う | ☐ 26 嫌 | ☐ 27 大切 | ☐ 28 不安 |
| ☐ 29 余計 | ☐ 30 楽 | ☐ 31 真剣 | ☐ 32 怪しい |
| ☐ 33 恐ろしい | ☐ 34 思いがけない | ☐ 35 悔しい | ☐ 36 騒がしい |
| ☐ 37 辛い | ☐ 38 懐かしい | ☐ 39 ばからしい | ☐ 40 申し訳ない |
| ☐ 41 面倒くさい | ☐ 42 やかましい | | |

**01**
い し
**意志**
명 의지

かれ はたら い し こま
彼は働く意志がないので、困っている。
그는 일할 의지가 없어서 곤란하다.

---

**02**
えんりょ
**遠慮**
명 する 사양, 겸손

かれ えんりょ た
彼は遠慮して、ほとんど食べなかった。
그는 사양하고 거의 먹지 않았다.

---

**03**
かん
**感じ**
명 느낌

へや すこ まえ だれ かん
この部屋には少し前まで誰かがいた感じがする。
이 방에는 조금 전까지 누군가가 있었던 느낌이 든다.

---

**04**
かんしん
**感心**
명 する 감탄

わたし ぶ か どりょく かんしん
私は部下たちの努力に感心するしかなかった。
나는 부하들의 노력에 감탄할 수밖에 없었다.
かんしん
＋ 関心 관심

---

**05**
き おく
**記憶**
명 する 기억

わたし しょうがっこう はい き おく
私には小学校に入るまでの記憶がほとんどない。
나에게는 초등학교에 들어갈 때까지의 기억이 거의 없다.

---

**06**
き たい
**期待**
명 する 기대

き たい おお しっぱい ときしつぼう おお
期待が大きければ、失敗した時失望も大きい。
기대가 크면 실패했을 때 실망도 크다.

---

**07**
さいわ
**幸い**
명 ナ 부 행복, 다행임,
다행히

みち ころ さいわ け が
道で転んだが、幸い怪我はなかった。
길에서 넘어졌지만, 다행히 상처는 없었다.

---

## 08
しはい
**支配**
[명] [する] 지배

つよ ひと よわ ひと しはい よ なか か
強い人が弱い人を支配する世の中を変えたい。
강한 사람이 약한 사람을 지배하는 세상을 바꾸고 싶다.

---

## 09
じゃま
**邪魔**
[명] [ナ] [する]
방해, 장애, 거추장스러움

かれ ひと はなし じゃま
彼はいつも人の話の邪魔をする。
그는 언제나 다른 사람의 이야기를 방해한다.

➕ お邪魔する (남의 집을) 방문하다, 찾아뵙다
じゃま

---

## 10
じょうだん
**冗談**
[명] 농담

かれ しんけん じょうだん つう
彼はいつも真剣で冗談が通じない。
그는 항상 진지해서 농담이 통하지 않는다.

---

## 11
しんぱい
**心配**
[명] [する] 걱정

こ しんぱい よる ねむ
子どもが心配で夜も眠れない。
아이가 걱정되어서 밤에도 잠들지 못한다.

---

## 12
はんたい
**反対**
[명] [する] 반대

はは あに けっこん はんたい
母は兄の結婚に反対しています。
어머니는 형(오빠)의 결혼에 반대하고 있습니다.

---

## 13
ふまん
**不満**
[명] [ナ] 불만

かれ しごと ふまん い
彼はいつも仕事をせずに不満ばかり言っている。
그는 항상 일을 하지 않고 불만만 말하고 있다.

---

## 14
まんぞく
**満足**
[명] [ナ] [する] 만족

みせ すば まんぞく
店の素晴らしいサービスに満足した。
가게의 훌륭한 서비스에 만족했다.

---

| | |
|---|---|
| **15**<br>よ そう<br>**予想**<br>명 する 예상 | 今年度の人事を予想してみたが、外れてしまった。<br>이번 년도의 인사를 예상해 봤지만 빗나가 버렸다. |
| **16**<br>あま<br>**甘やかす**<br>통 응석을 받아 주다 | 子供を叱らないで甘やかすのは子供のためにならない。<br>아이를 혼내지 않고 오냐오냐하는 것은 아이에게 도움이 되지 않는다. |
| **17**<br>あらわ<br>**表す**<br>통 나타내다, 표현하다 | 手紙で感謝の気持ちを表した。<br>편지로 감사의 마음을 표현했다. |
| **18**<br>いの<br>**祈る**<br>통 빌다, 기도하다 | プロジェクトがうまくいくように祈っています。<br>프로젝트가 잘 되기를 기도하고 있습니다. |
| **19**<br>お つ<br>**落ち着く**<br>통 (일·마음 등이) 안정되다,<br>진정되다, 가라앉다 | 一度水でも飲んで落ち着いてください。<br>한 번 물이라도 마시고 진정해 주세요.<br>お こ<br>➕ 落ち込む 우울하다, 침체되다 |
| **20**<br>おも う<br>**思い浮かぶ**<br>통 마음에 떠오르다,<br>생각나다 | この歌を聞くと、高校時代が思い浮かぶ。<br>이 노래를 들으면 고등학교 시절이 떠오른다.<br>おも<br>➕ 思いつく 문득 생각이 떠오르다, 생각해 내다 |
| **21**<br>かな<br>**悲しむ**<br>통 슬퍼하다 | 飼っていた犬が死んで、娘はずっと悲しんでいる。<br>기르고 있던 개가 죽어서 딸은 줄곧 슬퍼하고 있다.<br>かな<br>➕ 悲しい 슬프다 |

**22**
しか
**叱る**
⑤ 꾸짖다

遅く帰って、母にひどく叱られました。
늦게 귀가해서 엄마에게 심하게 혼났습니다.

**23**
にく
**憎む**
⑤ 미워하다, 시기하다

彼は私のことを憎んでいると思っていたが、誤解
だった。
그는 나를 미워하고 있다고 생각했는데, 오해였다.
＋ 憎い 밉다, 얄밉다

**24**
む
**向ける**
⑤ 향하다, 향하게 하다

その人は私たちの声を聞いて、こちらに目を向けた。
그 사람은 우리들의 목소리를 듣고 이쪽으로 눈을 돌렸다.

**25**
わら
**笑う**
⑤ 웃다

彼女はどんなにつらい状況になっても、いつも
笑っている。
그녀는 아무리 힘든 상황이 되어도 항상 웃고 있다.

**26**
いや
**嫌**
ナ 싫음

嫌な仕事も、しなければなりません。
싫은 업무도 하지 않으면 안 됩니다.
＋ 嫌い(な) 싫어함, 꺼림

**27**
たいせつ
**大切**
ナ 소중함, 중요함

恋人にもらったかばんを今も大切に使っています。
애인에게 받은 가방을 지금도 소중히 사용하고 있습니다.

**28**
ふあん
**不安**
ナ 명 불안

将来が不安でとても心配です。
장래가 불안해서 너무 걱정입니다.

**29**
よけい
**余計**
ナ 명 쓸데없음, 불필요함

親に余計な心配をかけないようにしなさい。
부모에게 쓸데없는 걱정을 끼치지 않도록 해라.

---

**30**
らく
**楽**
ナ 명 편함

学校までは電車の乗り換えがないから楽だ。
학교까지는 전철 환승이 없어서(전철을 갈아타지 않아서) 편하다.
➕ 気楽 마음이 편함, 홀가분함

---

**31**
しんけん
**真剣**
ナ 명 진지함, 진심

卒業を前に将来のことを真剣に考えています。
졸업을 앞두고 장래에 대해 진지하게 생각하고 있습니다.

---

**32**
あや
**怪しい**
イ 수상하다

さっきから家の前に怪しい人がいて外に出られない。
아까부터 집 앞에 수상한 사람이 있어서 밖에 나갈 수 없다.

---

**33**
おそ
**恐ろしい**
イ 무섭다, 두렵다, 겁나다

恐ろしい記憶は、なかなか消すことができない。
무서운 기억은 좀처럼 지울 수 없다.

---

**34**
おも
**思いがけない**
イ 의외이다, 뜻밖이다

彼の思いがけない一言に涙が出ました。
그의 뜻밖의 말 한마디에 눈물이 났습니다.

---

**35**
くや
**悔しい**
イ 분하다

緊張してミスをしてしまったのが、とても悔しい。
긴장해서 실수를 해 버린 것이 매우 분하다.

**36**
さわ
**騒がしい**
イ 시끄럽다, 소란스럽다

そと さわ おも ゆうめいじん みち ある
外が騒がしいと思ったら、有名人が道を歩いていた。
밖이 소란스럽다고 생각했더니, 유명인이 길을 걷고 있었다.

---

**37**
つら
**辛い**
イ 고통스럽다, 괴롭다

つら かこ おも だ
辛い過去は、あまり思い出したくありません。
괴로운 과거는 그다지 떠올리고 싶지 않습니다.

　＋ から
　　辛い 맵다, 얼큰하다

---

**38**
なつ
**懐かしい**
イ 그립다

ひさ じもと おとず なつ ともだち あ
久しぶりに地元を訪れ、懐かしい友達に会った。
오랜만에 고향을 방문해서 그리운 친구들을 만났다.

---

**39**
**ばからしい**
イ 어리석다, 시시하다,
　어처구니 없다

おもしろ えいが かね はら
あんな面白くない映画にお金を払うなんて、ばからしい。
저런 재미없는 영화에 돈을 지불하다니, 어처구니 없다.

---

**40**
もう わけ
**申し訳ない**
イ 미안하다, 면목없다

かのじょ ほんとう もう わけ
彼女には本当に申し訳ないことをしてしまった。
그녀에게는 정말 미안한 일을 하고 말았다.

---

**41**
めんどう
**面倒くさい**
イ 귀찮다, 성가시다

まいにちにっき めんどう
毎日日記をつけるのは面倒くさい。
매일 일기를 쓰는 것은 귀찮다.

---

**42**
**やかましい**
イ 시끄럽다, 성가시다

となり いぬ ほ め さ
隣の犬がやかましく吠えて目が覚めた。
옆집 개가 시끄럽게 짖어서 잠이 깼다.

## 확인 문제

**1** 해당 어휘의 읽는 법을 찾고, 빈칸에 그 의미를 써 넣으세요.

| 보기 | 学生 | ⓥ がくせい | ② がっせい | 학생 |
|---|---|---|---|---|

(1) 表す ① まわす ② あらわす _____

(2) 期待 ① きたい ② きだい _____

(3) 遠慮 ① えんりょう ② えんりょ _____

(4) 怪しい ① くやしい ② あやしい _____

(5) 満足 ① まんそく ② まんぞく _____

**2** 문맥에 맞는 단어를 보기 에서 골라 알맞은 형태로 바꾸어 써 넣으세요.

(6) 一度水でも飲んで( )ください。

(7) 私は部下たちの努力に( )するしかなかった。

(8) 久しぶりに地元を訪れ、( )友達に会った。

(9) 外が( )と思ったら、有名人が道を歩いていた。

(10) 母は兄の結婚に( )しています。

| 보기 | 反対 | 騒がしい | 落ち着く | 感心 | 懐かしい |
|---|---|---|---|---|---|

정답

(1) ② 나타내다, 표현하다  (2) ① 기대  (3) ② 사양  (4) ② 수상하다  (5) ② 만족
(6) 落(お)ち着(つ)いて  (7) 感心(かんしん)  (8) 懐(なつ)かしい  (9) 騒(さわ)がしい  (10) 反対(はんたい)

# 단어 퀴즈

✖ 단어를 보고 발음과 의미를 적어 보세요.

| 단어 | 발음 | 의미 |
|------|------|------|
| 改正 | かいせい | 개정 |
| 遠慮 | | |
| 幸い | | |
| 満足 | | |
| 冗談 | | |
| 表す | | |
| 落ち着く | | |
| 期待 | | |
| 真剣 | | |
| 悔しい | | |
| 辛い | | |
| 懐かしい | | |
| 意志 | | |
| 面倒くさい | | |
| 感心 | | |
| 記憶 | | |
| 祈る | | |
| 叱る | | |
| 憎む | | |
| 恐ろしい | | |
| 騒がしい | | |
| 笑う | | |
| 怪しい | | |

선을 따라 접으면 답을 확인할 수 있어요.

❋ 한번 더 복습해 봅시다.

| 읽는 법과 뜻 | 한자 | 발음 | 의미 |
|---|---|---|---|
| かいせい 개정 | 예 改正 | かいせい | 개정 |
| えんりょ 사양, 겸손 | 遠慮 | | |
| さいわい 다행, 행복 | 幸い | | |
| まんぞく 만족 | 満足 | | |
| じょうだん 농담 | 冗談 | | |
| あらわす 나타내다, 표현하다 | 表す | | |
| おちつく 안정되다, 진정되다 | 落ち着く | | |
| きたい 기대 | 期待 | | |
| しんけん 진심, 진지함 | 真剣 | | |
| くやしい 분하다 | 悔しい | | |
| つらい 고통스럽다, 괴롭다 | 辛い | | |
| なつかしい 그립다 | 懐かしい | | |
| いし 의지 | 意志 | | |
| めんどうくさい 귀찮다, 성가시다 | 面倒くさい | | |
| かんしん 감탄 | 感心 | | |
| きおく 기억 | 記憶 | | |
| いのる 빌다, 기도하다 | 祈る | | |
| しかる 꾸짖다 | 叱る | | |
| にくむ 미워하다, 시기하다 | 憎む | | |
| おそろしい 무섭다, 두렵다 | 恐ろしい | | |
| さわがしい 시끄럽다 | 騒がしい | | |
| わらう 웃다 | 笑う | | |
| あやしい 수상하다 | 怪しい | | |

음성듣기

# DAY 06
# 모양·디자인·패션

얼마나
알고 있나요?

**사전 체크**

| | | | |
|---|---|---|---|
| ☐ **01** 穴 | ☐ **02** 大きさ | ☐ **03** 外見 | ☐ **04** 形 |
| ☐ **05** 格好 | ☐ **06** 髪 | ☐ **07** 革靴 | ☐ **08** 逆 |
| ☐ **09** 工夫 | ☐ **10** 高級 | ☐ **11** 高層 | ☐ **12** 個性 |
| ☐ **13** 種類 | ☐ **14** 姿 | ☐ **15** 大小 | ☐ **16** 特徴 |
| ☐ **17** 変化 | ☐ **18** 服装 | ☐ **19** 宝石 | ☐ **20** 包装 |
| ☐ **21** 模様 | ☐ **22** 様子 | ☐ **23** 流行 | ☐ **24** 着替える |
| ☐ **25** 締める | ☐ **26** ずれる | ☐ **27** つぶれる | ☐ **28** 似合う |
| ☐ **29** 伸ばす | ☐ **30** 目立つ | ☐ **31** 破れる | ☐ **32** 赤い |
| ☐ **33** 厚い | ☐ **34** 格好いい | ☐ **35** だらしない | ☐ **36** 低い |
| ☐ **37** 細い | ☐ **38** 丸い | ☐ **39** 緩い | ☐ **40** おしゃれ |
| ☐ **41** 素敵 | ☐ **42** 派手 | | |

**01**
あな
**穴**
명 구멍

先月買った服に、もう穴が開いてしまった。
지난달에 산 옷에 벌써 구멍이 뚫려 버렸다.

---

**02**
おお
**大きさ**
명 크기

りんごの大きさを比べて、大きいほうを買った。
사과 크기를 비교해서 큰 쪽을 샀다.

➕ 高さ 높이　長さ 길이　広さ 넓이
　深さ 깊이　厚さ 두께　太さ 굵기

---

**03**
がいけん
**外見**
명 외관, 겉보기

彼は外見ばかり気にして中身のことは考えない。
그는 겉모습만 신경 쓰고 내면에 대해서는 생각하지 않는다.

유 見かけ 겉보기, 외관

---

**04**
かたち
**形**
명 형태, 모양

あの雲は、ハートの形をしている。
저 구름은 하트 모양을 하고 있다.

---

**05**
かっこう
**格好**
명 모습, 모양

彼はいつも派手な格好で学校に来る。
그는 항상 화려한 차림으로 학교에 온다.

---

**06**
かみ
**髪**
명 머리카락

彼女は髪が長いほうが似合う。
그녀는 머리카락이 긴 쪽이 어울린다.

➕ 髪型 헤어스타일

---

**07**
かわぐつ
**革靴**
명 가죽 구두

革靴は、運動靴より歩きにくい。
가죽 구두는 운동화보다 걷기 힘들다.

➕ 皮 껍질　靴 구두, 신발

---

**08**
ぎゃく
逆
명 ナ 반대, 거꾸로

その靴、右と左が逆ですよ。
그 신발, 오른쪽과 왼쪽이 반대예요.

**09**
く ふう
工夫
명 する 궁리, 고안

このデザインは子どもでも簡単に使えるように工夫されている。
이 디자인은 아이라도 쉽게 사용할 수 있도록 고안되어 있다.

**10**
こうきゅう
高級
명 ナ 고급

いつかはこんな高級マンションに住んでみたい。
언젠가는 이런 고급 아파트에 살아 보고 싶다.

**11**
こうそう
高層
명 고층

都会には高層ビルが並んでいる。
도시에는 고층 빌딩이 늘어서 있다.

**12**
こ せい
個性
명 개성

彼女は個性が強いファッションが好きだ。
그녀는 개성이 강한 패션을 좋아한다.

**13**
しゅるい
種類
명 종류

不動産屋へ行って、色々な種類の部屋を見た。
부동산에 가서 여러 종류의 방을 봤다.

**14**
すがた
姿
명 모양, 모습, 상태

一人で泣いていた彼女の姿が忘れられない。
혼자서 울고 있던 그녀의 모습을 잊을 수 없다.

---

**15**
だいしょう
**大小**
명 대소

このお店のチョコレートは大小色々ある。
이 가게의 초콜릿은 큰 것 작은 것 다양하게 있다.

---

**16**
とくちょう
**特徴**
명 특징

警察で、落としたかばんの特徴について説明した。
경찰에서 잃어버린 가방의 특징에 대해 설명했다.

---

**17**
へんか
**変化**
명 する 변화

髪を切ったのに、その変化に誰も気がつかなかった。
머리카락을 잘랐는데, 그 변화를 아무도 눈치채지 못했다.

---

**18**
ふくそう
**服装**
명 복장

新人の時は服装やマナーに気をつけていた。
신참일 때는 복장이나 매너에 주의했다.

---

**19**
ほうせき
**宝石**
명 보석

ダイヤモンドなどの宝石は、高いのでなかなか買えない。
다이아몬드 등의 보석은 비싸서 좀처럼 살 수 없다.

---

**20**
ほうそう
**包装**
명 する 포장

友達の誕生日プレゼントをきれいに包装してもらった。
친구의 생일 선물을 (점원이) 예쁘게 포장해 주었다.

---

**21**
もよう
**模様**
명 무늬, 모양, 상황, 형편

妹に派手な模様がある帽子をもらいました。
여동생에게 화려한 무늬가 있는 모자를 받았습니다.
➕ 模様替え 배치나 장식을 바꿈, 개조, (계획을) 변경

---

**22**
ようす
**様子**
몡 모습, 상황

お花見の様子がニュースで放送された。
꽃구경 하는 모습이 뉴스에서 방송되었다.

**23**
りゅうこう
**流行**
몡 する 유행

私の仕事は最近の流行について調べることだ。
내 업무는 최근의 유행에 대해 조사하는 것이다.
윤 流行る 유행하다

**24**
き が
**着替える**
동 (옷을) 갈아입다

着ていた服が汚れたので新しい服に着替えた。
입고 있던 옷이 더러워졌기 때문에 새 옷으로 갈아입었다.
＋ 着替え 옷을 갈아입음. 환복, 갈아입을 옷

**25**
し
**締める**
동 죄다, (끈 등으로) 매다

彼女は、着物の帯を強く締めて苦しそうだった。
그녀는 기모노의 오비를 세게 조여서 괴로워 보였다.

**26**
**ずれる**
동 어긋나다, 벗어나다

あの人は普通の人とは感覚が少しずれている。
저 사람은 보통 사람과는 감각이 조금 어긋나 있다.

**27**
**つぶれる**
동 찌그러지다, 파산하다

きれいな箱がかばんの中でつぶれてしまった。
예쁜 상자가 가방 안에서 찌그러지고 말았다.
타 つぶす 찌그러뜨리다, 파산시키다　＋ 倒産する 도산하다

**28**
に あ
**似合う**
동 어울리다

彼は、今日着ている黒いスーツがとても似合っている。
그는 오늘 입고 있는 검은 정장이 매우 잘 어울린다.

**29**
の
**伸ばす**

통 늘이다, 기르다

かのじょ ねんかんかみ の つづ
彼女は２年間髪を伸ばし続けている。

그녀는 2년간 머리를 기르고 있다.

자 伸びる 발전하다, 자라다

---

**30**
め だ
**目立つ**

통 눈에 띄다

かれ め だ
彼のファッションは、どこにいてもよく目立つ。

그의 패션은 어디에 있어도 눈에 잘 띈다.

---

**31**
やぶ
**破れる**

통 찢어지다, 터지다, 깨지다

ふく やぶ あたら ふく き が
服が破れてしまったので、新しい服に着替えた。

옷이 찢어져 버려서 새 옷으로 갈아입었다.

타 破る 찢다, 깨다

---

**32**
あか
**赤い**

イ 붉다, 빨갛다

ことし あか くちべに はや
今年は赤い口紅が流行っている。

올해는 붉은 립스틱이 유행하고 있다.

＋ 白い 희다 黄色い 노랗다

---

**33**
あつ
**厚い**

イ 두껍다, 두텁다

ほん あつ
この本は1,000ページもあって、とても厚い。

이 책은 천 페이지나 되어서 매우 두껍다.

---

**34**
かっこう
**格好いい**

イ 모양 좋다, 멋있다

あたま よ かっこう ひと す
頭が良くて格好いい人が好きです。

머리가 좋고 멋있는 사람을 좋아합니다.

---

**35**
**だらしない**

イ 칠칠치 못하다,
단정하지 못하다

ふくそう い
レストランにだらしない服装で行ってはいけません。

레스토랑에 단정하지 못한 복장으로 가서는 안 됩니다.

---


**36 ひく 低い** イ 낮다

私は背が低いので、いつもハイヒールを履いている。
나는 키가 작기 때문에 항상 하이힐을 신는다.

**37 ほそ 細い** イ 가늘다, 좁다

細いペンは書きやすくて人気がある。
얇은 펜은 쓰기 편해서 인기가 있다.
반 太い 두껍다, 뚱뚱하다  + 細かい 작다, 잘다, 세세하다

**38 まる 丸い** イ 둥글다

この犬は小さくて、目が丸くかわいいです。
이 개는 작고 눈이 동그래서 귀엽습니다.
+ 四角い 네모지다

**39 ゆる 緩い** イ 느슨하다, 헐렁하다

ダイエットをしたから、ズボンが緩くなった。
다이어트를 해서 바지가 헐렁해졌다.

**40 おしゃれ** ナ 명 する 멋을 냄, 세련됨

今夜はおしゃれなドレスを着てパーティーに行く。
오늘 밤에는 멋진 드레스를 입고 파티에 간다.

**41 すてき 素敵** ナ 근사함, 멋짐

クリスマスは彼と素敵な時間を過ごしたい。
크리스마스에는 남자 친구와 멋진 시간을 보내고 싶다.

**42 はで 派手** ナ 명 화려함, 화사함

彼女はいつも赤や黄色などの派手な服を着ている。
그녀는 언제나 빨강이나 노란색 같은 화려한 옷을 입는다.
반 地味 수수함, 검소함

모양·디자인·패션 65

## 확인 문제

**1** 해당 어휘의 읽는 법을 찾고, 빈칸에 그 의미를 써 넣으세요.

| 보기 | 学生 | ⓥ がくせい | ② がっせい | 학생 |
|------|------|-----------|-----------|------|

(1) 破れる　①おくれる　②やぶれる　_____

(2) 特徴　①とくちょう　②とっちょう　_____

(3) 厚い　①ふとい　②あつい　_____

(4) 形　①かたち　②かた　_____

(5) 工夫　①くふう　②くうふ　_____

**2** 문맥에 맞는 단어를 보기에서 골라 알맞은 형태로 바꾸어 써 넣으세요.

(6) 彼女は2年間髪を(　　　　　)続けている。

(7) 今夜は(　　　　　)なドレスを着てパーティーに行く。

(8) その靴、右と左が(　　　　　)ですよ。

(9) 彼女はいつも赤や黄色などの(　　　　　)服を着ている。

(10) 彼は、今日着ている赤いスーツがとても(　　　　　)いる。

| 보기 | 逆　似合う　伸ばす　おしゃれ　派手 |
|------|-----------------------------------|

---

**정답**

(1) ② 찢어지다, 터지다　(2) ① 특징　(3) ② 두껍다　(4) ① 모양, 형태　(5) ① 궁리, 고안
(6) 伸(の)ばし　(7) おしゃれ　(8) 逆(ぎゃく)　(9) 派手(はで)な　(10) 似合(にあ)って

## **단어** 퀴즈

✖ 단어를 보고 발음과 의미를 적어 보세요.

선을 따라 접으면 답을 확인할 수 있어요.

| 단어 | 발음 | 의미 |
|---|---|---|
| 改正 | かいせい | 개정 |
| 外見 | | |
| 形 | | |
| 逆 | | |
| 工夫 | | |
| 姿 | | |
| 特徴 | | |
| 様子 | | |
| 似合う | | |
| 厚い | | |
| 細い | | |
| 低い | | |
| 素敵 | | |
| 派手 | | |
| 格好 | | |
| 個性 | | |
| 破れる | | |
| 緩い | | |
| 締める | | |
| 伸ばす | | |
| 変化 | | |
| 丸い | | |
| 高級 | | |

❁ 한번 더 복습해 봅시다.

| 읽는 법과 뜻 |
|---|
| ☐ かいせい<br>개정 |
| ☐ がいけん<br>외관, 겉보기 |
| ☐ かたち<br>모양, 형태 |
| ☐ ぎゃく<br>반대, 거꾸로 |
| ☐ くふう<br>궁리, 고안 |
| ☐ すがた<br>모양, 모습, 상태 |
| ☐ とくちょう<br>특징 |
| ☐ ようす<br>모습, 상황 |
| ☐ にあう<br>어울리다 |
| ☐ あつい<br>두껍다 |
| ☐ ほそい<br>가늘다, 좁다 |
| ☐ ひくい<br>낮다 |
| ☐ すてき<br>근사함, 멋짐 |
| ☐ はで<br>화려함, 화사함 |
| ☐ かっこう<br>모습, 모양 |
| ☐ こせい<br>개성 |
| ☐ やぶれる<br>찢어지다, 깨지다 |
| ☐ ゆるい<br>느슨하다, 헐렁하다 |
| ☐ しめる<br>죄다, 매다 |
| ☐ のばす<br>늘이다, 기르다 |
| ☐ へんか<br>변화 |
| ☐ まるい<br>둥글다 |
| ☐ こうきゅう<br>고급 |

| 한자 | 발음 | 의미 |
|---|---|---|
| 예 改正 | かいせい | 개정 |
| 外見 | | |
| 形 | | |
| 逆 | | |
| 工夫 | | |
| 姿 | | |
| 特徴 | | |
| 様子 | | |
| 似合う | | |
| 厚い | | |
| 細い | | |
| 低い | | |
| 素敵 | | |
| 派手 | | |
| 格好 | | |
| 個性 | | |
| 破れる | | |
| 緩い | | |
| 締める | | |
| 伸ばす | | |
| 変化 | | |
| 丸い | | |
| 高級 | | |

## DAY 07

# 가사와 식생활 (1)

음성듣기

얼마나
알고 있나요?

**사전 체크**

| | | | |
|---|---|---|---|
| ☐ **01** 味 | ☐ **02** 栄養 | ☐ **03** 家事 | ☐ **04** 皮 |
| ☐ **05** 関係 | ☐ **06** 果物 | ☐ **07** こつ | ☐ **08** 材料 |
| ☐ **09** 順 | ☐ **10** 食生活 | ☐ **11** 食器 | ☐ **12** 洗濯 |
| ☐ **13** 卵 | ☐ **14** 朝食 | ☐ **15** 手間 | ☐ **16** 箸 |
| ☐ **17** 晩ごはん | ☐ **18** 表面 | ☐ **19** 保存 | ☐ **20** 豆 |
| ☐ **21** 床 | ☐ **22** 容器 | ☐ **23** 汚れ | ☐ **24** 和食 |
| ☐ **25** 温める | ☐ **26** 洗う | ☐ **27** 薄める | ☐ **28** 飾る |
| ☐ **29** 腐る | ☐ **30** 焦げる | ☐ **31** 冷める | ☐ **32** 包む |
| ☐ **33** 抜く | ☐ **34** 掃く | ☐ **35** 干す | ☐ **36** 焼く |
| ☐ **37** 温かい | ☐ **38** 甘い | ☐ **39** 硬い | ☐ **40** 濃い |
| ☐ **41** 苦い | ☐ **42** 清潔 | | |

**01**
あじ
**味**
명 맛

味が薄かったので、しょうゆを足した。
맛이 싱거웠기 때문에 간장을 더 넣었다.
➕ 味がする 맛이 나다

**02**
えいよう
**栄養**
명 영양

風邪の時は栄養がたくさんあるものを食べた方が
いい。
감기에 걸렸을 때는 영양이 많이 있는 것을 먹는 편이 좋다.

**03**
か じ
**家事**
명 집안일, 가사

母が病気だったので、私が代わりに家事をした。
어머니가 아팠기 때문에 내가 대신 집안일을 했다.
➕ 火事 화재

**04**
かわ
**皮**
명 껍질

オレンジやグレープフルーツの皮は厚い。
오렌지나 자몽 껍질은 두껍다.
➕ 皮をむく 껍질을 벗기다　革 가죽

**05**
かんけい
**関係**
명 する 관계

食べ物は、人の健康と深い関係があります。
음식은 사람의 건강과 깊은 관계가 있습니다.

**06**
くだもの
**果物**
명 과일

果物の中でイチゴが一番好きです。
과일 중에서 딸기를 가장 좋아합니다.

**07**
**こつ**
명 요령

料理のこつを教えてください。
요리의 요령을 알려 주세요.

**08**
ざいりょう
**材料**
[명] 재료

この料理に使われている材料は全て国産だ。
이 요리에 사용된 재료는 모두 국산이다.

---

**09**
じゅん
**順**
[명] 순서

この順に材料を入れて混ぜてください。
이 순서로 재료를 넣고 섞어 주세요.
+ 順番 순번, 차례

---

**10**
しょくせいかつ
**食生活**
[명] 식생활

健康な食生活が健康な体を作る。
건강한 식생활이 건강한 몸을 만든다.

---

**11**
しょっき
**食器**
[명] 식기, 그릇

彼女は素敵な食器を集めるのが趣味だ。
그녀는 근사한 식기를 모으는 것이 취미이다.

---

**12**
せんたく
**洗濯**
[명] [する] 세탁, 빨래

最近、毎日雨が降って洗濯ができない。
요즘 매일 비가 내려서 빨래를 할 수 없다.
+ 洗濯機 세탁기　洗濯物 세탁물, 빨랫감

---

**13**
たまご
**卵**
[명] 달걀

毎朝、健康のために卵を食べます。
매일 아침 건강을 위해 달걀을 먹습니다.

---

**14**
ちょうしょく
**朝食**
[명] 조식, 아침 식사

最近朝食を取らない人が多くなっている。
요즘 아침밥을 먹지 않는 사람이 많아지고 있다.
+ 昼食 중식 (점심 식사)　夕食 석식 (저녁 식사)

**15**
て ま
**手間**
명 수고, 품

手間をかけて作った料理はおいしい。
품을 들여 만든(손이 많이 간) 요리는 맛있다.
＋ 手間がかかる 시간이나 수고가 들다

---

**16**
はし
**箸**
명 젓가락

子どもの時、箸の使い方をたくさん練習した。
어렸을 때 젓가락 사용법을 많이 연습했다.
＋ 橋 다리, ～교

---

**17**
ばん
**晩ごはん**
명 저녁밥

晩ごはんは家で食べるようにしている。
저녁밥은 집에서 먹도록 하고 있다.

---

**18**
ひょうめん
**表面**
명 표면, 겉면

パンケーキを焼いたら、表面が焦げてしまった。
팬케이크를 구웠더니, 겉이 타 버렸다.
유 表 겉, 표면

---

**19**
ほ ぞん
**保存**
명 する 보존, 저장

残った肉は冷凍して保存すれば次も使える。
남은 고기는 냉동해서 보존하면 다음에도 쓸 수 있다.

---

**20**
まめ
**豆**
명 콩

豆腐は豆から作られる。
두부는 콩으로 만들어진다.

---

**21**
ゆか
**床**
명 바닥, 마루

夫に床を掃除してもらった。
남편이 바닥을 청소해 주었다.
＋ 天井 천장

**22**
ようき
**容器**
몡 용기

残った食べ物を容器に入れて保管した。
남은 음식을 용기에 넣어서 보관했다.

**23**
よご
**汚れ**
몡 얼룩, 때

洗濯をしても服の汚れが落ちない。
세탁을 해도 옷의 때가 빠지지 않는다.

**24**
わしょく
**和食**
몡 일식

旅館で和食のコース料理を食べました。
여관에서 일식 코스 요리를 먹었습니다.
➕ 和〜 일본식의, 일본풍의

**25**
あたた
**温める**
통 따뜻하게 하다, 데우다

買ってきた弁当を電子レンジで温めて食べた。
사 온 도시락을 전자레인지로 데워서 먹었다.
자 温まる 따뜻해지다　반 冷やす 식히다, 차갑게 하다

**26**
あら
**洗う**
통 씻다

食事の前にはきれいに手を洗いましょう。
식사 전에는 깨끗하게 손을 씻읍시다.

**27**
うす
**薄める**
통 연하게 하다, 묽게 하다

スープの味が濃かったので水で薄めた。
수프의 맛이 진했기 때문에 물로 희석했다.

**28**
かざ
**飾る**
통 꾸미다, 장식하다

友達が家に来るので、テーブルに花を飾った。
친구가 집에 오기 때문에 테이블에 꽃을 장식했다.

**29**
くさ
**腐る**
图 썩다, 상하다

なつ　　　　　た　もの　くさ
夏になると食べ物が腐りやすくなる。
여름이 되면 음식이 상하기 쉬워진다.

---

**30**
こ
**焦げる**
图 타다, 눋다

ひ　つよ　　　　　さかな　こ
火が強すぎて、魚が焦げてしまった。
불이 너무 세서 생선이 타 버렸다.

➕ お焦げ 누룽지

---

**31**
さ
**冷める**
图 식다, 차가워지다

でん わ　　　　　　　　　つく　　りょうり　さ
電話をしていたら、作った料理が冷めてしまった。
전화를 하고 있었더니 만든 음식이 식어 버렸다.

他 冷ます 식히다

---

**32**
つつ
**包む**
图 싸다, 포장하다

にく　やさい　つつ　　　た
肉を野菜で包んで食べると、とてもおいしいです。
고기를 야채로 싸서 먹으면 매우 맛있습니다.

---

**33**
ぬ
**抜く**
图 빼다, 거르다

ね ぼう　　　　　　　あさ　　　　　ぬ
寝坊をしたので朝ごはんを抜いた。
늦잠을 자서 아침밥을 걸렀다.

自 抜ける 빠지다

---

**34**
は
**掃く**
图 쓸다

いえ　まえ　は
家の前を掃いたらきれいになった。
집 앞을 쓸었더니 깨끗해졌다.

---

**35**
ほ
**干す**
图 말리다

きょう　てん き　　　　　　　　そと　ふとん　ほ
今日は天気がいいから、外で布団を干そう。
오늘은 날씨가 좋으니까 밖에서 이불을 말려야지.

**36**
**焼く**
や

통 굽다

この魚は煮ても焼いてもどっちもおいしい。
さかな に や

이 생선은 조려도 구워도 어느 쪽도 맛있다.

자 焼ける 타다, 구워지다, 다 익다
や

**37**
**温かい**
あたた

イ (온도가) 따뜻하다

寒い日は、温かいスープが飲みたくなる。
さむ ひ あたた の

추운 날에는 따뜻한 스프가 먹고 싶어진다.

+ 暖かい (기온이) 따뜻하다
あたた

**38**
**甘い**
あま

イ 달다

甘いものばかり食べていると虫歯になりますよ。
あま た むし ば

단 것만 먹으면 충치가 생길 거예요.

**39**
**硬い**
かた

イ 딱딱하다, 단단하다

この肉は硬くて食べられない。
にく かた た

이 고기는 질겨서 먹을 수 없다.

**40**
**濃い**
こ

イ 진하다

朝は濃いコーヒーを飲むのが好きです。
あさ こ の す

아침에는 진한 커피를 마시는 것을 좋아합니다.

반 薄い 연하다, 싱겁다
うす

**41**
**苦い**
にが

イ 쓰다

たいていの子どもは苦いものが嫌いだ。
こ にが きら

대부분의 아이는 쓴 것을 싫어한다.

**42**
**清潔**
せいけつ

ナ 명 청결

毎日洗濯するので、シャツも下着もいつも清潔だ。
まいにちせんたく したぎ せいけつ

매일 세탁하기 때문에 셔츠도 속옷도 항상 청결하다.

**1** 해당 어휘의 읽는 법을 찾고, 빈칸에 그 의미를 써 넣으세요.

| 보기 学生 | ☑ がくせい | ② がっせい | 학생 |
|---|---|---|---|

(1) 栄養　　① えいよう　② えよう　_____

(2) 豆　　① こめ　　② まめ　_____

(3) 濃い　　① こい　　② うすい　_____

(4) 温める　① あたためる　② しめる　_____

(5) 苦い　　① にがい　② わかい　_____

**2** 문맥에 맞는 단어를 보기에서 골라 알맞은 형태로 바꾸어 써 넣으세요.

(6) 友達が家に来るので、テーブルに花を(　　　)た。

(7) 肉を野菜で(　　　)食べるととてもおいしい。

(8) 料理の(　　　)を教えてください。

(9) 毎日洗濯するので、シャツも下着もいつも(　　　)だ。

(10) 電話をしていたら、作った料理が(　　　)しまった。

| 보기 | 飾る | 冷める | 包む | こつ | 清潔 |
|---|---|---|---|---|---|

정답
(1) ① 영양　(2) ② 콩　(3) ① 진하다　(4) ① 따뜻하게 하다, 데우다　(5) ① 쓰다
(6) 飾(かざ)っ　(7) 包(つつ)んで　(8) こつ　(9) 清潔(せいけつ)　(10) 冷(さ)めて

# 단어 퀴즈

✖ 단어를 보고 발음과 의미를 적어 보세요.

| 단어 | 발음 | 의미 |
|------|------|------|
| 改正 | かいせい | 개정 |
| 家事 | | |
| 果物 | | |
| 洗濯 | | |
| 朝食 | | |
| 表面 | | |
| 和食 | | |
| 温める | | |
| 冷める | | |
| 包む | | |
| 掃く | | |
| 干す | | |
| 焼く | | |
| 濃い | | |
| 苦い | | |
| 栄養 | | |
| 皮 | | |
| 材料 | | |
| 手間 | | |
| 飾る | | |
| 清潔 | | |
| 抜く | | |
| 硬い | | |

스티커를 따라 접으면 답을 확인할 수 있어요.

✽ 한번 더 복습해 봅시다.

| 읽는 법과 뜻 | |
|---|---|
| ☐ | かいせい<br>개정 |
| ☐ | かじ<br>집안일 |
| ☐ | くだもの<br>과일 |
| ☐ | せんたく<br>세탁 |
| ☐ | ちょうしょく<br>조식, 아침밥 |
| ☐ | ひょうめん<br>표면 |
| ☐ | わしょく<br>일식 |
| ☐ | あたためる<br>데우다 |
| ☐ | さめる<br>식다 |
| ☐ | つつむ<br>싸다 |
| ☐ | はく<br>쓸다 |
| ☐ | ほす<br>말리다 |
| ☐ | やく<br>굽다 |
| ☐ | こい<br>진하다 |
| ☐ | にがい<br>쓰다 |
| ☐ | えいよう<br>영양 |
| ☐ | かわ<br>껍질 |
| ☐ | ざいりょう<br>재료 |
| ☐ | てま<br>수고, 품 |
| ☐ | かざる<br>꾸미다, 장식하다 |
| ☐ | せいけつ<br>청결 |
| ☐ | ぬく<br>빼다, 거르다 |
| ☐ | かたい<br>딱딱하다, 단단하다 |

| 한자 | 발음 | 의미 |
|---|---|---|
| 예 改正 | かいせい | 개정 |
| 家事 | | |
| 果物 | | |
| 洗濯 | | |
| 朝食 | | |
| 表面 | | |
| 和食 | | |
| 温める | | |
| 冷める | | |
| 包む | | |
| 掃く | | |
| 干す | | |
| 焼く | | |
| 濃い | | |
| 苦い | | |
| 栄養 | | |
| 皮 | | |
| 材料 | | |
| 手間 | | |
| 飾る | | |
| 清潔 | | |
| 抜く | | |
| 硬い | | |

음성듣기

# DAY 08

# 가사와 식생활 (2)

얼마나
알고 있나요?

## 사전 체크

| | | | |
|---|---|---|---|
| ☐ 01 油 | ☐ 02 お湯 | ☐ 03 かび | ☐ 04 換気 |
| ☐ 05 牛肉 | ☐ 06 氷 | ☐ 07 米 | ☐ 08 試食 |
| ☐ 09 賞味期限 | ☐ 10 食料 | ☐ 11 水道 | ☐ 12 台所 |
| ☐ 13 たんす | ☐ 14 定食 | ☐ 15 出前 | ☐ 16 針 |
| ☐ 17 半分 | ☐ 18 弁当 | ☐ 19 骨 | ☐ 20 野菜 |
| ☐ 21 用意 | ☐ 22 冷蔵庫 | ☐ 23 余る | ☐ 24 生かす |
| ☐ 25 囲む | ☐ 26 切る | ☐ 27 加える | ☐ 28 こぼす |
| ☐ 29 畳む | ☐ 30 煮る | ☐ 31 残る | ☐ 32 拭く |
| ☐ 33 むく | ☐ 34 沸く | ☐ 35 分ける | ☐ 36 熱い |
| ☐ 37 おかしい | ☐ 38 辛い | ☐ 39 冷たい | ☐ 40 柔らかい |
| ☐ 41 新鮮 | ☐ 42 手軽 | | |

---

□
□

**01**
あぶら
**油**

명 기름

てん　　　　　あぶら　　あ　　　つく
天ぷらは油で揚げて作る。
튀김은 기름에 튀겨서 만든다.

---

□
□

**02**
ゆ
**お湯**

명 뜨거운 물

ガスをつけてもお湯が出ません。
가스를(가스 보일러를) 켜도 뜨거운 물이 안 나옵니다.

---

□
□

**03**
**かび**

명 곰팡이

ふ　ろ　　あら　　　　　　　　　　　　　は
お風呂を洗わなかったから、かびが生えた。
욕조를 닦지 않아서 곰팡이가 폈다.

➕ かびが生える 곰팡이가 피다

---

□
□

**04**
かん　き
**換気**

명 する 환기

へ や　　なか　にお　　　　　　まど　あ　　　かん き
部屋の中が臭うので窓を開けて換気した。
방 안에 냄새가 나서 창문을 열어 환기시켰다.

---

□
□

**05**
ぎゅうにく
**牛肉**

명 소고기

ぎゅうにく　　ゆうめい
オーストラリアは牛肉が有名です。
호주는 소고기가 유명합니다.

---

□
□

**06**
こおり
**氷**

명 얼음

なつ　こおり　　　　　　と　　　　　　はや　た　　　ほう
夏は氷がすぐに溶けるから早く食べた方がいい。
여름에는 얼음이 금방 녹으니까 빨리 먹는 편이 좋다.

---

□
□

**07**
こめ
**米**

명 쌀

つく　　　　こめ　　　　　　　　　　　　ひょうばん
ここで作られた米はとてもおいしいと評判だ。
여기에서 만들어진 쌀은 굉장히 맛있다고 평이 자자하다.

---

## 08
### 試食
**ししょく**
명 する 시식

あたら しょうひん し しょく
新しい商品の試食をする。
새로운 상품의 시식을 한다.

---

## 09
### 賞味期限
**しょうみ きげん**
명 소비 기한

か べんとう しょうみ きげん きょう
コンビニで買った弁当の賞味期限は今日までだ。
편의점에서 산 도시락의 소비 기한은 오늘까지이다.

---

## 10
### 食料
**しょくりょう**
명 식재료

しゅうまつ いっしゅうかんぶん しょくりょう か い
週末に１週間分の食料を買いに行く。
주말에 일주일 분의 식재료를 사러 간다.

---

## 11
### 水道
**すいどう**
명 수도

のど かわ すいどう みず の
喉が渇いたので水道の水を飲んだ。
목이 말라서 수돗물을 마셨다.

---

## 12
### 台所
**だいどころ**
명 부엌, 주방

だいどころ い にお
台所に行くと、おいしそうな匂いがした。
부엌에 갔더니 맛있을 것 같은 냄새가 났다.

---

## 13
### たんす
명 옷장

ふゆもの ふく い かた づ
たんすに冬物の服を入れて片付ける。
옷장에 겨울옷을 넣어 정리한다.

---

## 14
### 定食
**ていしょく**
명 정식

ひる はん かいしゃ しょくどう ていしょく た
昼ご飯は会社の食堂で定食を食べています。
점심은 회사 식당에서 정식을 먹습니다.

**15**
でまえ
出前
명 음식 배달

急にお客が来たので、近所の食堂から出前を取った。
갑자기 손님이 와서, 근처 식당에서 배달을 시켰다.
➕ 出前を取る 배달 음식을 시키다
㊒ デリバリー 음식 배달

---

**16**
はり
針
명 바늘

時計の針が5時を指していた。
시계 바늘이 5시를 가리키고 있었다.

---

**17**
はんぶん
半分
명 반, 절반

好きなおかずが一つもなかったので、ご飯を半分も残してしまった。
좋아하는 반찬이 하나도 없어서, 밥을 반이나 남기고 말았다.

---

**18**
べんとう
弁当
명 도시락

お昼はだいたいコンビニ弁当で済ましている。
점심밥은 대부분 편의점 도시락으로 해결하고 있다.

---

**19**
ほね
骨
명 뼈

とんこつラーメンのスープは豚の骨から作られている。
돈코쓰 라멘의 육수는 돼지 뼈로 만들어진다.

---

**20**
やさい
野菜
명 채소

このスーパーは野菜がとても安い。
이 슈퍼는 채소가 매우 저렴하다.

---

**21**
ようい
用意
명 する 준비

当ホテルではおいしい朝ごはんを用意しております。
우리 호텔에서는 맛있는 아침 식사를 준비해 놓았습니다.

**22**
れいぞう こ
**冷蔵庫**
명 냉장고

れいぞうこ なか せいり ふる た もの で
冷蔵庫の中を整理すると、古い食べ物が出てきた。
냉장고 안을 정리하자, 오래된 음식이 나왔다.

**23**
あま
**余る**
동 남다

や さい か あま
野菜を買いすぎて余ってしまった。
채소를 너무 많이 사서 남아 버렸다.

**24**
い
**生かす**
동 살리다

にく あじ い つく
肉の味を生かしてスープを作る。
고기의 맛을 살려서 수프를 만든다.

い
자 生きる 살다

う は
＋ 生まれる 태어나다　生える 나다, 자라다, 생겨나다

**25**
かこ
**囲む**
동 에워싸다, 둘러앉다

かこ しょく じ
テーブルを囲んでみんなで食事をするのはとても
たの
楽しい。
테이블을 둘러앉아 모두 함께 식사를 하는 것은 매우 즐겁다.

**26**
き
**切る**
동 자르다

や さい あら ちい き
野菜を洗って、小さく切った。
채소를 씻어서 작게 잘랐다.

き
자 切れる 잘리다

**27**
くわ
**加える**
동 보태다, 더하다, 가하다

しお くわ
このソースは、塩を加えたらもっとおいしくなると
おも
思う。
이 소스는 소금을 더 넣으면 더욱 맛있어질 거라고 생각한다.

**28**
**こぼす**
동 흘리다, 엎지르다

き た
こぼさないように気をつけて食べなさい。
흘리지 않도록 주의해서 먹으렴.

**29**
たた
**畳む**
图 (세탁물을) 개다

かのじょ　せんたくもの　　　　　　　たた　　　　　　　　　い
彼女は洗濯物をきれいに畳んで、たんすに入れた。
그녀는 빨래를 깔끔하게 개어서 옷장에 넣었다.

**30**
に
**煮る**
图 삶다, 끓이다, 조리다

にく　やさい　いっしょ　に　　　ふか　あじ　で
肉と野菜を一緒に煮ると深い味が出る。
고기와 채소를 함께 끓이면 깊은 맛이 나온다.
＋ 炒める (음식을) 볶다, 지지다　ゆでる 데치다, 삶다

**31**
のこ
**残る**
图 남다

きのう　　　　　　　　　　れいぞうこ　のこ
昨日もらったケーキがまだ冷蔵庫に残っている。
어제 받은 케이크가 아직 냉장고에 남아 있다.
타 残す 남기다

**32**
ふ
**拭く**
图 닦다

ゆか　きたな　　　　　　　　　　　ふ
床が汚かったのでぞうきんで拭いた。
바닥이 더러워서 걸레로 닦았다.

**33**
**むく**
图 벗기다

かわ　　　とき　て　き
じゃがいもの皮をむく時に、手を切った。
감자 껍질을 벗길 때 손을 베었다.

**34**
わ
**沸く**
图 (물이) 끓다, 흥분하다

ゆ　わ　　　ひ　け
お湯が沸いたら火を消してください。
물이 끓으면 불을 꺼 주세요.
타 沸かす 끓이다, 데우다

**35**
わ
**分ける**
图 나누다

たんじょうび　　　　　よっ　わ　た
誕生日のケーキを４つに分けて食べた。
생일 케이크를 네 조각으로 나누어 먹었다.

**36**
あつ
**熱い**
イ 뜨겁다

あつ　　　　の
このコーヒーは熱すぎて飲めない。
이 커피는 너무 뜨거워서 마실 수 없다.

**37**
**おかしい**
イ 이상하다, 수상하다,
의심스럽다

ふつか まえ　か　　ぎゅうにゅう あじ すこ
二日前に買った牛乳の味が少しおかしい。
이틀 전에 산 우유 맛이 조금 이상하다.

**38**
から
**辛い**
イ 맵다

こ　　　　 から もの た　　　　　　　　 よ
子どもに辛い物を食べさせるのは良くない。
아이에게 매운 음식을 먹이는 것은 좋지 않다.

**39**
つめ
**冷たい**
イ 차갑다

あつ ひ つめ　　　　　　　 の
こんな暑い日は冷たいビールが飲みたいですね。
이렇게 더운 날은 차가운 맥주를 마시고 싶네요.

**40**
やわ
**柔らかい**
イ 부드럽다, 유연하다

にく やわ
この肉、柔らかくておいしいよね。
이 고기, 부드럽고 맛있지?
かた
反 固い 단단하다, 질기다

**41**
しんせん
**新鮮**
ナ 명 신선, 싱싱함

さしみ しんせん　いのち　　　 はや た
刺身は新鮮さが命だから早く食べよう。
회는 신선함이 생명이니까 빨리 먹자.

**42**
て がる
**手軽**
ナ 간단함, 손쉬움

そと　 てがる た
おにぎりは外でも手軽に食べられる。
주먹밥은 밖에서도 간단하게 먹을 수 있다.

**1** 해당 어휘의 읽는 법을 찾고, 빈칸에 그 의미를 써 넣으세요.

| 보기 | 学生 | ☑ がくせい | ② がっせい | 학생 |

(1) 氷　　　① こめ　　　② こおり　　　_____

(2) 台所　　① だいどころ ② だいところ　_____

(3) 熱い　　① あつい　　② うすい　　　_____

(4) 拭く　　① わく　　　② ふく　　　　_____

(5) 冷たい　① つめたい　② さめたい　　_____

**2** 문맥에 맞는 단어를 보기에서 골라 알맞은 형태로 바꾸어 써 넣으세요.

(6) じゃがいもの皮を(　　　　)時に、手を切った。

(7) 二日前に買った牛乳の味が少し(　　　　)。

(8) 急にお客が来たので、近所の食堂から(　　　　)を取った。

(9) 刺身は(　　　　)さが命だから早く食べよう。

(10) テーブルを(　　　　)みんなで食事をするのはとても楽しい。

| 보기 | 出前　囲む　むく　おかしい　新鮮 |

정답
(1) ② 얼음　(2) ① 부엌, 주방　(3) ① 뜨겁다　(4) ② 닦다　(5) ① 차갑다
(6) むく　(7) おかしい　(8) 出前(でまえ)　(9) 新鮮(しんせん)　(10) 囲(かこ)んで

## 단어 퀴즈

✤ 단어를 보고 발음과 의미를 적어 보세요.

| 단어 | 발음 | 의미 |
|---|---|---|
| 改正 | かいせい | 개정 |
| お湯 | | |
| 賞味期限 | | |
| 台所 | | |
| 定食 | | |
| 弁当 | | |
| 野菜 | | |
| 用意 | | |
| 冷蔵庫 | | |
| 生かす | | |
| 加える | | |
| 畳む | | |
| 拭く | | |
| 辛い | | |
| 柔らかい | | |
| 新鮮 | | |
| 手軽 | | |
| 牛肉 | | |
| 氷 | | |
| 米 | | |
| 余る | | |
| 囲む | | |
| 骨 | | |

선을 따라 접으면 답을 확인할 수 있어요.

✖ 한번 더 복습해 봅시다.

| 읽는 법과 뜻 | | 한자 | 발음 | 의미 |
|---|---|---|---|---|
| ☐ | かいせい<br>개정 | 예 改正 | かいせい | 개정 |
| ☐ | おゆ<br>뜨거운 물 | お湯 | | |
| ☐ | しょうみきげん<br>소비 기한 | 賞味期限 | | |
| ☐ | だいどころ<br>부엌, 주방 | 台所 | | |
| ☐ | ていしょく<br>정식 | 定食 | | |
| ☐ | べんとう<br>도시락 | 弁当 | | |
| ☐ | やさい<br>채소 | 野菜 | | |
| ☐ | ようい<br>준비 | 用意 | | |
| ☐ | れいぞうこ<br>냉장고 | 冷蔵庫 | | |
| ☐ | いかす<br>살리다 | 生かす | | |
| ☐ | くわえる<br>보태다, 더하다 | 加える | | |
| ☐ | たたむ<br>개다 | 畳む | | |
| ☐ | ふく<br>닦다 | 拭く | | |
| ☐ | からい<br>맵다 | 辛い | | |
| ☐ | やわらかい<br>부드럽다, 유연하다 | 柔らかい | | |
| ☐ | しんせん<br>신선, 싱싱함 | 新鮮 | | |
| ☐ | てがる<br>간단함, 손쉬움 | 手軽 | | |
| ☐ | ぎゅうにく<br>소고기 | 牛肉 | | |
| ☐ | こおり<br>얼음 | 氷 | | |
| ☐ | こめ<br>쌀 | 米 | | |
| ☐ | あまる<br>남다 | 余る | | |
| ☐ | かこむ<br>에워싸다 | 囲む | | |
| ☐ | ほね<br>뼈 | 骨 | | |

# DAY 09

# 일상생활 (1)

음성듣기

얼마나
알고 있나요?

**사전 체크**

| | | | |
|---|---|---|---|
| ☐ 01 泡 | ☐ 02 噂 | ☐ 03 大声 | ☐ 04 外食 |
| ☐ 05 壁 | ☐ 06 禁止 | ☐ 07 気配 | ☐ 08 習慣 |
| ☐ 09 準備 | ☐ 10 整理 | ☐ 11 選択 | ☐ 12 掃除 |
| ☐ 13 暖房 | ☐ 14 調子 | ☐ 15 手紙 | ☐ 16 到着 |
| ☐ 17 内緒 | ☐ 18 日常 | ☐ 19 花束 | ☐ 20 ほんの |
| ☐ 21 村 | ☐ 22 利用 | ☐ 23 現れる | ☐ 24 動く |
| ☐ 25 起きる | ☐ 26 飼う | ☐ 27 掛ける | ☐ 28 貸す |
| ☐ 29 傾く | ☐ 30 考える | ☐ 31 暮らす | ☐ 32 困る |
| ☐ 33 しまう | ☐ 34 捨てる | ☐ 35 頼む | ☐ 36 着く |
| ☐ 37 出かける | ☐ 38 閉じる | ☐ 39 取り替える | ☐ 40 眠る |
| ☐ 41 運ぶ | ☐ 42 引く | ☐ 43 振る | ☐ 44 磨く |
| ☐ 45 認める | ☐ 46 結ぶ | ☐ 47 求める | ☐ 48 汚す |
| ☐ 49 汚い | | | |

**01**
あわ
**泡**
명 거품

シャンプーの泡を落として、トリートメントをした。
샴푸 거품을 헹구고 트리트먼트를 했다.

---

**02**
うわさ
**噂**
명 する 소문

噂を聞いて、たくさんの人が集まってきた。
소문을 듣고 많은 사람이 모여들었다.

➕ 噂する 남 이야기를 하다
噂が立つ 소문이 나다

---

**03**
おおごえ
**大声**
명 큰 (목)소리

美術館では大声で話してはいけない。
미술관에서는 큰 소리로 이야기해서는 안 된다.

---

**04**
がいしょく
**外食**
명 する 외식

今日は結婚記念日なので、外食することにした。
오늘은 결혼기념일이라서 외식하기로 했다.

---

**05**
かべ
**壁**
명 벽

友達との思い出の写真を壁に飾った。
친구와의 추억이 담긴 사진을 벽에 장식했다.

---

**06**
きんし
**禁止**
명 する 금지

この病気にかかった人は10日間外出が禁止される。
이 병에 걸린 사람은 10일간 외출이 금지된다.

---

**07**
けはい
**気配**
명 낌새, 기미

人の気配がしたので振り返ったが、誰もいなかった。
인기척이 나서 돌아봤지만, 아무도 없었다.

**08**
しゅうかん
**習慣**
名 습관

あさはや お しゅうかん たいせつ
朝早く起きる習慣をつけることが大切だ。
아침 일찍 일어나는 습관을 들이는 것이 중요하다.

---

**09**
じゅん び
**準備**
名 する 준비

けっこん じゅん び ねんまえ はじ ひと おお
結婚の準備は1年前から始める人が多い。
결혼 준비는 1년 전부터 시작하는 사람이 많다.

---

**10**
せい り
**整理**
名 する 정리

ひ だ なか せいり さが とけい み
引き出しの中を整理したら、探していた時計が見つ
かった。
서랍 안을 정리했더니, 찾고 있던 시계가 발견되었다.

---

**11**
せんたく
**選択**
名 する 선택

みち せんたく き
どんな道を選択するかは、あなたが決めなければ
ならない。
어떤 길을 선택할지는 네가 정해야만 한다.

---

**12**
そう じ
**掃除**
名 する 청소

そうじ ちち しごと
うちではトイレの掃除は父の仕事です。
우리집에서는 화장실 청소는 아버지의 일입니다.
せいそう
＋ 清掃 청소

---

**13**
だんぼう
**暖房**
名 する 난방

で とき だんぼう き
出かける時は暖房を切ってください。
외출할 때는 난방을 꺼 주세요.
れいぼう
반 冷房 냉방

---

**14**
ちょう し
**調子**
名 (몸·기계 등의) 상태,
컨디션

せんげつ か ちょうし わる
先月買ったばかりなのに、パソコンの調子が悪い。
지난달에 막 산 참인데, 컴퓨터의 상태가 나쁘다.

## 15
て がみ
**手紙**
명 편지

最近はメールをよく使うから手紙を書くことが
あまりない。
최근에는 메일을 주로 사용하기 때문에 편지를 쓸 일이 별로 없다.

## 16
とうちゃく
**到着**
명 する 도착

お客様は10時に到着する予定です。
손님은 10시에 도착할 예정입니다.
반 出発 출발

## 17
ないしょ
**内緒**
명 비밀

母に内緒で、姉と誕生日のプレゼントを用意して
いる。
어머니께 비밀로 하고, 언니(누나)와 생일 선물을 준비하고 있다.

## 18
にちじょう
**日常**
명 일상

田舎では日常がゆっくり過ぎていく。
시골에서는 일상이 느긋하게 지나간다.

## 19
はなたば
**花束**
명 꽃다발

誕生日に彼からプレゼントと花束をもらった。
생일에 남자 친구에게 선물과 꽃다발을 받았다.
＋ 花びん 꽃병

## 20
**ほんの**
연 그저 명색뿐인, 불과,
아주(적음·작음을 강조)

お酒が苦手だが、昨日はほんの少し飲んだ。
술을 잘 못 마시지만, 어제는 아주 조금 마셨다.

## 21
むら
**村**
명 마을, 촌락

この町は、昔2つの村に分かれていた。
이 마을은 예전에 두 개의 촌락으로 나뉘어 있었다.
＋ 町 마을, 동네

## 22
りょう
**利用**
명 する 이용

私は現在、3つの銀行を利用しています。
나는 현재 세 군데의 은행을 이용하고 있습니다.

---

## 23
あらわ
**現れる**
동 나타나다, 드러나다

彼はいつも急に現れてみんなを驚かせる。
그는 늘 갑자기 나타나서 모두를 놀라게 한다.

타 現す 나타내다, 드러내다

来ないと思った彼が姿を現してみんなびっくりした。
오지 않을 거라고 생각했던 그가 모습을 보여 모두 깜짝 놀랐다.

---

## 24
うご
**動く**
동 움직이다

この机は私がいくら押しても動かない。
이 책상은 내가 아무리 밀어도 움직이지 않는다.

타 動かす 움직이게 하다  ＋ 動き 움직임, 변동

---

## 25
お
**起きる**
동 일어나다

私は毎朝6時に起きて運動することにしています。
나는 매일 아침 6시에 일어나서 운동하기로 하고 있습니다.

타 起こす 일으키다

---

## 26
か
**飼う**
동 기르다, 사육하다

このアパートでは、ペットを飼ってはいけません。
이 아파트에서는 반려동물을 기르면 안 됩니다.

---

## 27
か
**掛ける**
동 걸다

ジャケットはハンガーに掛けて保管する。
자켓은 옷걸이에 걸어서 보관한다.

자 掛かる 걸리다

壁にきれいな絵が掛かっている。
벽에 예쁜 그림이 걸려 있다.

**28**
**貸す**
か

통 빌려주다

たとえ親友であってもお金は貸さない方がいい。
설령 친한 친구라 하더라도 돈은 빌려주지 않는 편이 좋다.

---

**29**
**傾く**
かたむ

통 기울다, 한쪽으로 쏠리다

棚が少し右に傾いていますね。
선반이 조금 오른쪽으로 기울어져 있네요.

타 傾ける 기울이다
かたむ

社長は「乾杯」と言いながらグラスを傾けた。
사장님은 '건배'라고 말하며 잔을 기울였다.

---

**30**
**考える**
かんが

통 생각하다

彼は何を考えているかよく分からない。
그는 무엇을 생각하고 있는지 잘 모르겠다.

＋ 考え方 사고방식
かんが かた

---

**31**
**暮らす**
く

통 살다, 생활하다

彼は東京でアルバイトをしながら一人で暮らしている。
그는 도쿄에서 아르바이트를 하면서 혼자 살고 있다.

---

**32**
**困る**
こま

통 곤란하다, 난처해지다

携帯電話が無くなると、多くの人が困るだろう。
휴대 전화가 없어지면 많은 사람이 곤란할 것이다.

---

**33**
**しまう**

통 넣다, 간수하다, 끝내다

昔の手紙を引き出しにしまっておいた。
옛 편지를 서랍에 넣어 두었다.

**34**
**捨てる** (す)
图 버리다

ごみはきちんと分別してからごみ箱に捨てましょう。
쓰레기는 제대로 분리수거한 다음에 쓰레기통에 버립시다.

➕ 拾う (ひろ) 줍다

---

**35**
**頼む** (たの)
图 부탁하다, 의뢰하다,
주문하다, 당부하다

母親は子どもに買い物を頼んだ。
어머니는 아이에게 장보기를 부탁했다.

コーヒーを頼んだのに紅茶が来た。
커피를 주문했는데 홍차가 왔다.

---

**36**
**着く** (つ)
图 도착하다

約束の時間より10分も早く着いた。
약속 시간보다 10분이나 빨리 도착했다.

---

**37**
**出かける** (で)
图 외출하다

母は今出かけていて、家には誰もいません。
어머니는 지금 외출 중이어서 집에는 아무도 없습니다.

---

**38**
**閉じる** (と)
图 닫다, 눈을 감다
닫히다, 끝나다

目を閉じると、急に眠くなった。
눈을 감았더니 갑자기 잠이 왔다.

試験中は教科書は閉じてください。
시험 중에는 교과서는 덮어 주세요.

반 開ける (あ) 열다　開く (あ) 열리다, 열다

---

**39**
**取り替える** (と)(か)
图 바꾸다, 갈다, 교체하다

カーテンが古くなったので、新しいものに取り替えた。
커튼이 오래되어서 새 것으로 교체했다.

| | | |
|---|---|---|
| **40**<br>ねむ<br>**眠る**<br>동 자다, 잠들다 | 子<ruby>供<rt>こ</rt></ruby>どもが<ruby>眠<rt>ねむ</rt></ruby>っているので<ruby>静<rt>しず</rt></ruby>かにしてください。<br>아이가 자고 있으니 조용히 해 주세요.<br>＋ <ruby>眠<rt>ねむ</rt></ruby>り 잠, 수면　<ruby>眠<rt>ねむ</rt></ruby>い 졸리다 | |

**40**
ねむ
**眠る**
동 자다, 잠들다

子どもが<ruby>眠<rt>ねむ</rt></ruby>っているので<ruby>静<rt>しず</rt></ruby>かにしてください。
아이가 자고 있으니 조용히 해 주세요.
＋ <ruby>眠<rt>ねむ</rt></ruby>り 잠, 수면　<ruby>眠<rt>ねむ</rt></ruby>い 졸리다

---

**41**
はこ
**運ぶ**
동 옮기다, 운반하다

トラックで<ruby>引<rt>ひ</rt></ruby>っ<ruby>越<rt>こ</rt></ruby>しの<ruby>荷物<rt>にもつ</rt></ruby>を<ruby>運<rt>はこ</rt></ruby>んだ。
트럭으로 이삿짐을 운반했다.

---

**42**
ひ
**引く**
동 당기다, 끌다, 빼다
(사전을) 찾다, (선을) 긋다

<ruby>入<rt>はい</rt></ruby>る<ruby>時<rt>とき</rt></ruby>はドアを<ruby>引<rt>ひ</rt></ruby>いてください。
들어갈(올) 때는 문을 당겨 주세요.
<ruby>意味<rt>いみ</rt></ruby>の<ruby>分<rt>わ</rt></ruby>からない<ruby>単語<rt>たんご</rt></ruby>は<ruby>辞書<rt>じしょ</rt></ruby>を<ruby>引<rt>ひ</rt></ruby>いてください。
의미를 모르는 단어는 사전을 찾아 주세요.

---

**43**
ふ
**振る**
동 흔들다

<ruby>夫<rt>おっと</rt></ruby>が<ruby>出勤<rt>しゅっきん</rt></ruby>するのを<ruby>手<rt>て</rt></ruby>を<ruby>振<rt>ふ</rt></ruby>って<ruby>見送<rt>みおく</rt></ruby>った。
남편이 출근하는 것을 손을 흔들며 배웅했다.

---

**44**
みが
**磨く**
동 닦다, 윤을 내다,
연마하다

<ruby>食事後<rt>しょくじご</rt></ruby>、30<ruby>分以内<rt>ぷんいない</rt></ruby>に<ruby>歯<rt>は</rt></ruby>を<ruby>磨<rt>みが</rt></ruby>くようにしましょう。
식사 후 30분 이내에 이를 닦도록 합시다.
もっと<ruby>腕<rt>うで</rt></ruby>を<ruby>磨<rt>みが</rt></ruby>けばいつか<ruby>彼<rt>かれ</rt></ruby>に<ruby>勝<rt>か</rt></ruby>てる<ruby>日<rt>ひ</rt></ruby>が<ruby>来<rt>く</rt></ruby>るだろうか。
좀 더 실력을 닦으면 언젠가 그를 이길 수 있는 날이 올까?

---

**45**
みと
**認める**
동 인정하다

<ruby>彼<rt>かれ</rt></ruby>は<ruby>自分<rt>じぶん</rt></ruby>の<ruby>罪<rt>つみ</rt></ruby>を<ruby>全<rt>すべ</rt></ruby>て<ruby>認<rt>みと</rt></ruby>めて<ruby>自白<rt>じはく</rt></ruby>した。
그는 자신의 죄를 모두 인정하고 자백했다.

**46**

むす
**結ぶ**

통 매다, 묶다, 맺다

さいきん、むすめ ひとり くつ むす
最近、娘は一人で靴のひもが結べるようになった。
최근 (우리) 딸은 혼자서 신발 끈을 묶을 수 있게 되었다.

かいしゃ こうぎょう ぎょう む ていけい むす
うちの会社はリトル工業と業務提携を結んでいる。
우리 회사는 리틀 공업과 업무 제휴를 맺고 있다.

---

**47**

もと
**求める**

통 구하다, 요구하다,
추구하다

かれ もと かね
彼が求めているのはお金ではないようだ。
그가 추구하고 있는 것은 돈은 아닌 듯하다.

---

**48**

よご
**汚す**

통 더럽히다

ふく よご
スープをこぼして、服を汚してしまった。
수프를 쏟아서 옷을 더럽히고 말았다.

よご
자 汚れる 더러워지다

よご ふく せんたく
汚れた服を洗濯しました。
더러워진 옷을 세탁했습니다.

---

**49**

きたな
**汚い**

イ 더럽다

へや きたな そうじ
部屋が汚かったから掃除をした。
방이 더러웠기 때문에 청소를 했다.

**1** 해당 어휘의 읽는 법을 찾고, 빈칸에 그 의미를 써 넣으세요.

| 보기 | 学生 | ⑰ がくせい | ② がっせい | 학생 |
|---|---|---|---|---|

(1) 泡　　　① いけ　　　② あわ　　　＿＿＿＿＿＿＿

(2) 貸す　　① かす　　　② かえす　　＿＿＿＿＿＿＿

(3) 気配　　① きはい　　② けはい　　＿＿＿＿＿＿＿

(4) 運ぶ　　① ころぶ　　② はこぶ　　＿＿＿＿＿＿＿

(5) 到着　　① とうちゃく ② とちゃく　＿＿＿＿＿＿＿

**2** 문맥에 맞는 단어를 보기 에서 골라 알맞은 형태로 바꾸어 써 넣으세요.

(6) 先月買ったばかりなのに、パソコンの(　　　　)が悪い。

(7) スープをこぼして、服を(　　　　)しまった。

(8) 昔の手紙を引き出しに(　　　　)おいた。

(9) 最近、うちの娘は一人で靴のひもが(　　　　)ようになった。

(10) (　　　　)を聞いて、たくさんの人が集まってきた。

| 보기 | 噂　　調子　　しまう　　汚す　　結ぶ |
|---|---|

# 단어 퀴즈

✖ 단어를 보고 발음과 의미를 적어 보세요.

| 단어 | 발음 | 의미 |
|---|---|---|
| 改正 | かいせい | 개정 |
| 禁止 | | |
| 習慣 | | |
| 暖房 | | |
| 調子 | | |
| 手紙 | | |
| 現れる | | |
| 貸す | | |
| 暮らす | | |
| 困る | | |
| 捨てる | | |
| 頼む | | |
| 閉じる | | |
| 運ぶ | | |
| 引く | | |
| 認める | | |
| 求める | | |
| 汚い | | |
| 準備 | | |
| 整理 | | |
| 選択 | | |
| 到着 | | |
| 外食 | | |

정답을 따라 접으면 답을 확인할 수 있어요.

✽ 한번 더 복습해 봅시다.

| 읽는 법과 뜻 |
| --- |
| □ かいせい 개정 |
| □ きんし 금지 |
| □ しゅうかん 습관 |
| □ だんぼう 난방 |
| □ ちょうし 상태, 컨디션 |
| □ てがみ 편지 |
| □ あらわれる 나타나다, 드러나다 |
| □ かす 빌려주다 |
| □ くらす 살다, 생활하다 |
| □ こまる 곤란하다 |
| □ すてる 버리다 |
| □ たのむ 부탁하다, 의뢰하다 |
| □ とじる 닫다 |
| □ はこぶ 옮기다 |
| □ ひく 당기다, 끌다 |
| □ みとめる 인정하다 |
| □ もとめる 구하다, 요구하다 |
| □ きたない 더럽다 |
| □ じゅんび 준비 |
| □ せいり 정리 |
| □ せんたく 선택 |
| □ とうちゃく 도착 |
| □ がいしょく 외식 |

| 한자 | 발음 | 의미 |
| --- | --- | --- |
| 예 改正 | かいせい | 개정 |
| 禁止 | | |
| 習慣 | | |
| 暖房 | | |
| 調子 | | |
| 手紙 | | |
| 現れる | | |
| 貸す | | |
| 暮らす | | |
| 困る | | |
| 捨てる | | |
| 頼む | | |
| 閉じる | | |
| 運ぶ | | |
| 引く | | |
| 認める | | |
| 求める | | |
| 汚い | | |
| 準備 | | |
| 整理 | | |
| 選択 | | |
| 到着 | | |
| 外食 | | |

# DAY 10

# 일상생활 (2)

얼마나
알고 있나요?

**사전** 체크

| | | | |
|---|---|---|---|
| ☐ 01 糸 | ☐ 02 お祝い | ☐ 03 屋上 | ☐ 04 片方 |
| ☐ 05 帰宅 | ☐ 06 毛 | ☐ 07 自分 | ☐ 08 住所 |
| ☐ 09 生活 | ☐ 10 世話 | ☐ 11 想像 | ☐ 12 中止 |
| ☐ 13 机 | ☐ 14 道具 | ☐ 15 途中 | ☐ 16 匂い |
| ☐ 17 場合 | ☐ 18 ふた | ☐ 19 翻訳 | ☐ 20 窓 |
| ☐ 21 郵便 | ☐ 22 留守 | ☐ 23 植える | ☐ 24 選ぶ |
| ☐ 25 隠す | ☐ 26 重ねる | ☐ 27 片付ける | ☐ 28 乾く |
| ☐ 29 気づく | ☐ 30 比べる | ☐ 31 覚める | ☐ 32 閉める |
| ☐ 33 育てる | ☐ 34 建つ | ☐ 35 使う | ☐ 36 付ける |
| ☐ 37 出る | ☐ 38 届く | ☐ 39 願う | ☐ 40 除く |
| ☐ 41 外す | ☐ 42 引っ越す | ☐ 43 守る | ☐ 44 見つける |
| ☐ 45 迎える | ☐ 46 燃える | ☐ 47 戻る | ☐ 48 重い |
| ☐ 49 普通 | | | |

**01**
いと
# 糸
명 실

糸は50センチぐらいに切って使ってください。
실은 50cm 정도로 잘라서 사용해 주세요.

---

**02**
いわ
# お祝い
명 する 축하, 축하 선물, 축하 인사

あね けっこん いわ か
姉に結婚のお祝いにソファーを買ってもらいました。
언니(누나)가 결혼 축하 선물로 소파를 사 주었습니다.

＋ いわ
祝う 축하하다

こころ いわ もう あ
心よりお祝い申し上げます。
마음 깊이 축하 인사 올립니다.

---

**03**
おくじょう
# 屋上
명 옥상

がっこう おくじょう まち けしき み
学校の屋上から町の景色が見えます。
학교 옥상에서 마을의 풍경이 보입니다.

---

**04**
かたほう
# 片方
명 한 쪽, 한 편, 한 짝

いそ の とき かたほう てぶくろ お
バスに急いで乗った時、片方の手袋を落として
しまった。
버스를 서둘러 탔을 때, 한쪽 장갑을 떨어뜨리고 말았다.

반 りょうほう
両方 쌍방, 양쪽

---

**05**
きたく
# 帰宅
명 する 귀가

ちち きたく の
父はいつも帰宅するとすぐにビールを飲む。
아버지는 언제나 귀가하면 바로 맥주를 마신다.

---

**06**
け
# 毛
명 털

いぬ け き
犬の毛を切るために、ペットサロンへ行った。
강아지 털을 자르기 위해 반려동물 살롱(반려동물 케어숍)에 갔다.

**07**
じ ぶん
**自分**
몡 자기 자신

じぶん
自分のことは自分でできるようにしなさい。
자기 일은 스스로 할 수 있도록 하렴.
➕ 自分で 스스로, 직접

**08**
じゅうしょ
**住所**
몡 주소

ふうとう じゅうしょ か きって は てがみ おく
封筒に住所を書いて切手を貼って、手紙を送る。
봉투에 주소를 쓰고 우표를 붙여서 편지를 보낸다.

**09**
せいかつ
**生活**
몡 する 생활

きゅうりょう やす まいにち せいかつ くる
給料が安いので毎日の生活が苦しい。
급여가 적어서 매일의 생활이 고되다.

**10**
せ わ
**世話**
몡 する 신세, 보살핌, 돌봄

いぬ せ わ わたし しごと
犬の世話は私の仕事だ。
개를 돌보는 것은 나의 일이다.

せ わ
いつもお世話になっております。
항상 신세 지고 있습니다.
➕ 世話になる 신세를 지다　世話をする 보살피다

**11**
そうぞう
**想像**
몡 する 상상

かれ し せいかつ まった そうぞう
彼の私生活は全く想像ができない。
그의 사생활은 전혀 상상이 되지 않는다.

**12**
ちゅう し
**中止**
몡 する 중지

きょう たいかい あめ ちゅう し
今日の大会は雨で中止になった。
오늘 대회는 비 때문에 중지되었다.

**13**
つくえ
**机**
명 책상

この机は木でできている。
이 책상은 나무로 만들어져 있다.
➕ 椅子 의자

**14**
どうぐ
**道具**
명 도구

ここには子どもの遊び道具がたくさんある。
여기에는 아이의 놀이 도구가 많이 있다.
➕ 家具 가구

**15**
とちゅう
**途中**
명 도중

学校から帰る途中、買い物に行く母に会った。
학교에서 돌아오는 도중에 장 보러 가는 어머니를 만났다.

**16**
にお
**匂い**
명 냄새, 향기, 정취

洗濯した服の匂いが好きだ。
세탁한 옷의 냄새를 좋아한다.
➕ 匂いがする 냄새가 나다

**17**
ばあい
**場合**
명 경우

雨の場合は遠足を延期します。
비가 올 경우에는 소풍을 연기합니다.

**18**
**ふた**
명 뚜껑

ふたを開けると、とてもいい香りがした。
뚜껑을 열었더니 매우 좋은 향기가 났다.
➕ ふたをする 뚜껑을 덮다

**19**
ほんやく
**翻訳**
명 する 번역

この本は10か国語に翻訳されている。
이 책은 10개 국어로 번역되어 있다.
🔁 訳す 번역하다, 해석하다

**20**
まど
**窓**
📙 창문

窓<sup></sup>から見える景色は素晴らしかったです。
창문에서 보이는 경치는 훌륭했습니다.

**21**
ゆうびん
**郵便**
📙 우편

友達が郵便で写真を送ってくれた。
친구가 우편으로 사진을 보내 주었다.
➕ 郵便局<sup></sup> 우체국

**22**
る す
**留守**
📙 집을 비움, 부재중

せっかく会いに行ったのに友達は留守だった。
모처럼 만나러 갔는데 친구는 부재중이었다.

**23**
う
**植える**
📗 심다

10年前に庭に桜の木を植えた。
10년 전에 정원에 벚나무를 심었다.

**24**
えら
**選ぶ**
📗 고르다, 선택하다

どうぞ、お好きなものを自由に選んでください。
자, 좋아하는 것을 자유롭게 골라 주세요.

**25**
かく
**隠す**
📗 숨기다

姉は日記をベッドの下に隠している。
언니(누나)는 일기를 침대 밑에 숨기고 있다.
➕ 隠れる 숨다

**26**
かさ
**重ねる**
📗 겹치다, 포개다, 쌓아 올리다

机が狭いので、本を重ねて置いておいた。
책상이 좁아서 책을 겹쳐서 놓아 두었다.
➕ 重なる 겹치다, 중복되다

---

☐☐ **27**

<sub>かた づ</sub>
**片付ける**

圄 정돈하다, 정리하다,
치우다

<sub>つくえ</sub> <sub>うえ</sub> <sub>しょるい</sub> <sub>かた づ</sub>
机の上にたまっていた書類を片付けることにした。
책상 위에 쌓여 있던 서류를 정리하기로 했다.

---

☐☐ **28**

<sub>かわ</sub>
**乾く**

圄 마르다, 건조하다

<sub>つか</sub> <sub>かみ</sub> <sub>かわ</sub>
ドライヤーを使ったので髪がすぐに乾いた。
드라이기를 사용했기 때문에 머리가 금방 말랐다.

타 <sub>かわ</sub>
乾かす 말리다

---

☐☐ **29**

<sub>き</sub>
**気づく**

圄 깨닫다, 눈치채다

<sub>いえ</sub> <sub>かえ</sub> <sub>けいたい</sub> <sub>き</sub>
家に帰ってから、携帯がないことに気づいた。
집에 돌아온 후에 휴대 전화가 없는 것을 깨달았다.

---

☐☐ **30**

<sub>くら</sub>
**比べる**

圄 비교하다

<sub>わたし</sub> <sub>あたま</sub> <sub>あに</sub> <sub>くら</sub>
私はいつも頭がいい兄と比べられる。
나는 언제나 머리가 좋은 형과(오빠와) 비교당한다.

---

☐☐ **31**

<sub>さ</sub>
**覚める**

圄 깨다, 눈이 떠지다

<sub>こわ</sub> <sub>ゆめ</sub> <sub>み</sub> <sub>よ なか</sub> <sub>め</sub> <sub>さ</sub>
怖い夢を見て、夜中に目が覚めてしまった。
무서운 꿈을 꿔서 한밤중에 눈이 떠지고 말았다(잠이 깨고 말았다).

타 <sub>さ</sub> <sub>め ざ</sub> <sub>どけい</sub>
覚ます 깨우다, 깨우치다  ＋ 目覚まし時計 자명종, 알람 시계

<sub>め ざ</sub> <sub>どけい</sub> <sub>おと</sub> <sub>き</sub> <sub>め</sub> <sub>さ</sub>
目覚まし時計の音を聞いて目を覚ました。
알람 시계 소리를 듣고 눈을 떴다.

---

☐☐ **32**

<sub>し</sub>
**閉める**

圄 닫다

<sub>さい ご</sub> <sub>ひと</sub> <sub>し</sub>
最後の人はドアを閉めてください。
마지막 사람은 문을 닫아 주세요.

자 <sub>し</sub>
閉まる 닫히다

---

**33**
そだ
**育てる**
图 기르다, 키우다, 양육하다

自分で育てた野菜でサラダを作って食べた。
직접 키운 채소로 샐러드를 만들어서 먹었다.
圐 育つ 자라다

---

**34**
た
**建つ**
图 세워지다

去年、駅前に大きなビルが建った。
작년에 역 앞에 큰 빌딩이 세워졌다.
圐 建てる 세우다, 건설하다

このお寺は500年前に建てられたものである。
이 절은 500년 전에 세워진 것이다.

---

**35**
つか
**使う**
图 쓰다, 사용하다

辞書を使わないで日本の小説を読みました。
사전을 사용하지 않고 일본 소설을 읽었습니다.

---

**36**
つ
**付ける**
图 붙이다

案内係の人は服にネームカードを付けている。
안내 담당자는 옷에 이름표를 붙이고 있다.

---

**37**
で
**出る**
图 나가다

今日はずっと家にいたので、一度も外へ出ていない。
오늘은 계속 집에 있었기 때문에 한 번도 밖에 나가지 않았다.
圐 出す 내놓다, 꺼내다

---

**38**
とど
**届く**
图 닿다, 도착하다, 도달하다

田舎に住む母から手紙が届いた。
시골에 사는 어머니로부터 편지가 도착했다.
圐 届ける 보내 주다, 신고하다

ご注文いただいた品は今日中にお届けいたします。
주문해 주신 물품은 오늘 중으로 보내드리겠습니다.

**39**
ねが
**願う**
동 바라다, 기원하다

<ruby>親<rt>おや</rt></ruby>は<ruby>子<rt>こ</rt></ruby>どもの<ruby>健康<rt>けんこう</rt></ruby>を<ruby>願<rt>ねが</rt></ruby>っている。
부모는 아이의 건강을 바라고 있다.
＋ <ruby>願<rt>ねが</rt></ruby>い 소원

**40**
のぞ
**除く**
동 제거하다, 빼다, 제외하다

<ruby>父<rt>ちち</rt></ruby>を<ruby>除<rt>のぞ</rt></ruby>いて、<ruby>家族<rt>かぞく</rt></ruby>みんなが<ruby>私<rt>わたし</rt></ruby>の<ruby>留学<rt>りゅうがく</rt></ruby>に<ruby>賛成<rt>さんせい</rt></ruby>してくれた。
아버지를 제외하고 가족 모두가 나의 유학에 찬성해 주었다.

**41**
はず
**外す**
동 떼다, 벗기다, 제외하다, (자리를) 비우다

<ruby>目<rt>め</rt></ruby>が<ruby>疲<rt>つか</rt></ruby>れたので、コンタクトレンズを<ruby>外<rt>はず</rt></ruby>して<ruby>眼鏡<rt>めがね</rt></ruby>をかけた。
눈이 피로해서 콘택트렌즈를 빼고 안경을 썼다.
자 <ruby>外<rt>はず</rt></ruby>れる 빠지다, 누락되다, 벗어나다
コンタクトレンズが<ruby>外<rt>はず</rt></ruby>れて<ruby>前<rt>まえ</rt></ruby>がよく<ruby>見<rt>み</rt></ruby>えない。
콘택트렌즈가 빠져서 앞이 잘 보이지 않는다.

**42**
ひ　こ
**引っ越す**
동 이사하다

<ruby>先月<rt>せんげつ</rt></ruby>、<ruby>大阪<rt>おおさか</rt></ruby>から<ruby>東京<rt>とうきょう</rt></ruby>に<ruby>引<rt>ひ</rt></ruby>っ<ruby>越<rt>こ</rt></ruby>してきた。
지난달 오사카에서 도쿄로 이사해 왔다.

**43**
まも
**守る**
동 지키다, 유지하다

<ruby>彼<rt>かれ</rt></ruby>は<ruby>約束<rt>やくそく</rt></ruby>を<ruby>守<rt>まも</rt></ruby>る<ruby>人<rt>ひと</rt></ruby>だから<ruby>必<rt>かなら</rt></ruby>ず<ruby>来<rt>く</rt></ruby>るだろう。
그는 약속을 지키는 사람이니까 반드시 올 것이다.

**44**
み
**見つける**
동 발견하다, 찾다

<ruby>落<rt>お</rt></ruby>とした<ruby>財布<rt>さいふ</rt></ruby>を<ruby>見<rt>み</rt></ruby>つけたが、お<ruby>金<rt>かね</rt></ruby>は<ruby>無<rt>な</rt></ruby>くなっていた。
잃어버린 지갑을 찾았지만, 돈은 사라져 있었다.
자 <ruby>見<rt>み</rt></ruby>つかる 발견되다, 발각되다
<ruby>鬼<rt>おに</rt></ruby>ごっこをすれば、いつもすぐ<ruby>鬼<rt>おに</rt></ruby>に<ruby>見<rt>み</rt></ruby>つかってしまう。
술래잡기를 하면, 항상 바로 술래에게 발견되어 버린다.

**45**
むか
**迎える**
동 맞이하다

きゃく　　　　　むか　　　　　　　　　じゅん び
お客さんを迎えるための準備をした。
손님을 맞이하기 위한 준비를 했다.

**46**
も
**燃える**
동 타다

ほん　　も　　　　　　　　　　　　　し げん　　　　　　ひ　　だ
本は燃えるごみではなく、資源ごみの日に出さなけ
ればならない。
책은 타는 쓰레기가 아닌 재활용 쓰레기 날에 내놓아야 한다.

타 燃やす 태우다

**47**
もど
**戻る**
동 되돌아가(오)다

いえ　かぎ　　　　　　　　　　しんぱい　　　　　　　　いち ど いえ　もど
家の鍵をかけたか心配になって、一度家に戻った。
집 문을 잠갔는지 걱정이 되어 다시 집으로 돌아갔(왔)다.

타 戻す 되돌리다

**48**
おも
**重い**
イ 무겁다

か　もの　　　　　　　　　　　に もつ　おも
買い物をしすぎて、荷物が重くなった。
쇼핑을 너무 해서 짐이 무거워졌다.

+ 重さ 무게

**49**
ふ つう
**普通**
부 명 ナ 보통

に ほんじん　ふ つう　　　　ぼん　　しょうがつ じっか　かえ
日本人は普通、お盆とお正月に実家に帰る。
일본인은 보통 오봉과 정월에 본가로 돌아간다.

**1** 해당 어휘의 읽는 법을 찾고, 빈칸에 그 의미를 써 넣으세요.

| 보기 | 学生 | ⓥ がくせい | ② がっせい | 학생 |
|------|------|-----------|-----------|------|

(1) 想像　　　① そうぞ　　　② そうぞう　　　＿＿＿＿＿＿＿＿＿

(2) お祝い　　① おれい　　　② おいわい　　　＿＿＿＿＿＿＿＿＿

(3) 隠す　　　① かくす　　　② さがす　　　　＿＿＿＿＿＿＿＿＿

(4) 植える　　① うえる　　　② もえる　　　　＿＿＿＿＿＿＿＿＿

(5) 乾く　　　① かわく　　　② うごく　　　　＿＿＿＿＿＿＿＿＿

**2** 문맥에 맞는 단어를 보기 에서 골라 알맞은 형태로 바꾸어 써 넣으세요.

(6) 机が狭いので、本を(　　　　　)置いておく。

(7) 彼は約束を(　　　　　)人だから必ず来るだろう。

(8) 怖い夢を見て、夜中に目が(　　　　　)しまった。

(9) せっかく会いに行ったのに友達は(　　　　　)だった。

(10) 田舎に住む母から手紙が(　　　　　)。

| 보기 | 留守 | 重ねる | 覚める | 届く | 守る |
|------|------|--------|--------|------|------|

✖ 단어를 보고 발음과 의미를 적어 보세요.

| 단어 | 발음 | 의미 |
|------|------|------|
| 改正 | かいせい | 개정 |
| お祝い | | |
| 帰宅 | | |
| 世話 | | |
| 想像 | | |
| 留守 | | |
| 植える | | |
| 選ぶ | | |
| 隠す | | |
| 片付ける | | |
| 比べる | | |
| 覚める | | |
| 育てる | | |
| 届く | | |
| 外す | | |
| 引っ越す | | |
| 守る | | |
| 翻訳 | | |
| 迎える | | |
| 戻る | | |
| 途中 | | |
| 乾く | | |
| 燃える | | |

정답을 가린 후 맞힌 답을 따라 적으며 확인할 수 있어요.

✖ 한번 더 복습해 봅시다.

| 읽는 법과 뜻 | | 한자 | 발음 | 의미 |
|---|---|---|---|---|
| ☐ かいせい / 개정 | 예 | 改正 | かいせい | 개정 |
| ☐ おいわい / 축하 | | お祝い | | |
| ☐ きたく / 귀가 | | 帰宅 | | |
| ☐ せわ / 신세, 보살핌 | | 世話 | | |
| ☐ そうぞう / 상상 | | 想像 | | |
| ☐ るす / 집을 비움, 부재중 | | 留守 | | |
| ☐ うえる / 심다 | | 植える | | |
| ☐ えらぶ / 고르다 | | 選ぶ | | |
| ☐ かくす / 숨기다 | | 隠す | | |
| ☐ かたづける / 정돈하다, 치우다 | | 片付ける | | |
| ☐ くらべる / 비교하다 | | 比べる | | |
| ☐ さめる / 깨다, 눈이 떠지다 | | 覚める | | |
| ☐ そだてる / 기르다, 키우다 | | 育てる | | |
| ☐ とどく / 닿다, 도착하다 | | 届く | | |
| ☐ はずす / 떼다, 벗기다 | | 外す | | |
| ☐ ひっこす / 이사하다 | | 引っ越す | | |
| ☐ まもる / 지키다 | | 守る | | |
| ☐ ほんやく / 번역 | | 翻訳 | | |
| ☐ むかえる / 맞이하다 | | 迎える | | |
| ☐ もどる / 돌아가(오)다 | | 戻る | | |
| ☐ とちゅう / 도중 | | 途中 | | |
| ☐ かわく / 마르다, 건조하다 | | 乾く | | |
| ☐ もえる / 타다 | | 燃える | | |

# 독해 연습

## 親の愛情

　子育てで一番大事なこととは何だろう。日本でよく言われているのは、子供の子供らしい気持ちを大切にするということだ。一方、フランスでは子供を大人と同じと考え、小さな大人として扱う。子供に対する考え方はその国の文化や社会とも大きく関係しているため、簡単にどちらがいいとは言えないだろう。しかし一つだけ確かなことは、子供は親の愛情で育つということだ。親の愛情は、ほかの何にも変えられない、子供の成長の栄養なのだ。

해석

## 부모의 애정

　육아에서 가장 중요한 것은 무엇일까? 일본에서 자주 듣는 말은 아이들의 아이다운 마음을 소중히 한다는 것이다. 한편, 프랑스에서는 아이를 어른과 같다고 생각하고, 작은 어른으로서 취급한다. 아이에 대한 사고방식은 그 나라의 문화나 사회와도 크게 관계되어 있기 때문에 간단하게 어느 쪽이 좋다고는 할 수 없을 것이다. 그러나 딱 하나 확실한 것은, 아이는 부모의 애정으로 자란다는 것이다. 부모의 애정은 다른 무엇으로도 바꿀 수 없는 아이들 성장의 영양인 것이다.

## DAY 11

# 학교생활과 교육 (1)

얼마나
알고 있나요?

**사전 체크**

| | | | |
|---|---|---|---|
| ☐ **01** 育児 | ☐ **02** 数 | ☐ **03** 基礎 | ☐ **04** 教育 |
| ☐ **05** 興味 | ☐ **06** 研究 | ☐ **07** 講演 | ☐ **08** 構造 |
| ☐ **09** 差 | ☐ **10** 資格 | ☐ **11** 失敗 | ☐ **12** 実力 |
| ☐ **13** 授業 | ☐ **14** 宿題 | ☐ **15** 常識 | ☐ **16** 証明書 |
| ☐ **17** 正解 | ☐ **18** 成長 | ☐ **19** 早退 | ☐ **20** 体育 |
| ☐ **21** 足し算 | ☐ **22** 挑戦 | ☐ **23** 動作 | ☐ **24** 復習 |
| ☐ **25** 別々 | ☐ **26** 申し込み | ☐ **27** 目標 | ☐ **28** 予習 |
| ☐ **29** 留学 | ☐ **30** 歴史 | ☐ **31** 受かる | ☐ **32** 移す |
| ☐ **33** 貸し出す | ☐ **34** 借りる | ☐ **35** 配る | ☐ **36** 調べる |
| ☐ **37** 悩む | ☐ **38** 含む | ☐ **39** 用いる | ☐ **40** 厳しい |
| ☐ **41** 簡単 | ☐ **42** 盛ん | | |

**01**
いくじ
**育児**
명 する 육아

かのじょ いく じ　　　 し ごと ねんかんやす
彼女は育児のために仕事を2年間休みました。
그녀는 육아를 위해 일을 2년간 쉬었습니다.

**02**
かず
**数**
명 수

カウントダウンは10から始まって0までの数を数える。
はじ ゼロ かず かぞ
카운트다운은 10부터 시작해서 0까지의 숫자를 센다.

**03**
き そ
**基礎**
명 기초

に ほん ご じょうず ぶんぽう き そ じゅうよう
日本語が上手になるためには文法の基礎が重要だ。
일본어가 능숙해지려면 문법의 기초가 중요하다.

**04**
きょういく
**教育**
명 する 교육

えい ご きょういく こ はじ ほう
英語教育は、子どものころから始めた方がいい。
영어 교육은 어릴 때부터 시작하는 편이 좋다.

**05**
きょう み
**興味**
명 흥미

れき し きょう み だいがく せんこう
歴史に興味があったので、大学で専攻した。
역사에 관심이 있기 때문에 대학에서 전공했다.

**06**
けんきゅう
**研究**
명 する 연구

かれ だいがくいん に ほんぶんがく けんきゅう
彼は、大学院で日本文学の研究をしている。
그는 대학원에서 일본 문학 연구를 하고 있다.

**07**
こうえん
**講演**
명 する 강연

せい じ か こうえん き いろいろ まな
政治家の講演を聞いて、色々なことを学んだ。
정치가의 강연을 듣고 여러 가지를 배웠다.

**08**
こうぞう
**構造**
명 구조

ぶん こうぞう かんが しつもん こた
文の構造を考えて質問に答えてください。
문장의 구조를 생각하여 질문에 답하세요.

**09**
さ
**差**
명 차, 차이

なつやす べんきょう がくりょく さ
夏休みに勉強するかしないかで、学力の差がつく。
여름 방학에 공부하는지 하지 않는지로 학력의 차이가 생긴다.

**10**
し かく
**資格**
명 자격

に ほん ご しかく と に ほん ご がっこう かよ
日本語の資格を取るために、日本語学校に通って
いる。
일본어 자격증을 따기 위해 일본어 학원에 다니고 있다.

**11**
しっぱい
**失敗**
명 する 실패, 실수

なん ど しっぱい あきら じゅうよう
何度失敗しても、諦めないことが重要です。
몇 번 실패해도 포기하지 않는 것이 중요합니다.
せいこう
반 成功 성공

**12**
じつりょく
**実力**
명 실력

とうきょうだいがく ごうかく かれ じつりょく
東京大学に合格したのは、彼の実力だ。
도쿄대학에 합격한 것은 그의 실력이다.

**13**
じゅぎょう
**授業**
명 する 수업

と しょかん あした じゅぎょう よ しゅう
図書館で明日の授業の予習をします。
도서관에서 내일 수업의 예습을 합니다.

**14**
しゅくだい
**宿題**
명 숙제

なつやす しゅくだい はや お
夏休みの宿題を早く終わらせてアルバイトをする
つもりです。
여름 방학 숙제를 빨리 끝내고 아르바이트를 할 생각입니다.

---

**15**
じょうしき
**常識**
명 상식

常識の基準は人によって違います。
상식의 기준은 사람에 따라 다릅니다.

---

**16**
しょうめいしょ
**証明書**
명 증명서

10年前に通っていた大学に証明書を取りに行った。
10년 전에 다니던 대학에 증명서를 떼러 갔다.
➕ 身分証明書 신분 증명서, 신분증

---

**17**
せいかい
**正解**
명 정답

1番の問題の正解はAです。
1번 문제의 정답은 A입니다.
유 答え 답, 해답, 답안

---

**18**
せいちょう
**成長**
명 する 성장

子どもの成長はとても早いものです。
아이의 성장은 매우 빠릅니다.

---

**19**
そうたい
**早退**
명 する 조퇴

体調が悪いので、早退して病院に行きたいです。
몸 상태가 좋지 않아서 조퇴하고 병원에 가고 싶습니다.

---

**20**
たいいく
**体育**
명 체육

体育の授業で怪我をしてしまった。
체육 수업에서 부상을 입고 말았다.

---

**21**
た　　ざん
**足し算**
명 덧셈

分数の足し算をする方法を忘れてしまった。
분수의 덧셈을 하는 방법을 잊어 버렸다.
반 引き算 뺄셈　➕ 掛け算 곱셈　割り算 나눗셈

---

**22**
ちょうせん
挑戦
名 する 도전

もう一度日本語の試験に挑戦しようと思う。
다시 한번 일본어 시험에 도전하려고 한다.

㊨ チャレンジ 도전

**23**
どうさ
動作
名 동작

鏡を見ながら私と同じ動作をしてください。
거울을 보면서 저와 같은 동작을 해 주세요.

**24**
ふくしゅう
復習
名 する 복습

毎日30分、授業の復習をしています。
매일 30분, 수업의 복습을 하고 있습니다.

**25**
べつべつ
別々
名 ナ 따로따로임, 각각임,
제각기

彼らは別々の道を進むことに決めた。
그들은 각자의 길을 가기로 결정했다.

＋ 別 다름, 별도

**26**
もう こ
申し込み
名 신청

入学試験の申し込みは明日までです。
입학시험 신청은 내일까지입니다.

㊨ 申請 신청
＋ 申し込む 신청하다, 제의하다

**27**
もくひょう
目標
名 목표

彼は目標を達成するためなら手段を選ばない。
그는 목표를 달성하기 위해서라면 수단을 가리지 않는다.

**28**
よしゅう
予習
名 する 예습

授業の前はいつも予習するようにしている。
수업 전에는 항상 예습을 하도록 하고 있다.

---

**29**
りゅうがく
**留学**
명 する 유학

りゅうがく　　　かえ　　　　　　　しゅうしょく
留学から帰ってきたら、就職するつもりだ。
유학에서 돌아오면 취직할 생각이다.

➕ 留学する 유학 가다

---

**30**
れきし
**歴史**
명 역사

れきし　　まな　　　　　　　　　　　おお
歴史から学べることはとても多い。
역사에서 배울 수 있는 것은 매우 많다.

---

**31**
う
**受かる**
동 합격하다, 붙다

かれ　　いっしょうけんめいべんきょう　　　だいがく　にゅうがくしけん　う
彼は一生懸命勉強して、大学の入学試験に受かった。
그는 열심히 공부해서 대학 입학시험에 합격했다.

➕ 落ちる 떨어지다

---

**32**
うつ
**移す**
동 옮기다, 이동시키다

きょうしつ　いす　おお　　　　　ろうか　うつ
教室の椅子が多いので廊下に移した。
교실에 의자가 많아서 복도로 옮겼다.

자 移る 이동하다, 옮겨지다

---

**33**
か　だ
**貸し出す**
동 대출하다, 책을 빌리다

ほん　　しゅうかん　か　だ
この本は2週間、貸し出すことができます。
이 책은 2주일 동안 대출할 수 있습니다.

반 返却する 반납하다

➕ 貸し出し 대출, 대여

---

**34**
か
**借りる**
동 빌리다

じょう　　　　　　　　くつ　か
スキー場ではスキーも靴も借りることができる。
스키장에서는 스키도 스키화도 빌릴 수 있다.

---

**35**
くば
**配る**
동 나누어 주다, 배부하다

がくせい　じゅぎょう　　　　　　くば
学生に授業のプリントを配る。
학생에게 수업 프린트를 나누어 준다.

**36**

しら
調べる

图 조사하다, 찾다

<sub>か</sub>だいはっぴょう<sub>かんきょうもんだい</sub><sub>くわ</sub>しら
課題発表のために環境問題について詳しく調べた。

과제 발표를 위해서 환경 문제에 대해 자세히 조사했다.

---

**37**

なや
悩む

图 괴로워하다, 고민하다

だいがく そつぎょう あと しゅうしょく しんがく なや
大学を卒業した後、就職するか進学するか悩んで
います。

대학을 졸업한 후, 취직할지 진학할지 고민하고 있습니다.

---

**38**

ふく
含む

图 포함하다, 품다,
함축하다

べんきょうかい がくせいふたり ふく けい にん しゅっせき
勉強会には、学生2人を含む計15人が出席した。

공부 모임에는 학생 2명을 포함한 총 15명이 출석했다.

➕ 含める 포함시키다

---

**39**

もち
用いる

图 사용하다

<sub>ぶん</sub>もち か
この文を用いて、レポートを書いてください。

이 문장을 사용하여 리포트를 쓰세요.

---

**40**

きび
厳しい

✓ 엄하다, 심하다

かのじょ きび きょうそう か いがくぶ ごうかく
彼女は厳しい競争に勝って医学部に合格した。

그녀는 심한 경쟁에서 이겨서 의학부에 합격했다.

---

**41**

かんたん
簡単

ナ 名 간단, 쉬움

きのう しけん おも かんたん
昨日の試験は思ったより簡単だった。

어제 시험은 생각보다 쉬웠다.

---

**42**

さか
盛ん

ナ 번성함, 왕성함

わたし こうこう かつどう さか
私の高校ではクラブ活動が盛んだ。

우리 고등학교에서는 클럽 활동이 활발하다.

---

**1** 해당 어휘의 읽는 법을 찾고, 빈칸에 그 의미를 써 넣으세요.

| 보기 | 学生 | ⓥ がくせい | ② がっせい | 학생 |
|------|------|-----------|-----------|------|

(1) 実力 　① しつりょく　② じつりょく　_____

(2) 育児 　① いくじ　② いくせい　_____

(3) 研究 　① けんきゅう　② けんきょう　_____

(4) 興味 　① きょみ　② きょうみ　_____

(5) 配る 　① くばる　② かぎる　_____

**2** 문맥에 맞는 단어를 보기에서 골라 알맞은 형태로 바꾸어 써 넣으세요.

(6) スキー場ではスキーも靴も(　　　　)ことができる。

(7) 体調が悪いので、(　　　　)して病院に行きたいです。

(8) この文を(　　　　)、レポートを書いてください。

(9) 私の高校ではクラブ活動が(　　　　)だ。

(10) 入学試験の(　　　　)は明日までです。

| 보기 | 早退 | 申し込み | 借りる | 用いる | 盛ん |
|------|------|----------|--------|--------|------|

## 단어 퀴즈

✾ 단어를 보고 발음과 의미를 적어 보세요.

| 단어 | 발음 | 의미 |
|---|---|---|
| 改正 | かいせい | 개정 |
| 借りる | | |
| 配る | | |
| 実力 | | |
| 正解 | | |
| 復習 | | |
| 移す | | |
| 早退 | | |
| 別々 | | |
| 研究 | | |
| 資格 | | |
| 授業 | | |
| 育児 | | |
| 常識 | | |
| 体育 | | |
| 動作 | | |
| 調べる | | |
| 用いる | | |
| 厳しい | | |
| 簡単 | | |
| 失敗 | | |
| 目標 | | |
| 申し込み | | |

선을 따라 접으면 답을 확인할 수 있어요.

## ✤ 한번 더 복습해 봅시다.

| 읽는 법과 뜻 |
|---|
| □ かいせい 개정 |
| □ かりる 빌리다 |
| □ くばる 배부하다 |
| □ じつりょく 실력 |
| □ せいかい 정답 |
| □ ふくしゅう 복습 |
| □ うつす 옮기다 |
| □ そうたい 조퇴 |
| □ べつべつ 따로따로임 |
| □ けんきゅう 연구 |
| □ しかく 자격 |
| □ じゅぎょう 수업 |
| □ いくじ 육아 |
| □ じょうしき 상식 |
| □ たいいく 체육 |
| □ どうさ 동작 |
| □ しらべる 조사하다, 찾다 |
| □ もちいる 사용하다 |
| □ きびしい 엄하다, 심하다 |
| □ かんたん 간단, 쉬움 |
| □ しっぱい 실패 |
| □ もくひょう 목표 |
| □ もうしこみ 신청 |

| 한자 | 발음 | 의미 |
|---|---|---|
| 예 改正 | かいせい | 개정 |
| 借りる | | |
| 配る | | |
| 実力 | | |
| 正解 | | |
| 復習 | | |
| 移す | | |
| 早退 | | |
| 別々 | | |
| 研究 | | |
| 資格 | | |
| 授業 | | |
| 育児 | | |
| 常識 | | |
| 体育 | | |
| 動作 | | |
| 調べる | | |
| 用いる | | |
| 厳しい | | |
| 簡単 | | |
| 失敗 | | |
| 目標 | | |
| 申し込み | | |

음성듣기

## DAY 12
# 학교생활과 교육 (2)

얼마나
알고 있나요?

| | | | |
|---|---|---|---|
| ☐ **01** 意味 | ☐ **02** 環境 | ☐ **03** 希望 | ☐ **04** 教師 |
| ☐ **05** 計画 | ☐ **06** 合格 | ☐ **07** 国語 | ☐ **08** 作文 |
| ☐ **09** 試験 | ☐ **10** 質問 | ☐ **11** 指導 | ☐ **12** 塾 |
| ☐ **13** 受験 | ☐ **14** 上級 | ☐ **15** 承知 | ☐ **16** 将来 |
| ☐ **17** 成績 | ☐ **18** 説明 | ☐ **19** 卒業 | ☐ **20** 大量 |
| ☐ **21** 単語 | ☐ **22** 通知 | ☐ **23** 日程 | ☐ **24** 平均 |
| ☐ **25** 返却 | ☐ **26** 面接 | ☐ **27** 目的 | ☐ **28** 理解 |
| ☐ **29** 寮 | ☐ **30** 失う | ☐ **31** 覚える | ☐ **32** 通う |
| ☐ **33** くっつける | ☐ **34** 騒ぐ | ☐ **35** 解く | ☐ **36** 習う |
| ☐ **37** 混ぜる | ☐ **38** やり直す | ☐ **39** 難しい | ☐ **40** 熱心 |
| ☐ **41** 必死 | ☐ **42** 明確 | | |

**01**
いみ
**意味**
명 する 의미

この言葉の意味を知っていますか。
이 말의 의미를 알고 있습니까?

---

**02**
かんきょう
**環境**
명 환경

家庭環境は、子どもに強い影響を与える。
가정 환경은 아이에게 강한 영향을 준다.

---

**03**
きぼう
**希望**
명 する 희망

彼女は希望していた大学に入学した。
그녀는 희망하고 있던 대학에 입학했다.

---

**04**
きょうし
**教師**
명 교사

彼の父親は数学の教師です。
그의 아버지는 수학 교사입니다.

---

**05**
けいかく
**計画**
명 する 계획

きちんと計画を立てて勉強した方が効果がある。
제대로 계획을 세워서 공부하는 쪽이 효과가 있다.

---

**06**
ごうかく
**合格**
명 する 합격

彼は芸術高校に無事合格した。
그는 예술 고등학교에 무사히 합격했다.
✛ 試験に受かる 시험에 합격하다　試験を受ける 시험을 보다

---

**07**
こくご
**国語**
명 국어

大学受験に必要な科目は国語、数学、英語だ。
대학 수험에 필요한 과목은 국어, 수학, 영어이다.

**08**
さくぶん
**作文**
명 작문

夏休みの宿題で毎日作文を書かなければならない。
여름 방학 숙제로 매일 작문을 써야만 한다.

**09**
しけん
**試験**
명 する 시험

明日は留学試験を受ける日だから早く寝なさい。
내일은 유학 시험을 치르는 날이니까 빨리 자렴.

**10**
しつもん
**質問**
명 する 질문

質問がある人は、手を上げてください。
질문이 있는 사람은 손을 들어 주세요.

**11**
しどう
**指導**
명 する 지도

先生の指導のおかげで、成績が上がってきた。
선생님의 지도 덕분에 성적이 오르기 시작했다.

**12**
じゅく
**塾**
명 (입시) 학원

大学合格を目標に、塾に通い始めた。
대학 합격을 목표로 학원에 다니기 시작했다.

**13**
じゅけん
**受験**
명 する 수험

来年は大学受験があるから勉強しなければならない。
내년에는 대학 수험이 있기 때문에 공부해야 한다.

**14**
じょうきゅう
**上級**
명 상급

今回の試験に受かれば、上級のクラスに行ける。
이번 시험에 합격하면 상급반에 갈 수 있다.
　＋ 初級 초급　中級 중급

| | |
|---|---|
| **15**<br>しょう ち<br>**承知**<br>명 する 알고 있음,<br>승낙, 동의 | むすめ りゅうがく ぜったい しょう ち<br>娘の留学は絶対に承知しないつもりだ。<br>딸의 유학은 절대로 승낙하지 않을 생각이다. |
| **16**<br>しょうらい<br>**将来**<br>명 장래 | しょうらい ゆめ がっこう せんせい<br>将来の夢は、学校の先生になることです。<br>장래의 꿈은 학교 선생님이 되는 것입니다. |
| **17**<br>せいせき<br>**成績**<br>명 성적 | いっしょうけんめいべんきょう けっ か せいせき あ<br>一生懸命勉強した結果、成績が上がった。<br>열심히 공부한 결과, 성적이 올랐다. |
| **18**<br>せつめい<br>**説明**<br>명 する 설명 | かれ ち こく り ゆう せつめい<br>彼は遅刻の理由を説明した。<br>그는 지각한 이유를 설명했다. |
| **19**<br>そつぎょう<br>**卒業**<br>명 する 졸업 | せんせい あ ねんまえ そつぎょう がっこう おとず<br>先生に会うため、3年前に卒業した学校を訪れた。<br>선생님을 만나기 위해 3년 전에 졸업한 학교를 방문했다. |
| **20**<br>たいりょう<br>**大量**<br>명 ナ 대량, 많은 양 | せんせい なつやす たいりょう しゅくだい だ<br>先生は夏休みに大量の宿題を出した。<br>선생님은 여름 방학에 대량의 숙제를 냈다. |
| **21**<br>たん ご<br>**単語**<br>명 단어 | に ほん ご じょうず たん ご おぼ<br>日本語が上手になるためには、単語を覚えることが<br>じゅうよう<br>重要だ。<br>일본어가 능숙해지기 위해서는 단어를 외우는 것이 중요하다. |

**22**
つうち
**通知**
명 する 통지, 통보

しけん けっか　ゆうびん　つうち
試験の結果は、郵便で通知される。
시험 결과는 우편으로 통지된다.

---

**23**
にってい
**日程**
명 일정

しゅうがくりょこう　にってい　らいしゅう　し
修学旅行の日程は来週お知らせします。
수학여행 일정은 다음 주에 공지하겠습니다.

---

**24**
へいきん
**平均**
명 する 평균

こんかい　　　　　　へいきん　てん
今回のテストは平均75点だった。
이번 시험은 평균 75점이었다.

---

**25**
へんきゃく
**返却**
명 する 반납

ほん　あした　　　　としょかん　へんきゃく
この本は明日までに図書館へ返却しなければ
なりません。
이 책은 내일까지 도서관에 반납해야 합니다.

---

**26**
めんせつ
**面接**
명 する 면접

じゅうよう　めんせつ　　　　ちこく
重要な面接なのに遅刻してしまった。
중요한 면접인데, 지각하고 말았다.

---

**27**
もくてき
**目的**
명 목적

じゅぎょう　もくてき　かいわりょく　こうじょう
この授業の目的は会話力の向上だ。
이 수업의 목적은 회화력 향상이다.

---

**28**
りかい
**理解**
명 する 이해

こた　　　　　　　　　　　　　　　かんが　　　　りかい
どうして答えがこうなるか、いくら考えても理解
できない。
어째서 답이 이렇게 되는지, 아무리 생각해도 이해할 수 없다.

---

**29**
りょう
**寮**

명 기숙사

こうこう はい りょう せいかつ
高校に入ったら、寮で生活しなければならない。
고등학교에 들어가면 기숙사에서 생활해야 한다.

---

**30**
うしな
**失う**

동 잃다, 잃어버리다

とき きぼう うしな
どんな時も希望を失ってはいけない。
어떤 때에도 희망을 잃어서는 안 된다.

---

**31**
おぼ
**覚える**

동 기억하다, 암기하다

かんじ おぼ たいへん
漢字を覚えるのはとても大変です。
한자를 외우는 것은 무척 힘듭니다.

---

**32**
かよ
**通う**

동 다니다, 왕래하다

いま いえ かよ だいがく とお ひ こ
今の家は通っている大学から遠いから引っ越したい。
지금의 집은 다니고 있는 대학에서 멀어서 이사하고 싶다.

---

**33**
**くっつける**

동 (꼭) 붙이다

となり ひと つくえ
隣の人とぴったり机をくっつけてください。
옆 사람과 책상을 딱 붙여 주세요.

자 くっつく 붙다

---

**34**
さわ
**騒ぐ**

동 떠들다, 소란을 피우다

としょかん さわ こ ども ちゅう い
図書館で騒いでいる子供がいたので注意した。
도서관에서 떠드는 아이가 있어서 주의를 주었다.

---

**35**
と
**解く**

동 풀다

かれ むずか すうがく もんだい かんたん と
彼は難しい数学の問題も簡単に解く。
그는 어려운 수학 문제도 쉽게 푼다.

と
자 解ける 풀리다

---

**36**
なら
**習う**
동 배우다, 익히다

えい ご　おさな　とき　なら　ほう
英語は幼い時から習った方がいい。
영어는 어릴 때부터 배우는 편이 좋다.

---

**37**
ま
**混ぜる**
동 섞다

あお　き いろ　ま　みどり
青と黄色を混ぜると緑になる。
파랑와 노랑을 섞으면 초록이 된다.

자 混ざる・混じる 섞이다

＋ かき混ぜる 뒤섞다

---

**38**
なお
**やり直す**
동 (처음부터) 다시 하다

わか　とき　なん ど しっぱい　なお
若い時は何度失敗してもまたやり直せばいい。
젊을 때는 몇 번이고 실패해도 다시 하면 된다.

---

**39**
むずか
**難しい**
イ 어렵다

もんだい　こうこうせい　むずか　おも
この問題は、高校生には難しすぎると思います。
이 문제는 고등학생에게는 너무 어렵다고 생각합니다.

---

**40**
ねっしん
**熱心**
ナ 명 열심

こ ども　きょういく　たい　ねっしん　おや　おお
子供の教育に対して熱心な親が多い。
아이의 교육에 대해 열심인 부모가 많다.

---

**41**
ひっ し
**必死**
ナ 명 필사적

だいがく　はい　ひっ し　べんきょう
大学に入るために、必死に勉強した。
대학교에 들어가기 위해 필사적으로 공부했다.

---

**42**
めいかく
**明確**
ナ 명 명확

かのじょ　めいかく　し じ　はや　し ごと　お
彼女の明確な指示があったから早く仕事を終わらせる
ことができた。
그녀의 명확한 지시가 있었기 때문에 빨리 일을 끝낼 수 있었다.

## 확인 문제

**1** 해당 어휘의 읽는 법을 찾고, 빈칸에 그 의미를 써 넣으세요.

| 보기 | 学生 | ✔ がくせい | ② がっせい | 학생 |
|------|------|-----------|-----------|------|

(1) 通知     ① つうち     ② とおち    _____

(2) 受験     ① じゅけん     ② じゅうけん    _____

(3) 単語     ① だんご     ② たんご    _____

(4) 平均     ① ひょうきん     ② へいきん    _____

(5) 失う     ① うしなう     ② やしなう    _____

**2** 문맥에 맞는 단어를 보기에서 골라 알맞은 형태로 바꾸어 써 넣으세요.

(6) 大学合格を目標に、(　　　　　)に通い始めた。

(7) 若い時は何度失敗してもまた(　　　　　)いい。

(8) 青と黄色を(　　　　　)と緑になる。

(9) 漢字を(　　　　　)のはとても大変です。

(10) 娘の留学は絶対に(　　　　　)しないつもりだ。

| 보기 | 承知 | 塾 | 覚える | 混ぜる | やり直す |
|------|------|-----|--------|--------|----------|

# 단어 퀴즈

✖ 단어를 보고 발음과 의미를 적어 보세요.

| 단어 | 발음 | 의미 |
|------|------|------|
| 改正 | かいせい | 개정 |
| 環境 | | |
| 希望 | | |
| 試験 | | |
| 成績 | | |
| 面接 | | |
| 失う | | |
| 通う | | |
| 習う | | |
| やり直す | | |
| 合格 | | |
| 指導 | | |
| 承知 | | |
| 将来 | | |
| 平均 | | |
| 混ぜる | | |
| 計画 | | |
| 作文 | | |
| 解く | | |
| 卒業 | | |
| 大量 | | |
| 単語 | | |
| 覚える | | |

설명 따라 점으며 답을 확인할 수 있어요.

✖ 한번 더 복습해 봅시다.

| 읽는 법과 뜻 | | 한자 | 발음 | 의미 |
|---|---|---|---|---|
| ☐ | かいせい<br>개정 | 예 改正 | かいせい | 개정 |
| ☐ | かんきょう<br>환경 | 環境 | | |
| ☐ | きぼう<br>희망 | 希望 | | |
| ☐ | しけん<br>시험 | 試験 | | |
| ☐ | せいせき<br>성적 | 成績 | | |
| ☐ | めんせつ<br>면접 | 面接 | | |
| ☐ | うしなう<br>잃다, 잃어버리다 | 失う | | |
| ☐ | かよう<br>다니다, 왕래하다 | 通う | | |
| ☐ | ならう<br>배우다, 익히다 | 習う | | |
| ☐ | やりなおす<br>다시 하다 | やり直す | | |
| ☐ | ごうかく<br>합격 | 合格 | | |
| ☐ | しどう<br>지도 | 指導 | | |
| ☐ | しょうち<br>알고 있음, 승낙 | 承知 | | |
| ☐ | しょうらい<br>장래 | 将来 | | |
| ☐ | へいきん<br>평균 | 平均 | | |
| ☐ | まぜる<br>섞다 | 混ぜる | | |
| ☐ | けいかく<br>계획 | 計画 | | |
| ☐ | さくぶん<br>작문 | 作文 | | |
| ☐ | とく<br>풀다 | 解く | | |
| ☐ | そつぎょう<br>졸업 | 卒業 | | |
| ☐ | たいりょう<br>대량 | 大量 | | |
| ☐ | たんご<br>단어 | 単語 | | |
| ☐ | おぼえる<br>기억하다, 암기하다 | 覚える | | |

음성듣기

# DAY 13

# 일과 사회생활 (1)

얼마나
알고있나요?

**사전 체크**

| | | | |
|---|---|---|---|
| ☐ 01 意見 | ☐ 02 記念 | ☐ 03 協力 | ☐ 04 作業 |
| ☐ 05 参考 | ☐ 06 指示 | ☐ 07 実現 | ☐ 08 就職 |
| ☐ 09 主張 | ☐ 10 出張 | ☐ 11 省略 | ☐ 12 担当 |
| ☐ 13 都合 | ☐ 14 年齢 | ☐ 15 配達 | ☐ 16 販売 |
| ☐ 17 報告 | ☐ 18 募集 | ☐ 19 無理 | ☐ 20 用事 |
| ☐ 21 理由 | ☐ 22 訳 | ☐ 23 欠席 | ☐ 24 収入 |
| ☐ 25 やり方 | ☐ 26 はんこ | ☐ 27 憧れる | ☐ 28 移る |
| ☐ 29 教える | ☐ 30 従う | ☐ 31 優れる | ☐ 32 勤める |
| ☐ 33 取る | ☐ 34 逃げる | ☐ 35 働く | ☐ 36 引き出す |
| ☐ 37 間違える | ☐ 38 知らせる | ☐ 39 酔う | ☐ 40 確実 |
| ☐ 41 完全 | ☐ 42 具体的 | | |

**01**
い けん
**意見**
[명] 의견

かい ぎ　　じ ゆう　　い けん　い　あ
会議で自由に意見を言い合った。
회의에서 자유롭게 의견을 서로 말했다.

---

**02**
き ねん
**記念**
[명] [する] 기념

きょう　　かいしゃ　　　　しゅうねん き ねん
今日は会社の10周年記念パーティーがあります。
오늘은 회사의 10주년 기념 파티가 있습니다.

---

**03**
きょうりょく
**協力**
[명] [する] 협력

きょうりょく
みんなで協力すれば、できないことはありません。
모두 함께 협력하면 불가능한 일은 없습니다.
てつだ
유 手伝う 돕다
きょうりょく
+ 強力 강력

---

**04**
さ ぎょう
**作業**
[명] [する] 작업

しんにゅうしゃいん　　かんたん　　さ ぎょう
新入社員に簡単な作業をさせた。
신입 사원에게 간단한 작업을 시켰다.

---

**05**
さんこう
**参考**
[명] [する] 참고

かれ　　　　　　　　　　　　　　　さんこう
彼のアドバイスはとても参考になりました。
그의 조언은 매우 참고가 되었습니다.

---

**06**
し じ
**指示**
[명] [する] 지시

こんしゅう　ぶ ちょう　し じ　　にちよう び　しゅっきん
今週は部長の指示で、日曜日も出勤した。
이번 주는 부장님의 지시로 일요일도 출근했다.

---

**07**
じつげん
**実現**
[명] [する] 실현

ゆめ　　　　じつげん
カフェをオープンしたいという夢がついに実現した。
카페를 오픈하고 싶다는 꿈이 마침내 실현되었다.

| 08<br>しゅうしょく<br>**就職**<br>명 する 취직 | 최근<br>さいきん えいご じょうず しゅうしょく むずか<br>最近は英語が上手でも就職が難しいらしい。<br>요즘은 영어를 잘해도 취직이 어려운 것 같다. |
|---|---|
| 09<br>しゅちょう<br>**主張**<br>명 する 주장 | しゃいん しゅちょう とお きんむ じかん へ<br>社員の主張が通り、勤務時間が減った。<br>사원의 주장이 통과되어, 근무 시간이 줄었다. |
| 10<br>しゅっちょう<br>**出張**<br>명 する 출장 | ぶちょう らいしゅう しゅっちょう よてい<br>部長は来週、アメリカに出張する予定です。<br>부장님은 다음 주에 미국에 출장 갈 예정입니다. |
| 11<br>しょうりゃく<br>**省略**<br>명 する 생략 | じかん なが しょうりゃく<br>時間がないので長いあいさつは省略させていただきます。<br>시간이 없으니 긴 인사는 생략하겠습니다.<br>유 省く 생략하다<br>はぶ |
| 12<br>たんとう<br>**担当**<br>명 する 담당 | わたし たんとう<br>このプロジェクトは私が担当しています。<br>이 프로젝트는 제가 담당하고 있습니다. |
| 13<br>つごう<br>**都合**<br>명 형편, 사정 | きょう つごう わる ほか ひ<br>今日は都合が悪いので他の日にしていただけない<br>でしょうか。<br>오늘은 사정이 좋지 않으니 다른 날로 해 주실 수 없을까요? |
| 14<br>ねんれい<br>**年齢**<br>명 연령, 나이 | あたら ぼうけん はじ ねんれい かんけい<br>新しい冒険を始めるのに年齢は関係ありません。<br>새로운 모험을 시작하는데에 나이는 관계없습니다. |

**15**
はいたつ
**配達**
명 する 배달

<ruby>夏休<rt>なつやす</rt></ruby>みに<ruby>新聞配達<rt>しんぶんはいたつ</rt></ruby>のバイトをしようと<ruby>思<rt>おも</rt></ruby>っている。
여름 방학 때 신문 배달 아르바이트를 하려고 생각 중이다.

---

**16**
はんばい
**販売**
명 する 판매

<ruby>彼女<rt>かのじょ</rt></ruby>は<ruby>服屋<rt>ふくや</rt></ruby>で<ruby>販売<rt>はんばい</rt></ruby>の<ruby>仕事<rt>しごと</rt></ruby>をしている。
그녀는 옷 가게에서 판매 업무를 하고 있다.

---

**17**
ほうこく
**報告**
명 する 보고

<ruby>社長<rt>しゃちょう</rt></ruby>に<ruby>会議<rt>かいぎ</rt></ruby>の<ruby>報告<rt>ほうこく</rt></ruby>をした<ruby>後<rt>あと</rt></ruby>、<ruby>外回<rt>そとまわ</rt></ruby>りに<ruby>行<rt>い</rt></ruby>った。
사장님께 회의 보고를 한 후, 외근을 갔다.

---

**18**
ぼしゅう
**募集**
명 する 모집

あの<ruby>店<rt>みせ</rt></ruby>ではいつもアルバイトを<ruby>募集<rt>ぼしゅう</rt></ruby>している。
저 가게에서는 늘 아르바이트를 모집하고 있다.

---

**19**
むり
**無理**
명 ナ する 무리

<ruby>健康<rt>けんこう</rt></ruby>が<ruby>一番大切<rt>いちばんたいせつ</rt></ruby>だから<ruby>無理<rt>むり</rt></ruby>しちゃだめだよ。
건강이 제일 중요하니까 무리하면 안 돼.

---

**20**
ようじ
**用事**
명 볼일, 용무

<ruby>大事<rt>だいじ</rt></ruby>な<ruby>用事<rt>ようじ</rt></ruby>があって、パーティーに<ruby>行<rt>い</rt></ruby>けなくなった。
중요한 볼일이 있어서 파티에 갈 수 없게 되었다.

---

**21**
りゆう
**理由**
명 이유

<ruby>理由<rt>りゆう</rt></ruby>もなく、<ruby>人<rt>ひと</rt></ruby>を<ruby>疑<rt>うたが</rt></ruby>ってはいけない。
이유도 없이 다른 사람을 의심해서는 안 된다.

**22**
わけ
訳
圀 까닭, 사정, 이유

私は彼に怒っている訳を聞いた。
나는 그에게 화가 난 이유를 물었다.

---

**23**
けっせき
欠席
圀 する 결석

彼は風邪を引いて会議を欠席した。
그는 감기에 걸려서 회의를 결석했다.
凡 出席 출석

---

**24**
しゅうにゅう
収入
圀 수입

アルバイトを増やして収入が増えた。
아르바이트를 늘려서 수입이 증가했다.
凡 支出 지출

---

**25**
かた
やり方
圀 하는 방식, 태도, 짓

彼の仕事のやり方は人の倍以上時間がかかる。
그의 업무 방식은 다른 사람의 두 배 이상 시간이 걸린다.

---

**26**
はんこ
圀 도장

重要な契約書類は、よく読んでからはんこを押さなければならない。
중요한 계약 서류는 잘 읽은 다음에 도장을 찍어야 한다.
➕ 印鑑 인감

---

**27**
あこが
憧れる
圐 동경하다

私が憧れる職業はキャビンアテンダントです。
내가 동경하는 직업은 객실 승무원(Cabin Attendant)입니다.

---

**28**
うつ
移る
圐 이동하다, 옮기다

本社が東京から大阪に移ることになった。
본사가 도쿄에서 오사카로 이동하게 되었다.
타 移す 옮기다, 이동시키다

---

**29**
おし
**教える**
图 가르치다

かのじょ がいこくじん にほんご おし
彼女は外国人に日本語を教えている。
그녀는 외국인에게 일본어를 가르치고 있다.

**30**
したが
**従う**
图 따르다

じょうし めいれい したが
上司の命令には従わなければならない。
상사의 명령에는 따르지 않으면 안 된다.

**31**
すぐ
**優れる**
图 뛰어나다, 우수하다

かのじょ すぐ さいのう い かいがい はたら
彼女は優れた才能を生かして、海外で働いている。
그녀는 우수한 재능을 살려서 해외에서 일하고 있다.

**32**
つと
**勤める**
图 근무하다

ま つと ねん
いつの間にかこのホテルに勤めて20年になる。
어느새 이 호텔에 근무한 지 20년이 된다.

**33**
と
**取る**
图 잡다, 쥐다, 취하다, 받다, 훔치다, 예약하다

かれ せ たか たか ところ もの かんたん と
彼は背が高いので、高い所にある物も簡単に取れる。
그는 키가 커서 높은 곳에 있는 물건도 쉽게 잡을 수 있다.
＋ メダルを取る 메달을 따다　休みを取る 휴가를 내다
　アポを取る 약속을 잡다

**34**
に
**逃げる**
图 도망치다, 달아나다

たいへん に
大変だからといって逃げてはいけない。
힘들다고 해서 도망쳐서는 안 된다.

**35**
はたら
**働く**
图 일하다

ちち ぼうえきがいしゃ はたら
父は貿易会社で働いています。
아버지는 무역 회사에서 일하고 있습니다.

**36**
ひ だ
**引き出す**
图 꺼내다, (돈을) 인출하다

かのじょ た にん よ ひ だ じょうず
彼女は他人の良いところを引き出すのが上手だ。
그녀는 다른 사람의 좋은 점을 끌어내는 것이 능숙하다.
➕ ひ だ
引き出し 서랍, (예금) 인출

**37**
まち が
**間違える**
图 잘못하다, 틀리다

あい て な まえ まち が とき す なお あやま
相手の名前を間違えた時は素直に謝りましょう。
상대의 이름을 틀렸을 때에는 솔직하게 사과합시다.
자 まち が
間違う 잘못되다, 틀리다

**38**
し
**知らせる**
图 알리다, 공지하다,
통보하다

じゅうよう れんらく かなら し
重要な連絡は必ず知らせなければならない。
중요한 연락은 반드시 알려야 한다.
➕ し
お知らせ 알림, 공지

**39**
よ
**酔う**
图 (술에) 취하다, 멀미하다

か ちょう さけ よ ね
課長は酒に酔うと、いつも寝てしまう。
과장님은 술에 취하면 늘 자 버린다.
유 よ
酔っぱらう 몹시 취하다

**40**
かくじつ
**確実**
ナ 图 확실

じ こ げんいん かくじつ わ
事故の原因について確実なことはまだ分かりません。
사고 원인에 대해서 확실한 것은 아직 모릅니다.

**41**
かんぜん
**完全**
ナ 图 완전

けいかく かんぜん
この計画は、まだ完全ではない。
이 계획은 아직 완전하지 않다.

**42**
ぐ たいてき
**具体的**
ナ 구체적

ぐ たいてき せつめい
アイデアは具体的に説明しなければならない。
아이디어는 구체적으로 설명해야 한다.
반 ちゅうしょうてき
抽象的 추상적

**1** 해당 어휘의 읽는 법을 찾고, 빈칸에 그 의미를 써 넣으세요.

| 보기 | 学生 | ✓ がくせい | ② がっせい | 학생 |

(1) 協力　①きゅうりょく　②きょうりょく　_____

(2) 作業　①さぎょう　　②さくぎょう　_____

(3) 主張　①しゅちょう　②しゅっちょう　_____

(4) 収入　①しゅにゅう　②しゅうにゅう　_____

(5) 指示　①しじ　　　　②じし　_____


**2** 문맥에 맞는 단어를 보기 에서 골라 알맞은 형태로 바꾸어 써 넣으세요.

(6) 上司の命令には(　　　　)なければならない。

(7) いつの間にかこのホテルに(　　　　)20年になる。

(8) 本社が東京から大阪に(　　　　)ことになった。

(9) 私が(　　　　)職業はキャビンアテンダントです。

(10) 大変だからといって(　　　　)はいけない。

| 보기 | 憧れる　移る　従う　勤める　逃げる |

## 단어 퀴즈

✿ 단어를 보고 발음과 의미를 적어 보세요.

| 단어 | 발음 | 의미 |
|---|---|---|
| 改正 | かいせい | 개정 |
| 協力 | | |
| 作業 | | |
| 都合 | | |
| 販売 | | |
| 報告 | | |
| 用事 | | |
| 訳 | | |
| 優れる | | |
| 勧める | | |
| 働く | | |
| 指示 | | |
| 実現 | | |
| 配達 | | |
| 募集 | | |
| 憧れる | | |
| 移る | | |
| 従う | | |
| 逃げる | | |
| 確実 | | |
| 主張 | | |
| 出張 | | |
| 理由 | | |

선을 따라 접으면 답을 확인할 수 있어요.

✖ 한번 더 복습해 봅시다.

| 읽는 법과 뜻 |
|---|
| かいせい 개정 |
| きょうりょく 협력 |
| さぎょう 작업 |
| つごう 형편, 사정 |
| はんばい 판매 |
| ほうこく 보고 |
| ようじ 볼일, 용무 |
| わけ 까닭, 사정, 이유 |
| すぐれる 뛰어나다, 우수하다 |
| つとめる 근무하다 |
| はたらく 일하다 |
| しじ 지시 |
| じつげん 실현 |
| はいたつ 배달 |
| ぼしゅう 모집 |
| あこがれる 동경하다 |
| うつる 이동하다, 옮기다 |
| したがう 따르다 |
| にげる 도망치다, 달아나다 |
| かくじつ 확실 |
| しゅちょう 주장 |
| しゅっちょう 출장 |
| りゆう 이유 |

| 한자 | 발음 | 의미 |
|---|---|---|
| 예 改正 | かいせい | 개정 |
| 協力 | | |
| 作業 | | |
| 都合 | | |
| 販売 | | |
| 報告 | | |
| 用事 | | |
| 訳 | | |
| 優れる | | |
| 勤める | | |
| 働く | | |
| 指示 | | |
| 実現 | | |
| 配達 | | |
| 募集 | | |
| 憧れる | | |
| 移る | | |
| 従う | | |
| 逃げる | | |
| 確実 | | |
| 主張 | | |
| 出張 | | |
| 理由 | | |

음성듣기

# DAY 14

# 일과 사회생활 (2)

얼마나
알고있나요?

**사전 체크**

- [ ] **01** 規則
- [ ] **02** 競争
- [ ] **03** 許可
- [ ] **04** 形式
- [ ] **05** 建設
- [ ] **06** 残業
- [ ] **07** 事情
- [ ] **08** 失礼
- [ ] **09** 集合
- [ ] **10** 条件
- [ ] **11** 資料
- [ ] **12** 通勤
- [ ] **13** 伝言
- [ ] **14** 努力
- [ ] **15** 能力
- [ ] **16** 発音
- [ ] **17** 返事
- [ ] **18** 方針
- [ ] **19** 見本
- [ ] **20** 命令
- [ ] **21** 予定
- [ ] **22** 連絡
- [ ] **23** 書留
- [ ] **24** 社長
- [ ] **25** 手段
- [ ] **26** 参加
- [ ] **27** 扱う
- [ ] **28** 受け入れる
- [ ] **29** 置く
- [ ] **30** 答える
- [ ] **31** しゃべる
- [ ] **32** 進める
- [ ] **33** 努める
- [ ] **34** 慣れる
- [ ] **35** 始める
- [ ] **36** 引き受ける
- [ ] **37** 増やす
- [ ] **38** 辞める
- [ ] **39** きつい
- [ ] **40** 短い
- [ ] **41** 自由
- [ ] **42** 重大

**01**
きそく
**規則**
명 규칙

きそく まも しゃかいじん とうぜん
規則を守ることは社会人として当然のことだ。
규칙을 지키는 일은 사회인으로서 당연한 것이다.
➕ きそく い はん
規則違反 규칙 위반

**02**
きょうそう
**競争**
명 する 경쟁

ひと だれ きょうそう せいちょう
人は誰かと競争しながら成長していく。
사람은 누군가와 경쟁하면서 성장해 간다.

**03**
きょか
**許可**
명 する 허가

ぶちょう ご ご びょういん い きょか
部長は午後、病院に行くのを許可してくれた。
부장님은 오후에 병원에 가는 것을 허가해 주었다.

**04**
けいしき
**形式**
명 형식

おう ぼ しょるい けいしき き
応募の書類は、形式が決まっている。
응모 서류는 형식이 정해져 있다.

**05**
けんせつ
**建設**
명 する 건설

わたし けんせつがいしゃ つと
私は建設会社に勤めています。
저는 건설 회사에 근무하고 있습니다.
➕ けんちく
建築 건축

**06**
ざんぎょう
**残業**
명 する 잔업, 야근

し ごと いそが まいにちざんぎょう
仕事が忙しいので、ほとんど毎日残業している。
일이 바빠서 거의 매일 야근하고 있다.

**07**
じじょう
**事情**
명 사정

かれ きゅう し ごと や なに じじょう
彼が急に仕事を辞めたのは、何か事情があったから
だろう。
그가 갑자기 일을 그만둔 것은 무언가 사정이 있었기 때문일 것이다.

## 08
しつれい
**失礼**
명 ナ する 실례

ようじ　　　　　　　　さき　しつれい
用事があるので、お先に失礼します。
볼일이 있어서 먼저 실례하겠습니다.

## 09
しゅうごう
**集合**
명 する 집합

えきまえ　しゅうごう　　　　　　　　かいじょう　い　よてい
駅前で集合して、みんなで会場に行く予定です。
역 앞에서 집합해서 다 같이 행사장에 갈 예정입니다.

## 10
じょうけん
**条件**
명 조건

じょうけん　　　　　　　いま　かいしゃ　はい
条件がいいので、今の会社に入った。
조건이 좋아서 지금의 회사에 들어왔다.

## 11
しりょう
**資料**
명 자료

かいぎ　　　　　　　ひつよう　しりょう　さくせい
会議のために必要な資料を作成した。
회의를 위해서 필요한 자료를 작성했다.

## 12
つうきん
**通勤**
명 する 통근

あさ　しんじゅくえき　　つうきん　　　　　　　ひと　おお
朝の新宿駅は、通勤ラッシュでとても人が多い。
아침의 신주쿠역은 통근 러시로 사람이 매우 많다.

## 13
でんごん
**伝言**
명 する 전언

たんとうしゃ　　　　　　　　　　でんごん　のこ
担当者がいなかったので、伝言を残した。
담당자가 없었기 때문에 전언을 남겼다.

## 14
どりょく
**努力**
명 する 노력

ちち　かぞく　　　　　　　　　　　どりょく
父は家族のためにいつも努力している。
아버지는 가족을 위해서 늘 노력하고 있다.

**15**
のうりょく
**能力**
명 능력

むら た
村田さんはコミュニケーション能力が高い。
무라타 씨는 커뮤니케이션 능력이 높다.

---

**16**
はつおん
**発音**
명 する 발음

かのじょ　えい ご　　はつおん
彼女の英語の発音は、まるでネイティブのようだ。
그녀의 영어 발음은 마치 원어민같다.

---

**17**
へん じ
**返事**
명 する 답장, 답변, 응답

へん じ　　ま
いい返事をお待ちしております。
긍정적인 답변을 기다리고 있겠습니다.

へんしん
➕ 返信 회신, 답장, 대답

---

**18**
ほうしん
**方針**
명 방침

かいしゃ　あたら　　　ほうしん　　　ぜったい　さんせい
会社の新しい方針には絶対に賛成できない。
회사의 새로운 방침에는 절대로 찬성할 수 없다.

---

**19**
み ほん
**見本**
명 견본, 표본

せつめい　　　　　　　　わ　　　　　　　　み ほん
説明だけではよく分からないので、見本があれば
み
見せてください。
설명만으로는 잘 모르겠으니 견본이 있으면 보여 주세요.

➕ サンプル 샘플

---

**20**
めいれい
**命令**
명 する 명령

かれ　けっきょくじょう し　めいれい　　したが
彼は結局上司の命令に従った。
그는 결국 상사의 명령에 따랐다.

---

**21**
よ てい
**予定**
명 する 예정

あした　　よ てい　　　　　　　　　　　へんこう
明日の予定を、あさってに変更した。
내일 예정을 모레로 변경했다.

**22**
れんらく
**連絡**
명 する 연락

よかったら連絡先を教えていただけませんか。
괜찮으시다면 연락처를 가르쳐 주시지 않겠습니까?

**23**
かきとめ
**書留**
명 등기 우편, 적어 둠

これは重要な書類なので、書留で送るようにして
ください。
이건 중요한 서류니까 등기로 보내도록 해 주세요.
+ 現金書留 현금 등기 우편

**24**
しゃちょう
**社長**
명 사장(님)

私は大きい会社の社長になりたいです。
나는 큰 회사의 사장이 되고 싶습니다.

**25**
しゅだん
**手段**
명 수단

どんな手段を使っても、この仕事を成功させるつも
りだ。
어떤 수단을 써서라도 이 일을 성공시킬 생각이다.

**26**
さんか
**参加**
명 する 참가

社員旅行に参加するかを木曜日までに決めてくだ
さい。
사원 여행의 참가할지를 목요일까지 정해 주세요.
+ 参加者 참가자

**27**
あつか
**扱う**
동 다루다, 취급하다

マジシャンはカードを扱うのが上手だ。
마술사는 카드를 다루는 것이 능숙하다.

**28**
う い
**受け入れる**
동 받아들이다

話し合いを通じて相手の要求を受け入れることに
した。
상의를 거쳐 상대의 요구를 받아들이기로 했다.

**29**
お
**置く**
통 두다, 놓다

しょるい　つくえ　うえ　お
書類、机の上に置いておきましたよ。
서류, 책상 위에 놔 두었어요.

**30**
こた
**答える**
통 대답하다

こた　　　　　しつもん　　　　　こま
答えにくい質問をされて困ってしまった。
대답하기 힘든 질문을 받아서 곤란해져 버렸다.

**31**
**しゃべる**
통 수다 떨다, 말하다,
재잘거리다

かいぎちゅう　かんけい
会議中に関係ないことはしゃべらないでください。
회의 중에 관계없는 것은 말하지 마십시오.

**32**
すす
**進める**
통 진행하다, 추진하다
앞으로 나아가게 하다

けいかく　すす　　　　　　　かれ　はんたい
その計画を進めることに、彼は反対した。
그 계획을 추진하는 것에 그는 반대했다.
자 進む 나아가다

**33**
つと
**努める**
통 노력하다

ただ　　にほんご　はな　　　　　つと
できるだけ正しい日本語を話すように努めています。
가능한 한 올바른 일본어를 말하도록 노력하고 있습니다.

**34**
な
**慣れる**
통 익숙해지다

あたら　しごと　　　　　　　な
新しい仕事にもだんだん慣れてきた。
새로운 업무에도 점점 익숙해졌다.

**35**
はじ
**始める**
통 시작하다

ぜんいんあつ　　　　　かいぎ　はじ
全員集まったので会議を始めましょう。
전원 모였으므로 회의를 시작합시다.
자 始まる 시작되다

**36**
ひ う
**引き受ける**
🐸 맡다, 떠맡다,
부담하다, 담당하다

かれ わたし たの ひ う
彼はいつも私の頼みを引き受けてくれる。
그는 늘 나의 부탁을 들어 준다.

**37**
ふ
**増やす**
🐸 늘리다, 불리다

いそが にんずう ふ
忙しいので、アルバイトの人数を増やした。
바빠서 아르바이트 인원수를 늘렸다.
🐟 増える 늘다, 증가하다

**38**
や
**辞める**
🐸 그만두다

かのじょ らいげつけっこん しごと や
彼女は来月結婚するので仕事を辞めるそうだ。
그녀는 다음 달 결혼하기 때문에 일을 그만둔다고 한다.

**39**
**きつい**
🐸 심하다, 고되다,
꼭 끼다, 빽빽하다

しごと きゅうりょう や
この仕事はきついが、給料がいいので辞められない。
이 일은 고되지만, 급여가 좋아서 그만둘 수 없다.
は つづ からだ こわ
きついズボンやスカートを履き続けると体を壊す。
꼭 끼는 바지나 치마를 계속 입으면 몸을 망가뜨린다.

**40**
みじか
**短い**
🐸 짧다

しゃちょう みじか あと かいぎ はじ
社長の短いあいさつの後、会議は始まった。
사장님의 짧은 인사말 이후, 회의는 시작되었다.

**41**
じ ゆう
**自由**
🐸 자유

さいきん しごと いそが じ ゆう じ かん
最近、仕事が忙しくて自由な時間がない。
요즘 일이 바빠서 자유로운 시간이 없다.

**42**
じゅうだい
**重大**
🐸 중대

じゅうだい はっぴょう じ かいしゃ あつ
重大な発表があるので、5時までに会社に集まって
ください。
중대한 발표가 있으니까, 5시까지 회사에 모여 주세요.

**1**  해당 어휘의 읽는 법을 찾고, 빈칸에 그 의미를 써 넣으세요.

> | 보기 | 学生 | ⓥ がくせい | ② がっせい | 학생 |

(1) 許可　　① きょうか　② きょか　　＿＿＿＿＿＿＿

(2) 伝言　　① でんごん　② でんげん　＿＿＿＿＿＿＿

(3) 努力　　① のうりょく　② どりょく　＿＿＿＿＿＿＿

(4) 競争　　① きそう　　② きょうそう　＿＿＿＿＿＿＿

(5) 手段　　① しゅだん　② しゅたん　　＿＿＿＿＿＿＿


**2**  문맥에 맞는 단어를 보기에서 골라 알맞은 형태로 바꾸어 써 넣으세요.

(6) できるだけ正しい日本語を話すように(　　　　　)います。

(7) マジシャンはカードを(　　　　　)のが上手だ。

(8) 話し合いを通じて相手の要求を(　　　　　)ことにした。

(9) この仕事は(　　　　　)が、給料がいいので辞められない。

(10) 彼はいつも私の頼みを(　　　　　)くれる。

> | 보기 | 受け入れる　　努める　　引き受ける　　扱う　　きつい |

## 단어 퀴즈

✤ 단어를 보고 발음과 의미를 적어 보세요.

| 단어 | 발음 | 의미 |
|---|---|---|
| 改正 | かいせい | 개정 |
| 競争 | | |
| 条件 | | |
| 努力 | | |
| 見本 | | |
| 受け入れる | | |
| 努める | | |
| 慣れる | | |
| 引き受ける | | |
| 扱う | | |
| 辞める | | |
| 規則 | | |
| 残業 | | |
| 事情 | | |
| 資料 | | |
| 通勤 | | |
| 能力 | | |
| 返事 | | |
| 参加 | | |
| 増やす | | |
| 方針 | | |
| 書留 | | |
| 建設 | | |

선을 따라 접으면 답을 확인할 수 있어요.

❈ 한번 더 복습해 봅시다.

| 읽는 법과 뜻 | | | |
|---|---|---|---|

| 한자 | 발음 | 의미 |
|---|---|---|
| 예 改正 | かいせい | 개정 |
| 競争 | | |
| 条件 | | |
| 努力 | | |
| 見本 | | |
| 受け入れる | | |
| 努める | | |
| 慣れる | | |
| 引き受ける | | |
| 扱う | | |
| 辞める | | |
| 規則 | | |
| 残業 | | |
| 事情 | | |
| 資料 | | |
| 通勤 | | |
| 能力 | | |
| 返事 | | |
| 参加 | | |
| 増やす | | |
| 方針 | | |
| 書留 | | |
| 建設 | | |

읽는 법과 뜻 목록:
- かいせい 개정
- きょうそう 경쟁
- じょうけん 조건
- どりょく 노력
- みほん 견본
- うけいれる 받아들이다
- つとめる 노력하다
- なれる 익숙해지다
- ひきうける 맡다, 부담하다
- あつかう 다루다, 취급하다
- やめる 그만두다
- きそく 규칙
- ざんぎょう 잔업
- じじょう 사정
- しりょう 자료
- つうきん 통근
- のうりょく 능력
- へんじ 답장, 답변
- さんか 참가
- ふやす 늘리다, 불리다
- ほうしん 방침
- かきとめ 등기, 적어 둠
- けんせつ 건설

# 정보 통신과 언론

얼마나
알고 있나요?

**사전 체크**

| | | | |
|---|---|---|---|
| □ 01 あて先 | □ 02 引用 | □ 03 お知らせ | □ 04 関心 |
| □ 05 記事 | □ 06 掲示板 | □ 07 広告 | □ 08 言葉 |
| □ 09 雑誌 | □ 10 週刊誌 | □ 11 出版 | □ 12 小説 |
| □ 13 新商品 | □ 14 台詞 | □ 15 宣伝 | □ 16 専門 |
| □ 17 頂点 | □ 18 出来事 | □ 19 登場 | □ 20 内容 |
| □ 21 拝啓 | □ 22 発売 | □ 23 発表 | □ 24 番組 |
| □ 25 筆者 | □ 26 評価 | □ 27 文章 | □ 28 編集 |
| □ 29 放送 | □ 30 見出し | □ 31 物語 | □ 32 予報 |
| □ 33 論文 | □ 34 話題 | □ 35 確かめる | □ 36 通じる |
| □ 37 伝える | □ 38 つながる | □ 39 載せる | □ 40 呼びかける |
| □ 41 主 | □ 42 詳しい | | |

## 01
### あて先
て がみ
名 수신인, 받는 곳

手紙はあて先を書かないと届かない。
편지는 수신인을 적지 않으면 전달되지 않는다.

反 差出人 발신인, 보내는 사람

## 02
### 引用
いんよう
名 する 인용

レポートに新聞の記事を引用した。
리포트에 신문 기사를 인용했다.

## 03
### お知らせ
し
名 알림, 공지, 통지

安全の問題からイベント中止のお知らせが出された。
안전 문제로 이벤트 중지의 공지가 나왔다.

## 04
### 関心
かんしん
名 관심

そのニュースは、世間の関心を集めた。
그 뉴스는 세상의 관심을 모았다.

類 興味 흥미, 관심

## 05
### 記事
き じ
名 기사

この記事の内容が本当かどうかは分からない。
이 기사의 내용이 사실인지 어떤지는 알 수 없다.

## 06
### 掲示板
けい じ ばん
名 게시판

掲示板を見れば教室の場所が分かります。
게시판을 보면 교실의 위치를 알 수 있습니다.

## 07
### 広告
こうこく
名 する 광고

セールの広告を見て、買い物に行った。
세일 광고를 보고 쇼핑하러 갔다.

**08**
ことば
**言葉**
名 말, 언어

わたし だれ たい ていねい ことば つか
私は誰に対しても丁寧な言葉を使うようにしている。
나는 누구에게나 정중한 말을 사용하려 하고 있다.

**09**
ざっし
**雑誌**
名 잡지

あね ざっし よ す
姉はファッション雑誌を読むのが好きだ。
언니(누나)는 패션 잡지를 읽는 것을 좋아한다.

**10**
しゅうかん し
**週刊誌**
名 주간지

わたし か きじ しゅうかん し の
私の書いた記事が週刊誌に載った。
내가 쓴 기사가 주간지에 실렸다.

**11**
しゅっぱん
**出版**
名 する 출판

かれ こ けいけん ほん しゅっぱん
彼は、子どものころの経験を本にして出版した。
그는 어릴 때의 경험을 책으로 엮어 출판했다.

**12**
しょうせつ
**小説**
名 소설

あに しゅみ しょうせつ よ
兄の趣味は小説を読むことだ。
형(오빠)의 취미는 소설을 읽는 것이다.

**13**
しんしょうひん
**新商品**
名 신상품

しんしょうひん せんでん つく
新商品の宣伝のために、ポスターを作った。
신상품 선전을 위해 포스터를 만들었다.

**14**
せりふ
**台詞**
名 대사

れんしゅう せりふ わす
たくさん練習したのに台詞を忘れてしまった。
많이 연습했는데 대사를 잊어 버렸다.

---

**15**
せんでん
**宣伝**
명 する　선전

しんしょうひん　せんでん　らいしゅう　　はじ　　よてい
新商品の宣伝が来週から始まる予定だ。
신상품의 선전이 다음 주부터 시작될 예정이다.

---

**16**
せんもん
**専門**
명　전문

もんだい　　　　　　せんもん　ひと　いけん　き
この問題については専門の人に意見を聞いてみま
しょう。
이 문제에 대해서는 전문가에게 의견을 들어 봅시다.

---

**17**
ちょうてん
**頂点**
명　정점

かれ　　　　　　　　　　　　ばんぐみ　　まんにん　ちょうてん　た
彼はオーディション番組で1万人の頂点に立った。
그는 오디션 프로그램에서 만 명의 정점에 섰다.

---

**18**
で　きごと
**出来事**
명　사건, 일

じ　　　　　　　　み　　　　　きょう　で きごと　わ
9時のニュースを見れば、今日の出来事が分かる。
9시 뉴스를 보면 오늘 있었던 일을 알 수 있다.

---

**19**
とうじょう
**登場**
명 する　등장

あたら　　　　　　　　　　　　　　　とうじょう
アニメに新しいキャラクターが登場した。
애니메이션에 새로운 캐릭터가 등장했다.

---

**20**
ないよう
**内容**
명　내용

きのう み　　　　　　　　　ないよう　ともだち　せつめい
昨日見たドラマの内容を友達に説明した。
어제 본 드라마의 내용을 친구에게 설명했다.

---

**21**
はいけい
**拝啓**
명　삼가 아룀
(편지 인사말)

て がみ　か　　　　　　さいしょ　　はいけい　　か
手紙を書くとき最初に「拝啓」と書く。
편지를 쓸 때 맨 처음에 '삼가 아룁니다'라고 쓴다.

➕ けいぐ
敬具 경구, 올림, 편지 끝에서 하는 인사말 (「拝啓」와 대응해서 씀)

---

**22**
はつばい
**発売**
名 する 발매

新しく発売されたゲームが子供たちの間で話題に
なっている。
새로 발매된 게임이 아이들 사이에서 화제가 되고 있다.

**23**
はっぴょう
**発表**
名 する 발표

彼は、2年間の研究結果を学会で発表した。
그는 2년간의 연구 결과를 학회에서 발표했다.

**24**
ばんぐみ
**番組**
名 방송 프로그램

昨日は家でバラエティー番組を見ました。
어제는 집에서 버라이어티 프로그램을 봤습니다.

**25**
ひっしゃ
**筆者**
名 필자

この本の筆者はまだ高校生だそうだ。
이 책의 필자는 아직 고등학생이라고 한다.

**26**
ひょうか
**評価**
名 する 평가

彼の映画は世界でも評価が高い。
그의 영화는 세계에서도 평가가 높다.

**27**
ぶんしょう
**文章**
名 문장, 글

この文章には人の心を動かす何かが感じられます。
이 글에는 사람의 마음을 움직이는 무언가가 느껴집니다.

**28**
へんしゅう
**編集**
名 する 편집

1時間の映像を、20分に編集した。
한 시간짜리 영상을 20분으로 편집했다.

---

**29**
ほうそう
**放送**
명 する 방송

もんだい　お
問題が起きたため、そのドラマはテレビでの放送が
ちゅう し
中止された。

문제가 일어났기 때문에 그 드라마는 텔레비전에서의 방송이 중지되
었다.

なまほうそう
➕ 生放送 생방송

---

**30**
み だ
**見出し**
명 표제, 표제어, 헤드라인

しんぶん　み だ　　ともだち　かいしゃ
新聞の見出しに友達の会社があってびっくりした。

신문 헤드라인에 친구 회사가 있어서 깜짝 놀랐다.

---

**31**
ものがたり
**物語**
명 이야기

だいがく じ だい　ともだち　か　　ものがたり　えい が
大学時代の友達が書いた物語が映画になった。

대학 시절 친구가 쓴 이야기가 영화가 되었다.

かた
➕ 語る 말하다, 이야기하다

---

**32**
よ ほう
**予報**
명 する 예보

きょう　　てん き よ ほう　あ
今日は天気予報が当たって、とてもいい天気だった。

오늘은 일기 예보가 맞아서 매우 좋은 날씨였다.

---

**33**
ろんぶん
**論文**
명 논문

し りょう　よ　　　　　　ろんぶん
たくさんの資料を読んでから、やっと論文のテーマ
き
を決めた。

많은 자료를 읽고 나서, 겨우 논문의 주제를 정했다.

---

**34**
わ だい
**話題**
명 화제

どうぶつえん　　　　　こ　　う　　　　　わ だい
動物園のパンダに子どもが生まれたことが話題に
なっています。

동물원의 판다가 새끼를 낳은 것이 화제가 되고 있습니다.

---

**35**
たし
**確かめる**
동 확인하다, 분명히 하다

はなし　ほんとう　　　　　たし
その話が本当かどうか、確かめたい。

그 이야기가 진짜인지 어떤지 확인하고 싶다.

---

**36**
つう
**通じる**
동 통하다, 연결되다

大雨で電話が通じなくなって、とても不安だった。
호우로 전화가 연결되지 않게 되어서 매우 불안했다.

**37**
つた
**伝える**
동 전하다

山田さんが来たら、私に連絡するように伝えて
ください。
야마다 씨가 오면 나에게 연락하도록 전해 주세요.
자 伝わる 전해지다

**38**
**つながる**
동 이어지다, 연결되다

一日中彼女に電話をかけているが、ずっとつながら
ない。
하루 종일 그녀에게 전화를 걸고 있지만, 계속 연결되지 않는다.

**39**
の
**載せる**
동 위에 놓다, 싣다,
게재하다

この記事は、新聞に載せるために書いているものだ。
이 기사는 신문에 싣기 위해 쓰고 있는 것이다.
자 載る 놓이다, 얹히다, 실리다

**40**
よ
**呼びかける**
동 부르다, 호소하다,
당부하다

会議への参加を呼びかけると、30人が集まった。
회의 참가를 호소하자 30명이 모였다.

**41**
おも
**主**
ナ 주됨

新聞では今日の主なニュースを見ることができる。
신문으로는 오늘의 주된 뉴스를 볼 수 있다.

**42**
くわ
**詳しい**
イ 상세하다, 자세하다,
정통하다, 밝다

彼はパソコンに詳しく、何でも知っている。
그는 컴퓨터에 정통하여 뭐든지 알고 있다.
+ 細かい 세세하다, 잘다

## 확인 문제

**1** 해당 어휘의 읽는 법을 찾고, 빈칸에 그 의미를 써 넣으세요.

| 보기 | 学生 | ✔ がくせい | ② がっせい | 학생 |

(1) 広告　　① こくこう　② こうこく　　_____

(2) 評価　　① ひょうか　② へいか　　_____

(3) 確かめる　① たしかめる　② ひそかめる　_____

(4) 発表　　① はつひょう　② はっぴょう　_____

(5) 詳しい　① くわしい　② さびしい　　_____

**2** 문맥에 맞는 단어를 보기에서 골라 알맞은 형태로 바꾸어 써 넣으세요.

(6) 大学時代の友達が書いた(　　　　)が映画になった。

(7) 安全の問題からイベント中止の(　　　　)が出された。

(8) 山田さんが来たら、私に連絡するように(　　　　)ください。

(9) この記事は、新聞に(　　　　)ために書いているものだ。

(10) 会議への参加を(　　　　)と、30人が集まった。

| 보기 | お知らせ　物語　伝える　載せる　呼びかける |

정답
(1) ② 광고　(2) ① 평가　(3) ① 확인하다, 분명히 하다　(4) ② 발표　(5) ① 상세하다, 정통하다
(6) 物語(ものがたり)　(7) お知(し)らせ　(8) 伝(つた)えて　(9) 載(の)せる　(10) 呼(よ)びかける

## **단어** 퀴즈

✤ 단어를 보고 발음과 의미를 적어 보세요.

선을 따라 접으면 답을 확인할 수 있어요.

| 단어 | 발음 | 의미 |
|---|---|---|
| 改正 | かいせい | 개정 |
| 広告 | | |
| 専門 | | |
| 発売 | | |
| 発表 | | |
| 放送 | | |
| 物語 | | |
| 話題 | | |
| 確かめる | | |
| 伝える | | |
| 呼びかける | | |
| 主 | | |
| 詳しい | | |
| 記事 | | |
| 雑誌 | | |
| 出版 | | |
| 小説 | | |
| 出来事 | | |
| 文章 | | |
| 予報 | | |
| 宣伝 | | |
| 登場 | | |
| 関心 | | |

✖ 한번 더 복습해 봅시다.

| 읽는 법과 뜻 | | 한자 | 발음 | 의미 |
|---|---|---|---|---|
| ☐ | かいせい<br>개정 | 예 改正 | かいせい | 개정 |
| ☐ | こうこく<br>광고 | 広告 | | |
| ☐ | せんもん<br>전문 | 専門 | | |
| ☐ | はつばい<br>발매 | 発売 | | |
| ☐ | はっぴょう<br>발표 | 発表 | | |
| ☐ | ほうそう<br>방송 | 放送 | | |
| ☐ | ものがたり<br>이야기 | 物語 | | |
| ☐ | わだい<br>화제 | 話題 | | |
| ☐ | たしかめる<br>확인하다 | 確かめる | | |
| ☐ | つたえる<br>전하다 | 伝える | | |
| ☐ | よびかける<br>부르다, 호소하다 | 呼びかける | | |
| ☐ | おも<br>주됨 | 主 | | |
| ☐ | くわしい<br>상세하다 | 詳しい | | |
| ☐ | きじ<br>기사 | 記事 | | |
| ☐ | ざっし<br>잡지 | 雑誌 | | |
| ☐ | しゅっぱん<br>출판 | 出版 | | |
| ☐ | しょうせつ<br>소설 | 小説 | | |
| ☐ | できごと<br>사건, 일 | 出来事 | | |
| ☐ | ぶんしょう<br>문장, 글 | 文章 | | |
| ☐ | よほう<br>예보 | 予報 | | |
| ☐ | せんでん<br>선전 | 宣伝 | | |
| ☐ | とうじょう<br>등장 | 登場 | | |
| ☐ | かんしん<br>관심 | 関心 | | |

음성듣기

# 과학과 기술

얼마나
알고 있나요?

**사전 체크**

- [ ] **01** 完成
- [ ] **02** 観測
- [ ] **03** 機械
- [ ] **04** 技術
- [ ] **05** 機能
- [ ] **06** 携帯
- [ ] **07** 研究所
- [ ] **08** 現代
- [ ] **09** 最新
- [ ] **10** 再生
- [ ] **11** 実験
- [ ] **12** 充電
- [ ] **13** 修理
- [ ] **14** 進歩
- [ ] **15** 人類
- [ ] **16** 専門家
- [ ] **17** 操作
- [ ] **18** 知恵
- [ ] **19** 地球
- [ ] **20** 月
- [ ] **21** 電気
- [ ] **22** 電柱
- [ ] **23** 発見
- [ ] **24** 発達
- [ ] **25** 発明
- [ ] **26** 普及
- [ ] **27** 方法
- [ ] **28** 回る

## 01
### かんせい
### 完成
명 する 완성

このビルは来年<sub>らいねん</sub>3月<sub>がつ</sub>に完成<sub>かんせい</sub>する予定<sub>よてい</sub>です。
이 빌딩은 내년 3월에 완성될 예정입니다.

## 02
### かんそく
### 観測
명 する 관측

子<sub>こ</sub>どもの時<sub>とき</sub>、父<sub>ちち</sub>と一緒<sub>いっしょ</sub>に星<sub>ほし</sub>の観測<sub>かんそく</sub>をするのが楽<sub>たの</sub>しみだった。
어릴 때 아버지와 함께 별 관측을 하는 것이 즐거움이었다.

## 03
### き かい
### 機械
명 기계

彼<sub>かれ</sub>が発明<sub>はつめい</sub>した機械<sub>きかい</sub>は世界<sub>せかい</sub>の経済<sub>けいざい</sub>を発展<sub>はってん</sub>させた。
그가 발명한 기계는 세계 경제를 발전시켰다.

## 04
### ぎ じゅつ
### 技術
명 기술

人工知能<sub>じんこうちのう</sub>の技術<sub>ぎじゅつ</sub>はいろんな分野<sub>ぶんや</sub>で使<sub>つか</sub>われている。
인공 지능 기술은 여러 분야에서 사용되고 있다.

## 05
### き のう
### 機能
명 する 기능

スマホが正常<sub>せいじょう</sub>に機能<sub>きのう</sub>しないのでサービスセンターに行<sub>い</sub>った。
스마트폰이 정상적으로 작동하지 않아서 서비스 센터에 갔다.

## 06
### けいたい
### 携帯
명 する 휴대, 휴대 전화

スマホをはじめ、携帯電話<sub>けいたいでんわ</sub>やモバイル機器<sub>きき</sub>などは日々進化<sub>ひびしんか</sub>している。
스마트폰을 비롯해, 휴대 전화나 모바일 기기 등은 나날이 진화하고 있다.

## 07
### けんきゅうじょ
### 研究所
명 연구소

アメリカには動物<sub>どうぶつ</sub>の研究所<sub>けんきゅうじょ</sub>がたくさんあるそうだ。
미국에는 동물 연구소가 많이 있다고 한다.

**08**
げんだい
**現代**
명 현대

技術の発展が現代社会の変化を起こしている。
기술의 발전이 현대 사회의 변화를 일으키고 있다.

**09**
さいしん
**最新**
명 ナ 최신

そのタブレットは、最新の技術を使って作られた。
그 태블릿은 최신 기술을 사용해서 만들어졌다.

**10**
さいせい
**再生**
명 する 재생

この先生は大学で再生医療について研究しています。
이 선생님은 대학에서 재생 의료에 대해 연구하고 있습니다.

**11**
じっけん
**実験**
명 する 실험

私は子どものころから実験が大好きでした。
나는 어렸을 때부터 실험을 아주 좋아했습니다.

**12**
じゅうでん
**充電**
명 する 충전

携帯のバッテリーがなくなったので充電した。
휴대폰 배터리가 다 되어서 충전했다.

**13**
しゅうり
**修理**
명 する 수리

父はいつも自分で車を修理する。
아버지는 늘 직접 차를 수리한다.

**14**
しんぽ
**進歩**
명 する 진보

ロボットの技術はこの10年でかなり進歩した。
로봇 기술은 최근 10년 사이 상당히 진보했다.

**15**
じんるい
**人類**
몡 인류

100万年前に人類の祖先が生まれたといわれる。
100만 년 전에 인류의 조상이 태어났다고 한다.

---

**16**
せんもん か
**専門家**
몡 전문가

私はパソコンの専門家として、電機メーカーで
働いている。
나는 컴퓨터 전문가로서 전기 제조 회사에서 일하고 있다.

---

**17**
そう さ
**操作**
몡 する 조작

このゲームの操作は、難しくないので子どもでも
できる。
이 게임의 조작은 어렵지 않아서 아이라도 할 수 있다.

---

**18**
ち え
**知恵**
몡 지혜

昔の人の知恵はすごいと思う。
옛날 사람의 지혜는 대단하다고 생각한다.

---

**19**
ち きゅう
**地球**
몡 지구

地球は太陽の周りを１年で１周している。
지구는 태양 주위를 1년에 한 바퀴 돌고 있다.

---

**20**
つき
**月**
몡 달

今日は今年一番月が大きく見える日だそうだ。
오늘은 올해 가장 달이 크게 보이는 날이라고 한다.

---

**21**
でん き
**電気**
몡 전기, 전짓불

この車はガソリンではなく、電気で動きます。
이 차는 휘발유가 아닌 전기로 움직입니다.
➕ 電気をつける 전깃불을 켜다

**22**
でんちゅう
**電柱**
명 전봇대

たいふう えきまえ でんちゅう たお
台風で駅前の電柱が倒れた。
태풍으로 역 앞 전봇대가 쓰러졌다.

---

**23**
はっけん
**発見**
명 する 발견

ふか うみ いま はっけん い もの す
深い海には今まで発見されていない生き物が住んでいます。
깊은 바다에는 지금까지 발견되지 않은 생물이 살고 있습니다.

---

**24**
はったつ
**発達**
명 する 발달

こうつう はったつ ひとびと いどう らく
交通の発達によって、人々の移動は楽になった。
교통의 발달로 인해 사람들의 이동이 편해졌다.

---

**25**
はつめい
**発明**
명 する 발명

きょうだい ひこうき はつめい
ライト兄弟は飛行機を発明した。
라이트 형제는 비행기를 발명했다.

---

**26**
ふきゅう
**普及**
명 する 보급

さいきん かてい ふきゅう
最近は、ほとんどの家庭にエアコンが普及している。
요즘은 대부분의 가정에 에어컨이 보급되어 있다.

---

**27**
ほうほう
**方法**
명 방법

せんせい じっけん ほうほう おし
先生に実験の方法を教えてもらいます。
선생님께 실험 방법을 배웁니다.

---

**28**
まわ
**回る**
동 돌다, 회전하다

つき ちきゅう ちゅうしん まわ
月は地球を中心に回っている。
달은 지구를 중심으로 돌고 있다.

## 확인 문제

**1** 해당 어휘의 읽는 법을 찾고, 빈칸에 그 의미를 써 넣으세요.

| 보기 | 学生 | ⓥ がくせい | ② がっせい | 학생 |
|------|------|-----------|-----------|------|

(1) 操作　　　① そうさく　　② そうさ　　＿＿＿＿＿＿＿＿

(2) 進歩　　　① しんぽ　　　② しんぽう　　＿＿＿＿＿＿＿＿

(3) 修理　　　① しゅうり　　② しゅり　　＿＿＿＿＿＿＿＿

(4) 技術　　　① きじゅつ　　② ぎじゅつ　　＿＿＿＿＿＿＿＿

(5) 普及　　　① ふきゅう　　② ほきゅう　　＿＿＿＿＿＿＿＿


**2** 문맥에 맞는 단어를 보기 에서 골라 알맞은 형태로 바꾸어 써 넣으세요.

(6) 100万年前に（　　　　　）の祖先が生まれたといわれる。

(7) このビルは来年 3 月に（　　　　　）する予定です。

(8) ライト兄弟は飛行機を（　　　　　）した。

(9) 私は子どものころから（　　　　　）が大好きでした。

(10) 深い海には今まで（　　　　　）されていない生き物が住んでいます。

| 보기 | 完成 | 人類 | 発見 | 発明 | 実験 |
|------|------|------|------|------|------|

# 단어 퀴즈

✤ 단어를 보고 발음과 의미를 적어 보세요.

| 단어 | 발음 | 의미 |
|---|---|---|
| 改正 | かいせい | 개정 |
| 観測 | | |
| 機械 | | |
| 月 | | |
| 発達 | | |
| 技術 | | |
| 機能 | | |
| 実験 | | |
| 修理 | | |
| 携帯 | | |
| 専門家 | | |
| 回る | | |
| 普及 | | |
| 完成 | | |
| 操作 | | |
| 発見 | | |
| 知恵 | | |
| 再生 | | |
| 充電 | | |
| 最新 | | |
| 進歩 | | |
| 人類 | | |
| 発明 | | |

선을 따라 접으면 답을 확인할 수 있어요.

✖ 한번 더 복습해 봅시다.

| 읽는 법과 뜻 | | 한자 | 발음 | 의미 |
|---|---|---|---|---|
| □ | かいせい 개정 | 예 改正 | かいせい | 개정 |
| □ | かんそく 관측 | 観測 | | |
| □ | きかい 기계 | 機械 | | |
| □ | つき 달 | 月 | | |
| □ | はったつ 발달 | 発達 | | |
| □ | ぎじゅつ 기술 | 技術 | | |
| □ | きのう 기능 | 機能 | | |
| □ | じっけん 실험 | 実験 | | |
| □ | しゅうり 수리 | 修理 | | |
| □ | けいたい 휴대, 휴대 전화 | 携帯 | | |
| □ | せんもんか 전문가 | 専門家 | | |
| □ | まわる 돌다, 회전하다 | 回る | | |
| □ | ふきゅう 보급 | 普及 | | |
| □ | かんせい 완성 | 完成 | | |
| □ | そうさ 조작 | 操作 | | |
| □ | はっけん 발견 | 発見 | | |
| □ | ちえ 지혜 | 知恵 | | |
| □ | さいせい 재생 | 再生 | | |
| □ | じゅうでん 충전 | 充電 | | |
| □ | さいしん 최신 | 最新 | | |
| □ | しんぽ 진보 | 進歩 | | |
| □ | じんるい 인류 | 人類 | | |
| □ | はつめい 발명 | 発明 | | |

# DAY 17

# 사건·사고와 대처

얼마나
알고 있나요?

**사전 체크**

- [ ] **01** 火事
- [ ] **02** 原因
- [ ] **03** 故障
- [ ] **04** 事件
- [ ] **05** 事故
- [ ] **06** 消防署
- [ ] **07** 停電
- [ ] **08** 臭い
- [ ] **09** 犯人
- [ ] **10** 被害
- [ ] **11** 不正
- [ ] **12** 疑う
- [ ] **13** 打つ
- [ ] **14** 奪う
- [ ] **15** 追う
- [ ] **16** 落ちる
- [ ] **17** おぼれる
- [ ] **18** 崩れる
- [ ] **19** 探す
- [ ] **20** 叫ぶ
- [ ] **21** 刺す
- [ ] **22** 縛る
- [ ] **23** 倒れる
- [ ] **24** 無くす
- [ ] **25** 盗む
- [ ] **26** 拾う
- [ ] **27** 防ぐ
- [ ] **28** 危ない

**01**
かじ
**火事**
명 화재

ストーブの火が原因で火事が起こった。
스토브의 불이 원인으로 화재가 일어났다.
➕ 家事 가사, 집안일

**02**
げんいん
**原因**
명 원인

火事の原因は、まだはっきりしていません。
화재의 원인은 아직 분명하지 않습니다.
반 結果 결과

**03**
こしょう
**故障**
명 する 고장

このパソコンは故障しているようだ。
이 컴퓨터는 고장 나 있는 것 같다.
➕ 故障する 고장 나다

**04**
じけん
**事件**
명 사건

この事件を解決するために多くの人が努力している。
이 사건을 해결하기 위해 많은 사람이 노력하고 있다.

**05**
じこ
**事故**
명 사고

今回の事故の原因は、飲酒運転によるものだそうだ。
이번 사고의 원인은 음주 운전으로 인한 것이라고 한다.

**06**
しょうぼうしょ
**消防署**
명 소방서

火事の時は慌てずに消防署に電話してください。
화재 시에는 당황하지 말고 소방서에 전화해 주세요.

**07**
ていでん
**停電**
명 する 정전

地震で停電になったので、事故がたくさん起きた。
지진으로 정전이 되어서 사고가 많이 일어났다.
➕ 停電する 정전되다

**08**
にお
**臭い**
명 나쁜 냄새, 기미, 낌새

へやじゅう　　　　　　　　にお　　　　　いそ　　まど　あ
部屋中にガスの臭いがして、急いで窓を開けた。
온 방안에 가스 냄새가 나서 서둘러 창문을 열었다.

＋ くさ
臭い 구리다, 나쁜 냄새가 나다
にお
匂い 냄새, 향기, 정취

---

**09**
はんにん
**犯人**
명 범인

けいさつ　　　　　じけん　　はんにん　　かぞく　　　み
警察はこの事件の犯人は家族だと見ている。
경찰은 이 사건의 범인은 가족이라고 보고 있다.

---

**10**
ひがい
**被害**
명 피해

こんかい　　たいふう　ひがい　　　　　　　　おお
今回の台風の被害はとても大きかったです。
이번 태풍의 피해는 매우 컸습니다.

---

**11**
ふせい
**不正**
명 부정

かれ　ふせい　　　　　　かいしゃ　や
彼は不正をして、会社を辞めさせられてしまった。
그는 부정을 저질러서 회사에서 해고되어 버렸다.

---

**12**
うたが
**疑う**
동 의심하다

わたし　　　　　ふたり　　かんけい　　うたが
私はあの二人の関係を疑っている。
나는 저 두 사람의 관계를 의심하고 있다.

＋ うたが
疑い 의심, 혐의

---

**13**
う
**打つ**
동 치다, 두드리다, 부딪치다

ころ　　あたま　う　　　　びょういん　はこ
転んで頭を打って、病院に運ばれた。
넘어져서 머리를 부딪쳐 병원에 실려갔다.

---

**14**
うば
**奪う**
동 빼앗다

げんきん　うば　　に　　　どろぼう　　　　　　つか
現金を奪って逃げた泥棒は、すぐに捕まった。
현금을 빼앗아 달아난 도둑은 바로 잡혔다.

**15**
お
**追う**
图 쫓다

けいさつ げん ば に はんにん あと お
警察は現場から逃げた犯人の後を追った。
경찰은 현장에서 달아난 범인의 뒤를 쫓았다.

---

**16**
お
**落ちる**
图 떨어지다, 빠지다

ともだち あそ かわ なか お
友達と遊んでいて、川の中に落ちてしまった。
친구와 놀다가 강에 빠지고 말았다.
他 落とす 떨어뜨리다, 놓치다, 분실하다

---

**17**
**おぼれる**
图 빠지다

いぬ かわ こ たす わだい
犬が川でおぼれた子どもを助けて話題になった。
개가 강에서 빠진 아이를 구해서 화제가 되었다.

---

**18**
くず
**崩れる**
图 무너지다, 붕괴되다

きのう おおゆき や ね くず
昨日の大雪で屋根が崩れてしまいました。
어제의 폭설로 지붕이 무너져 버렸습니다.
他 崩す 무너뜨리다

---

**19**
さが
**探す**
图 찾다

みち さい ふ お なん じ かん さが
道で財布を落としてしまい、何時間も探した。
길에서 지갑을 잃어버려서, 몇 시간이나 찾았다.
＋ 探る 더듬어 찾다, 탐색하다

---

**20**
さけ
**叫ぶ**
图 외치다

よる ね そと だれ さけ こえ き
夜寝ていると、外で誰かが叫ぶ声が聞こえた。
밤에 자고 있는데, 밖에서 누군가가 외치는 목소리가 들렸다.

---

**21**
さ
**刺す**
图 찌르다

ごうとう いえ ひと さ じ けん お
強盗が家の人をナイフで刺すという事件が起きました。
강도가 사람을 찌르는 사건이 일어났습니다.
＋ 刺身 회

## 22
しば
**縛る**
⑧ 묶다, 매다, 결박하다

古い新聞をひもで縛ってゴミに出した。
오래된 신문을 끈으로 묶어서 쓰레기로 내놓았다.
🈯 結ぶ 묶다, 매다, 맺다

## 23
たお
**倒れる**
⑧ 쓰러지다

台風のせいで家の前の木が倒れてしまった。
태풍 때문에 집 앞의 나무가 쓰러져 버렸다.
🈯 倒す 쓰러뜨리다

## 24
な
**無くす**
⑧ 없애다, 잃다

昨日、母にもらったハンカチを無くしてしまった。
어제 어머니에게 받은 손수건을 잃어버렸다.

## 25
ぬす
**盗む**
⑧ 훔치다

人のものを盗んではいけない。
다른 사람의 물건을 훔쳐서는 안 된다.

## 26
ひろ
**拾う**
⑧ 줍다

財布を拾ったら、交番に届けましょう。
지갑을 주우면 파출소에 가져다 줍시다.
➕ 捨てる 버리다

## 27
ふせ
**防ぐ**
⑧ 막다, 방어하다, 방지하다

犯罪を防ぐために、防犯カメラを設置した。
범죄를 막기 위해 방범 카메라를 설치했다.

## 28
あぶ
**危ない**
✓ 위험하다

この中は危ないですので入らないでください。
이 안은 위험하니까 들어가지 마세요.

## 확인 문제

**1** 해당 어휘의 읽는 법을 찾고, 빈칸에 그 의미를 써 넣으세요.

> | 보기 | 学生 | ⓥ がくせい | ② がっせい | 학생 |
> |---|---|---|---|---|

(1) 犯人　　　① はんじん　　② はんにん　　_____

(2) 故障　　　① こしょう　　② こうしょう　　_____

(3) 奪う　　　① たたかう　　② うばう　　_____

(4) 不正　　　① ふせい　　　② ふしょう　　_____

(5) 崩れる　　① くずれる　　② たおれる　　_____

**2** 문맥에 맞는 단어를 보기 에서 골라 알맞은 형태로 바꾸어 써 넣으세요.

(6) 財布を(　　　　)ら、交番に届けましょう。

(7) 夜寝ていると外で誰かが(　　　　)声が聞こえた。

(8) 古い新聞をひもで(　　　　)ゴミに出した。

(9) 犬が川で(　　　　)子どもを助けて話題になった。

(10) 犯罪を(　　　　)ために、防犯カメラを設置した。

> | 보기 | おぼれる | 叫ぶ | 縛る | 拾う | 防ぐ |
> |---|---|---|---|---|---|

---

**정답**

(1) ② 범인　(2) ① 고장　(3) ② 빼앗다　(4) ① 부정　(5) ① 무너지다

(6) 拾(ひろ)った　(7) 叫(さけ)ぶ　(8) 縛(しば)って　(9) おぼれた　(10) 防(ふせ)ぐ

# 단어 퀴즈

✖ 단어를 보고 발음과 의미를 적어 보세요.

| 단어 | 발음 | 의미 |
|------|------|------|
| 改正 | かいせい | 개정 |
| 火事 | | |
| 故障 | | |
| 停電 | | |
| 臭い | | |
| 犯人 | | |
| 被害 | | |
| 疑う | | |
| 奪う | | |
| 落ちる | | |
| 崩れる | | |
| 探す | | |
| 倒れる | | |
| 盗む | | |
| 拾う | | |
| 防ぐ | | |
| 追う | | |
| 打つ | | |
| おぼれる | | |
| 叫ぶ | | |
| 刺す | | |
| 原因 | | |
| 縛る | | |

선을 따라 접으면 답을 확인할 수 있어요.

✽ 한번 더 복습해 봅시다.

| 읽는 법과 뜻 |
| --- |
| ☐ かいせい 개정 |
| ☐ かじ 화재 |
| ☐ こしょう 고장 |
| ☐ ていでん 정전 |
| ☐ におい 나쁜 냄새 |
| ☐ はんにん 범인 |
| ☐ ひがい 피해 |
| ☐ うたがう 의심하다 |
| ☐ うばう 빼앗다 |
| ☐ おちる 떨어지다 |
| ☐ くずれる 무너지다 |
| ☐ さがす 찾다 |
| ☐ たおれる 쓰러지다 |
| ☐ ぬすむ 훔치다 |
| ☐ ひろう 줍다 |
| ☐ ふせぐ 막다, 방어하다 |
| ☐ おう 쫓다 |
| ☐ うつ 치다, 부딪치다 |
| ☐ おぼれる 빠지다 |
| ☐ さけぶ 외치다 |
| ☐ さす 찌르다 |
| ☐ げんいん 원인 |
| ☐ しばる 묶다, 매다 |

| 한자 | 발음 | 의미 |
| --- | --- | --- |
| 예 改正 | かいせい | 개정 |
| 火事 | | |
| 故障 | | |
| 停電 | | |
| 臭い | | |
| 犯人 | | |
| 被害 | | |
| 疑う | | |
| 奪う | | |
| 落ちる | | |
| 崩れる | | |
| 探す | | |
| 倒れる | | |
| 盗む | | |
| 拾う | | |
| 防ぐ | | |
| 追う | | |
| 打つ | | |
| おぼれる | | |
| 叫ぶ | | |
| 刺す | | |
| 原因 | | |
| 縛る | | |

# DAY 18

음성듣기

# 경제생활과 산업

얼마나
알고 있나요?

**01**
うりきれ
**売り切れ**
명 다 팔림, 매진, 품절

にんきの店のケーキは、いつ行っても売り切れだ。
인기 있는 가게의 케이크는 언제 가도 품절이다.

**02**
えいぎょう
**営業**
명 する 영업

あの店は、朝10時から夜11時まで営業している。
저 가게는 아침 10시부터 밤 11시까지 영업하고 있다.

これ、営業部の池田さんに渡していただけませんか。
이거, 영업부 이케다 씨에게 전달해 주실 수 있을까요?
＋ 深夜営業 심야 영업

**03**
おおがた
**大型**
명 대형

大型のスーパーは売っている商品の種類が多い。
대형 슈퍼는 팔고 있는 상품의 종류가 많다.
반 小型 소형

**04**
かいしゅう
**回収**
명 する 회수

あのトラックは、空きビンを回収している。
저 트럭은 빈병을 회수하고 있다.

**05**
かいひ
**会費**
명 회비

パーティーの会費は、一人5,000円だ。
파티의 회비는 1인 5,000엔이다.

**06**
かかく
**価格**
명 가격

この店の価格は、他の店に比べて安い。
이 가게의 가격은 다른 가게에 비해 저렴하다.
유 値段 값, 가격

**07**
く ろう
**苦労**
명 する 고생, 노고

いま りょうしん く ろう わたし そだ
今まで両親が苦労して私を育ててくれた。
지금까지 부모님이 고생해서 나를 키워 주셨다.

**08**
けいざい
**経済**
명 경제

あと かんこくけいざい おお せいちょう
オリンピックの後、韓国経済は大きく成長した。
올림픽 이후, 한국 경제는 크게 성장했다.

**09**
けん
**券**
명 ~권, 표, 티켓

かいじょう にゅうじょうけん し てい か もと
イベント会場の入場券は指定のところでお買い求め
ください。
이벤트 회장의 입장권은 지정한 곳에서 구입해 주십시오.
ともだち けん
友達にレストランのクーポン券をもらった。
친구에게 레스토랑의 쿠폰을 받았다.

**10**
こうじょう
**工場**
명 공장

くつ こうじょう つく
この靴はインドの工場で作られたものです。
이 신발은 인도의 공장에서 만들어진 것입니다.

**11**
さんぎょう
**産業**
명 산업

さんぎょう ぎ じゅつ しん か おお へん か
IT産業は技術の進化で大きく変化するでしょう。
IT 산업은 기술 진화로 크게 변화할 것입니다.

**12**
し てん
**支店**
명 지점

さいきん えき ちか ぎんこう し てん あたら
最近、駅の近くに銀行の支店が新しくできた。
최근, 역 근처에 은행 지점이 새로 생겼다.
ほんてん
반 本店 본점

**13**
しゃっきん
**借金**
명 する 빚

彼は、友達に借金をして車を買った。
그는 친구에게 돈을 빌려서 차를 샀다.

＋ 借金する 빚을 지다, 돈을 빌리다

---

**14**
しょうぎょう
**商業**
명 상업

これからの商業はインターネットの活用が欠かせない。
앞으로의 상업은 인터넷 활용을 빼놓을 수 없다.

---

**15**
しょう ひ
**消費**
명 する 소비

うちは家族が多いので、米をたくさん消費する。
우리 집은 가족이 많기 때문에, 쌀을 많이 소비한다.

＋ 消費者 소비자

---

**16**
しょうひん
**商品**
명 상품

この商品はとても人気があり、よく売れている。
이 상품은 매우 인기가 있어서 잘 팔리고 있다.

---

**17**
せいさん
**生産**
명 する 생산

この製品は人気があるので、たくさん生産することにした。
이 제품은 인기가 있어서 많이 생산하기로 했다.

---

**18**
せつやく
**節約**
명 する 절약

交通費を節約するために、自転車で通勤している。
교통비를 절약하기 위해 자전거로 통근하고 있다.

---

**19**
ぜん ご
**前後**
명 전후

今回のプレゼントは3,000円前後で選びました。
이번 선물은 3,000엔 전후로 골랐습니다.

**20**
ぜん ぶ
**全部**
名 전부, 모두, 전체

セールをしたので、残っていた商品が全部売れた。
세일을 했기 때문에 남아 있던 상품이 전부 팔렸다.
반 一部 일부
유 あらゆる 온갖, 모든　全て 전부, 모두

**21**
だいきん
**代金**
명 대금

出張中のホテルの代金はもちろん、交通費も会社が
払う。
출장 중의 호텔 대금은 물론, 교통비도 회사가 지불한다.

**22**
ちゅうもん
**注文**
명 する 주문

昨日注文したばかりの商品がもう届いた。
어제 막 주문한 상품이 벌써 도착했다.

**23**
ちょきん
**貯金**
명 する 저금

2年前から貯金しているお金でヨーロッパに行くこと
にした。
2년 전부터 저금하고 있는 돈으로 유럽에 가기로 했다.
＋ 貯金箱 저금통

**24**
と ち
**土地**
명 토지

祖父は、田舎にとても広い土地を持っている。
할아버지는 시골에 매우 넓은 토지를 가지고 있다.

**25**
ね だん
**値段**
명 가격, 값

ケーキ一つで1,000円という値段は高すぎる。
케이크 하나가 천 엔이라는 가격은 너무 비싸다.
유 価格 가격

**26**
ぶっ か
**物価**
명 물가

最近は物価が上がって生活するのが大変です。
최근에는 물가가 올라서 생활하는 것이 힘듭니다.

**27**
へいてん
# 閉店
명 する 폐점, 폐업

<ruby>土曜日<rt>ど よう び</rt></ruby>の<ruby>閉店<rt>へいてん</rt></ruby><ruby>時間<rt>じ かん</rt></ruby>は４<ruby>時<rt>じ</rt></ruby>となっております。
토요일의 폐점 시간은 4시입니다.

この<ruby>店<rt>みせ</rt></ruby>は<ruby>今月末<rt>こんげつまつ</rt></ruby>に<ruby>閉店<rt>へいてん</rt></ruby>するので、<ruby>今<rt>いま</rt></ruby>セールをしている。
이 가게는 이번 달 말에 폐업하기 때문에 지금 세일을 하고 있다.

반 <ruby>開店<rt>かいてん</rt></ruby> 개점, 개업

---

**28**
む りょう
# 無料
명 무료

この<ruby>店<rt>みせ</rt></ruby>では<ruby>千円以上<rt>せんえん い じょう</rt></ruby>のメニューを<ruby>注文<rt>ちゅうもん</rt></ruby>すると<ruby>飲<rt>の</rt></ruby>み<ruby>物<rt>もの</rt></ruby>が<ruby>無料<rt>む りょう</rt></ruby>になる。
이 가게에서는 천 엔 이상의 메뉴를 주문하면 음료가 무료가 된다.

반 <ruby>有料<rt>ゆうりょう</rt></ruby> 유료

---

**29**
や ちん
# 家賃
명 집세

このアパートの<ruby>家賃<rt>や ちん</rt></ruby>は６<ruby>万円<rt>まんえん</rt></ruby>だ。
이 아파트의 집세는 6만 엔이다.

---

**30**
ゆ しゅつ
# 輸出
명 する 수출

<ruby>自国<rt>じ こく</rt></ruby>の<ruby>製品<rt>せいひん</rt></ruby>を<ruby>外国<rt>がいこく</rt></ruby>へ<ruby>輸出<rt>ゆ しゅつ</rt></ruby>する。
자국의 제품을 외국으로 수출한다.

반 <ruby>輸入<rt>ゆ にゅう</rt></ruby> 수입

---

**31**
りょうきん
# 料金
명 요금

４<ruby>月<rt>がつ</rt></ruby>からタクシーの<ruby>料金<rt>りょうきん</rt></ruby>が<ruby>上<rt>あ</rt></ruby>がるそうです。
4월부터 택시 요금이 오른다고 합니다.

---

**32**
わりあい
# 割合
명 비율

<ruby>彼女<rt>かのじょ</rt></ruby>は、<ruby>年<rt>ねん</rt></ruby>に<ruby>一回<rt>いっかい</rt></ruby>の<ruby>割合<rt>わりあい</rt></ruby>で<ruby>海外旅行<rt>かいがいりょこう</rt></ruby>をしている。
그녀는 1년에 한 번 꼴로 해외여행을 하고 있다.

---

**33**
あ
**上がる**
통 오르다

しょう ひ ぜい あ まえ たか か もの す
消費税が上がる前に高い買い物を済ませておいた。
소비세가 오르기 전에 비싼 물건은 구매를 끝내 두었다.

타 あ **上げる** 올리다

こ とし がつ ね だん あ
今年の３月から値段を上げることにしました。
올해 3월부터 가격을 올리기로 했습니다.

**34**
あつ
**集める**
통 모으다

ひとり えん あつ か
一人1,000円ずつ集めて、プレゼントを買った。
한 명당 천 엔씩 모아서 선물을 샀다.

자 あつ **集まる** 모이다

どうぶつ ぼ きん まんえん あつ
動物のための募金では500万円が集まりました。
동물을 위한 모금에서는 500만 엔이 모였습니다.

**35**
い
**要る**
통 필요하다

いえ か かね い
家を買うにはお金が要る。
집을 사려면 돈이 필요하다.

**36**
う
**売れる**
통 팔리다, 인기가 있다,
유명해지다

きゅう あめ ふ ひ かさ う
急に雨が降った日は傘がとてもよく売れる。
갑자기 비가 내린 날은 우산이 매우 잘 팔린다.

타 う **売る** 팔다

**37**
かえ
**返す**
통 돌려주다

ともだち か かね ぜん ぶ かえ
友達に借りていたお金を全部返した。
친구에게 빌렸던 돈을 전부 갚았다.

자 かえ **返る** 되돌아오다

**38**
ささ
**支える**
통 떠받치다, 버티다,
유지하다, 지탱하다

ちち いっ か せいかつ ささ
父は一家の生活を支えています。
아버지는 가족의 생활을 지탱하고 있습니다.

**39**

しはら
支払う

图 지불하다

まいつき とおか  やちん でんきだい  しはら
毎月10日に家賃や電気代を支払っている。

매월 10일에 집세나 전기 요금을 지불하고 있다.

➕ はら
払う 지불하다, 제거하다

---

**40**

すす
勧める

图 권하다, 추천하다

てんいん   あたら  しょうひん  すす
店員は、新しい商品を勧めてくれました。

점원은 새로운 상품을 추천해 주었습니다.

---

**41**

た
貯める

图 (돈을) 모으다

くるま か     かね た
車を買うためにお金を貯めている。

차를 사기 위해 돈을 모으고 있다.

---

**42**

た
足りる

图 족하다, 충분하다

か  もの   す    かね た
買い物をし過ぎてお金が足りなくなってしまった。

쇼핑을 너무 많이 해서 돈이 부족해지고 말았다.

---

**43**

なら
並ぶ

图 늘어서다, 줄을 서다

くだもの       なら
スーパーにおいしそうな果物がたくさん並んでいる。

슈퍼에 맛있어 보이는 과일이 많이 진열되어 있다.

ひと       なら
このレストランはいつも人がたくさん並んでいる。

이 레스토랑은 언제나 사람이 잔뜩 줄 서 있다.

타 なら
並べる 늘어놓다, 나란히 세우다

---

**44**

ふ  こ
振り込む

图 납입하다, 입금하다

やちん はら      ぎんこう   かね ふ こ
家賃を払うために銀行でお金を振り込んだ。

집세를 내기 위해 은행에 돈을 납입했다.

➕ ふ こ
振り込み 불입, 납입, 입금

ふ こ    まえ こうざばんごう   かくにん
振り込みの前に口座番号を確認してください。

입금 전에 계좌 번호를 확인해 주세요.

---

**45**
も
**持つ**
동 가지다, 들다, 버티다

彼は、車を3台も持っている。
그는 차를 3대나 가지고 있다.

先生、お荷物は私がお持ちいたします。
선생님, 짐은 제가 들겠습니다.

こんなに残業が続いたら体が持たなくなってしまう。
이렇게 야근이 계속되면 몸이 버티지 못하게 되어 버린다.

---

**46**
お
**惜しい**
イ 아깝다

誰でも命は惜しいものだと思う。
누구나 목숨은 아까운 법이라고 생각한다.

---

**47**
すく
**少ない**
イ 적다

収入が少なくて生活するのが大変だ。
수입이 적어서 생활하는 것이 힘들다.

---

**48**
とく
**得**
ナ 명 득, 이득

高くても、いい物を買った方が得だ。
비싸도 좋은 물건을 사는 것이 이득이다.

➕ 得する 이득을 보다　損する 손해를 보다

この投資で損することは絶対にありません。
이 투자로 손해 보는 일은 절대로 없습니다.

---

**49**
ほう ふ
**豊富**
ナ 명 풍부

東南アジアは果物の種類が豊富だ。
동남아시아는 과일의 종류가 풍부하다.

**1** 해당 어휘의 읽는 법을 찾고, 빈칸에 그 의미를 써 넣으세요.

| 보기 | 学生 | ⓥ がくせい | ② がっせい | 학생 |

(1) 貯金　　　① ちょうきん　② ちょきん　　　_____

(2) 消費　　　① しょうひ　　② しょひ　　　　_____

(3) 輸出　　　① しゅしゅつ　② ゆしゅつ　　　_____

(4) 借金　　　① しゃっきん　② しゃきん　　　_____

(5) 豊富　　　① ほふう　　　② ほうふ　　　　_____

**2** 문맥에 맞는 단어를 보기에서 골라 알맞은 형태로 바꾸어 써 넣으세요.

(6) 毎月10日に家賃や電気代を(　　　　)いる。

(7) 車を買うためにお金を(　　　　)いる。

(8) 誰でも命は(　　　　)ものだと思う。

(9) 人気の店のケーキは、いつ行っても(　　　　)だ。

(10) 家賃を払うために銀行でお金を(　　　　)だ。

| 보기 | 売り切れ　　支払う　　貯める　　振り込む　　惜しい |

---

정답

(1) ② 저금　(2) ① 소비　(3) ② 수출　(4) ① 빚　(5) ② 풍부
(6) 支払(しはら)って　(7) 貯(た)めて　(8) 惜(お)しい　(9) 売(う)り切(き)れ　(10) 振(ふ)り込(こ)ん

## 단어 퀴즈

✤ 단어를 보고 발음과 의미를 적어 보세요.

| 단어 | 발음 | 의미 |
|---|---|---|
| 改正 | かいせい | 개정 |
| 売り切れ | | |
| 苦労 | | |
| 経済 | | |
| 消費 | | |
| 商品 | | |
| 注文 | | |
| 貯金 | | |
| 家賃 | | |
| 輸出 | | |
| 割合 | | |
| 集める | | |
| 支払う | | |
| 振り込む | | |
| 節約 | | |
| 物価 | | |
| 貯める | | |
| 並ぶ | | |
| 惜しい | | |
| 回収 | | |
| 価格 | | |
| 商業 | | |
| 節約 | | |

선을 따라 접으면 답을 확인할 수 있어요.

❈ 한번 더 복습해 봅시다.

| 읽는 법과 뜻 | | 한자 | 발음 | 의미 |
|---|---|---|---|---|
| ☐ | かいせい<br>개정 | 예 改正 | かいせい | 개정 |
| ☐ | うりきれ<br>다 팔림, 매진 | 売り切れ | | |
| ☐ | くろう<br>고생, 노고 | 苦労 | | |
| ☐ | けいざい<br>경제 | 経済 | | |
| ☐ | しょうひ<br>소비 | 消費 | | |
| ☐ | しょうひん<br>상품 | 商品 | | |
| ☐ | ちゅうもん<br>주문 | 注文 | | |
| ☐ | ちょきん<br>저금 | 貯金 | | |
| ☐ | やちん<br>집세 | 家賃 | | |
| ☐ | ゆしゅつ<br>수출 | 輸出 | | |
| ☐ | わりあい<br>비율 | 割合 | | |
| ☐ | あつめる<br>모으다 | 集める | | |
| ☐ | しはらう<br>지불하다 | 支払う | | |
| ☐ | ふりこむ<br>납입하다, 입금하다 | 振り込む | | |
| ☐ | せつやく<br>절약 | 節約 | | |
| ☐ | ぶっか<br>물가 | 物価 | | |
| ☐ | ためる<br>(돈을) 모으다 | 貯める | | |
| ☐ | ならぶ<br>늘어서다, 줄을 서다 | 並ぶ | | |
| ☐ | おしい<br>아깝다 | 惜しい | | |
| ☐ | かいしゅう<br>회수 | 回収 | | |
| ☐ | かかく<br>가격 | 価格 | | |
| ☐ | しょうぎょう<br>상업 | 商業 | | |
| ☐ | せつやく<br>절약 | 節約 | | |

# DAY 19
# 정치·법률·사회

음성듣기

얼마나
알고 있나요?

**사전 체크**

- [ ] **01** 嘘
- [ ] **02** 解決
- [ ] **03** 疑問
- [ ] **04** 傾向
- [ ] **05** 憲法
- [ ] **06** 原料
- [ ] **07** 交換
- [ ] **08** 公務員
- [ ] **09** 高齢化
- [ ] **10** 国民
- [ ] **11** 個人
- [ ] **12** 子育て
- [ ] **13** 差別
- [ ] **14** 賛成
- [ ] **15** 時代
- [ ] **16** 失業
- [ ] **17** 社会
- [ ] **18** 住民
- [ ] **19** 少子化
- [ ] **20** 少数
- [ ] **21** 処理
- [ ] **22** 人口
- [ ] **23** 政治
- [ ] **24** 生徒
- [ ] **25** 政府
- [ ] **26** 増加
- [ ] **27** 代表
- [ ] **28** 調査
- [ ] **29** 根
- [ ] **30** 発展
- [ ] **31** 犯罪
- [ ] **32** 否定
- [ ] **33** 弁護
- [ ] **34** 法律
- [ ] **35** 本人
- [ ] **36** 免許
- [ ] **37** 問題
- [ ] **38** 占める
- [ ] **39** 握る
- [ ] **40** 見直す
- [ ] **41** めぐる
- [ ] **42** 重要

**01**
うそ
嘘
**명** 거짓말

うそ ぜったい
嘘は絶対についてはいけません。
거짓말은 절대로 해서는 안 됩니다.

➕ 嘘をつく 거짓말을 하다

**02**
かいけつ
解決
**명** **する** 해결

ねんまえ じけん かいけつ
3年前の事件が、やっと解決した。
3년 전의 사건이 가까스로 해결되었다.

**03**
ぎ もん
疑問
**명** 의문

じけん ぎ もん のこ
この事件には、まだ疑問が残っている。
이 사건에는 아직 의문이 남아 있다.

**04**
けいこう
傾向
**명** 경향

さいきん わかもの だい き ぎょう はい けいこう
最近の若者は大企業にばかり入りたがる傾向がある。
요즘 젊은이들은 대기업에만 들어가고 싶어하는 경향이 있다.

**05**
けんぽう
憲法
**명** 헌법

がつみっ か けんぽう き ねん び
5月3日は憲法記念日です。
5월 3일은 헌법기념일입니다.

**06**
げんりょう
原料
**명** 원료

ほうりつ げんりょう か
法律によって原料をラベルに書かなければならない。
법률에 따라 원료를 라벨에 써야 한다.

**07**
こうかん
交換
**명** **する** 교환

いっしゅうかん い ない む りょう こうかん
1週間以内なら無料で交換できます。
일주일 이내라면 무료로 교환할 수 있습니다.

**08**
こう む いん
**公務員**
명 공무원

こう む いん こ ふ
公務員になりたいという子どもが増えているそうだ。
공무원이 되고 싶다는 어린이가 늘고 있다고 한다.

---

**09**
こうれい か
**高齢化**
명 고령화

こうれい か すす ろうじん つか しょうひん
高齢化が進んでいるため、老人にも使いやすい商品
で
がたくさん出ている。
고령화가 진행되고 있어서 노인도 사용하기 쉬운 상품이 많이 나와 있다.
こうれいしゃ
➕ 高齢者 고령자

---

**10**
こくみん
**国民**
명 국민

せい じ か こくみん し ごと
政治家は国民のために仕事をしなければならない。
정치가는 국민을 위해 일을 해야 한다.

---

**11**
こ じん
**個人**
명 개인

な まえ せいねんがっ ぴ ふく こ じんじょうほう ほ ぞん
名前、生年月日を含めた個人情報は保存しません。
이름, 생년월일을 포함한 개인 정보는 보존하지 않습니다.

---

**12**
こ そだ
**子育て**
명 육아

こ そだ かね じ かん
子育てにはお金や時間がかかる。
육아에는 돈과 시간이 든다.

---

**13**
さ べつ
**差別**
명 する 차별

さ べつ り そうてき しゃかい つく
差別のない理想的な社会を作りたい。
차별 없는 이상적인 사회를 만들고 싶다.

---

**14**
さんせい
**賛成**
명 する 찬성

ね だん あ かれ い けん さんせい ひと
値段を上げようという彼の意見に賛成する人は
ひとり
一人もいなかった。
가격을 올리자는 그의 의견에 찬성하는 사람은 한 명도 없었다.
はんたい
반 反対 반대

**15**
じ だい
**時代**
명 시대

がくりょく かんけい しゅうしょく じ だい
学力に関係なく就職しにくい時代です。
학력에 관계없이 취직하기 힘든 시대입니다.

---

**16**
しつぎょう
**失業**
명 する 실업, 실직

けい き わる まんにん こ ひと しつぎょう
景気が悪くなり、20万人を超える人が失業した。
경기가 나빠져서 20만 명이 넘는 사람이 실직했다.

---

**17**
しゃかい
**社会**
명 사회

しゃかい で たいへん こと
社会に出ると大変な事がたくさんある。
사회에 나가면 힘든 일이 많이 있다.

---

**18**
じゅうみん
**住民**
명 주민

おおあめ いえ そと で じゅうみん けいこく
大雨のため、家の外に出ないように住民に警告した。
호우 때문에 집 밖에 나가지 않도록 주민에게 경고했다.
➕ しみん
市民 시민

---

**19**
しょう し か
**少子化**
명 저출산

さいきん しょう し か がっこう せい と すう へ
最近は少子化のため、学校の生徒数が減っている。
최근에는 저출산으로 인하여 학교의 학생 수가 감소하고 있다.

---

**20**
しょうすう
**少数**
명 소수

しょうすう ひと い けん だい じ
少数の人の意見も大事にするべきだ。
소수 사람의 의견도 소중히 해야 한다.

---

**21**
しょ り
**処理**
명 する 처리

かれ ねが し ごと て ばや しょ り
彼はお願いした仕事を手早く処理してくれた。
그는 부탁한 업무를 재빨리 처리해 주었다.

**22**
じんこう
# 人口
명 인구

にほん　じんこう　やく　おく　せんまんにん
日本の人口は、約１億２千万人である。
일본의 인구는 약 1억 2천만 명이다.

**23**
せいじ
# 政治
명 정치

だいがく　せんこう　せいじがく
大学の専攻は政治学でした。
대학 때 전공은 정치학이었습니다.

**24**
せいと
# 生徒
명 학생

わたし　あに　せいとかい　はい
私の兄は生徒会に入っている。
우리 오빠는(형은) 학생회에 들어가 있다.

**25**
せいふ
# 政府
명 정부

せいふ　かね　しんやく　けんきゅう
政府からお金をもらって新薬の研究をしている。
정부로부터 돈을 받고 신약을 연구하고 있다.

**26**
ぞうか
# 増加
명 する 증가

く　ひと　ぞうか
アルバイトをして暮らす人が増加しているそうだ。
아르바이트를 해서 생활하는 사람들이 증가하고 있다고 한다.

**27**
だいひょう
# 代表
명 する 대표

くに　だいひょう　しあい　で
国の代表として試合に出られてうれしいです。
국가 대표로서 시합에 나갈 수 있어서 기쁩니다.

**28**
ちょうさ
# 調査
명 する 조사

じけん　くわ　ちょうさ
この事件はもっと詳しく調査しなければならない。
이 사건은 더 자세히 조사해야만 한다.

**29**
ね
根
명 뿌리

この問題の原因は思ったより根が深いようだ。
이 문제의 원인은 생각보다 뿌리가 깊은 것 같다.

**30**
はってん
発展
명 する 발전

20年ぶりに帰った故郷は、思ったより発展していて
びっくりした。
20년만에 돌아온 고향은 생각보다 발전해 있어서 깜짝 놀랐다.

**31**
はんざい
犯罪
명 범죄

最近はお年寄りを狙った犯罪が増えている。
최근에는 노인을 노린 범죄가 늘고 있다.

**32**
ひ てい
否定
명 する 부정

他の人の意見を否定する前にもう一度考えましょう。
다른 사람의 의견을 부정하기 전에 한번 더 생각합시다.

**33**
べん ご
弁護
명 する 변호

自分の兄の弁護をすることになった。
내 오빠(형)의 변호를 하게 되었다.

**34**
ほうりつ
法律
명 법률

国民は法律を守らなければならない。
국민은 법률을 지켜야 한다.

**35**
ほんにん
本人
명 본인

パスポートを受け取る時は、本人が行かなければ
ならない。
여권을 수령할 때는 본인이 가야 한다.

**36**
めんきょ
**免許**
명 면허

学校の先生になるためには教員免許が必要だ。
학교 선생님이 되기 위해서는 교원 면허가 필요하다.
＋ 免許を取る 면허를 취득하다

**37**
もんだい
**問題**
명 문제

解決しなければならない問題が山ほどある。
해결해야 하는 문제가 산더미만큼 있다.

**38**
し
**占める**
동 차지하다

この地域は人口の80パーセントを老人が占めている。
이 지역은 인구의 80퍼센트를 노인이 차지하고 있다.

**39**
にぎ
**握る**
동 쥐다, 잡다

この事件を解決する鍵は彼が握っている。
이 사건을 해결할 열쇠는 그가 쥐고 있다.

**40**
み なお
**見直す**
동 다시 보다, 재검토하다

今の計画を見直して、新しい計画を立てることになった。
지금의 계획을 재검토하고 새로운 계획을 세우게 되었다.

**41**
**めぐる**
동 둘러싸다, 돌다, 순회하다

公害をめぐる問題について企業と住民が話し合った。
공해를 둘러싼 문제에 대해 기업과 주민이 서로 논의했다.

**42**
じゅうよう
**重要**
ナ 명 중요

明日の午後 1 時から重要な会議があります。
내일 오후 1시부터 중요한 회의가 있습니다.

**1** 해당 어휘의 읽는 법을 찾고, 빈칸에 그 의미를 써 넣으세요.

> 보기 学生　　✔ がくせい　　② がっせい　　_____ 학생

(1)　嘘　　　① うわさ　　② うそ　　_____

(2)　疑問　　① いもん　　② ぎもん　　_____

(3)　発展　　① はってん　② はつでん　_____

(4)　人口　　① じんこう　② にんこう　_____

(5)　処理　　① しょうり　② しょり　　_____

**2** 문맥에 맞는 단어를 보기에서 골라 알맞은 형태로 바꾸어 써 넣으세요.

(6)　(　　　　　)にはお金や時間がかかる。

(7)　最近は(　　　　　)のため、学校の生徒数が減っている。

(8)　経済が悪くなり、20万人を超える人が(　　　　　)した。

(9)　最近はお年寄りを狙った(　　　　　)が増えている。

(10) 国民は(　　　　　)を守らなければならない。

> 보기　　法律　　子育て　　失業　　少子化　　犯罪

---

정답

(1) ② 거짓말　(2) ② 의문　(3) ① 발전　(4) ① 인구　(5) ② 처리
(6) 子育て(こそだて)　(7) 少子化(しょうしか)　(8) 失業(しつぎょう)　(9) 犯罪(はんざい)　(10) 法律(ほうりつ)

# 단어 퀴즈

✖ 단어를 보고 발음과 의미를 적어 보세요.

| 단어 | 발음 | 의미 |
|---|---|---|
| 改正 | かいせい | 개정 |
| 交換 | | |
| 個人 | | |
| 人口 | | |
| 免許 | | |
| 解決 | | |
| 疑問 | | |
| 賛成 | | |
| 政治 | | |
| 増加 | | |
| 発展 | | |
| 差別 | | |
| 住民 | | |
| 処理 | | |
| 代表 | | |
| 調査 | | |
| 根 | | |
| 犯罪 | | |
| 憲法 | | |
| 占める | | |
| 握る | | |
| 原料 | | |
| 法律 | | |

설명에 따라 정답을 맞춰 확인할 수 있어요.

✤ 한번 더 복습해 봅시다.

| 읽는 법과 뜻 |
|---|
| ☐ かいせい 개정 |
| ☐ こうかん 교환 |
| ☐ こじん 개인 |
| ☐ じんこう 인구 |
| ☐ めんきょ 면허 |
| ☐ かいけつ 해결 |
| ☐ ぎもん 의문 |
| ☐ さんせい 찬성 |
| ☐ せいじ 정치 |
| ☐ ぞうか 증가 |
| ☐ はってん 발전 |
| ☐ さべつ 차별 |
| ☐ じゅうみん 주민 |
| ☐ しょり 처리 |
| ☐ だいひょう 대표 |
| ☐ ちょうさ 조사 |
| ☐ ね 뿌리 |
| ☐ はんざい 범죄 |
| ☐ けんぽう 헌법 |
| ☐ しめる 차지하다 |
| ☐ にぎる 쥐다, 잡다 |
| ☐ げんりょう 원료 |
| ☐ ほうりつ 법률 |

| 한자 | 발음 | 의미 |
|---|---|---|
| 예 改正 | かいせい | 개정 |
| 交換 | | |
| 個人 | | |
| 人口 | | |
| 免許 | | |
| 解決 | | |
| 疑問 | | |
| 賛成 | | |
| 政治 | | |
| 増加 | | |
| 発展 | | |
| 差別 | | |
| 住民 | | |
| 処理 | | |
| 代表 | | |
| 調査 | | |
| 根 | | |
| 犯罪 | | |
| 憲法 | | |
| 占める | | |
| 握る | | |
| 原料 | | |
| 法律 | | |

# 국제 사회와 스포츠

얼마나
알고 있나요?

사전 체크

| | | | |
|---|---|---|---|
| ☐ 01 永遠 | ☐ 02 海外 | ☐ 03 交流 | ☐ 04 国際 |
| ☐ 05 首相 | ☐ 06 首都 | ☐ 07 西洋 | ☐ 08 戦争 |
| ☐ 09 それぞれ | ☐ 10 違い | ☐ 11 手続き | ☐ 12 話し合い |
| ☐ 13 平和 | ☐ 14 貿易 | ☐ 15 世の中 | ☐ 16 来日 |
| ☐ 17 合図 | ☐ 18 応援 | ☐ 19 活動 | ☐ 20 記録 |
| ☐ 21 最多 | ☐ 22 試合 | ☐ 23 選手 | ☐ 24 優勝 |
| ☐ 25 練習 | ☐ 26 開催 | ☐ 27 基本 | ☐ 28 出場 |
| ☐ 29 弱点 | ☐ 30 野球 | ☐ 31 水泳 | ☐ 32 大会 |
| ☐ 33 卓球 | ☐ 34 追いかける | ☐ 35 追いつく | ☐ 36 行う |
| ☐ 37 勝つ | ☐ 38 頑張る | ☐ 39 決まる | ☐ 40 ける |
| ☐ 41 接する | ☐ 42 申し込む | | |

**01**
えいえん
**永遠**
명 ナ 영원

世界が永遠に平和であってほしい。
せ かい　　えいえん　　へい わ

세계가 영원히 평화로웠으면 한다.

---

**02**
かいがい
**海外**
명 해외

卒業したら海外で働きたいです。
そつぎょう　　　　かいがい　　はたら

졸업하면 해외에서 일하고 싶습니다.

---

**03**
こうりゅう
**交流**
명 する 교류

私の学校は日本の国際学校と交流している。
わたし　がっこう　　に ほん　　こくさいがっこう　　こうりゅう

우리 학교는 일본의 국제 학교와 교류하고 있다.
こうりゅうかい
➕ 交流会 교류회

---

**04**
こくさい
**国際**
명 국제

インチョン空港は、国際空港で、世界３大空港の
くうこう　　　こくさいくうこう　　せ かい　　だいくうこう
ひと
一つだ。

인천공항은 국제공항으로, 세계 3대 공항 중 하나이다.

---

**05**
しゅしょう
**首相**
명 수상, 총리

この会議には世界各国の首相が集まっている。
かい ぎ　　せ かいかっこく　　しゅしょう　　あつ

이 회의에는 세계 각국의 수상이 모여 있다.
そう り
➕ 総理 총리

---

**06**
しゅ と
**首都**
명 수도

フランスの首都はパリで、イギリスの首都はロンドン
しゅ と　　　　　　　　　　しゅ と
である。

프랑스 수도는 파리이고, 영국 수도는 런던이다.

---

**07**
せいよう
**西洋**
명 서양

大学で西洋美術の歴史を学んでいます。
だいがく　　せいよう び じゅつ　れきし　　まな

대학에서 서양 미술의 역사를 배우고 있습니다.
とうよう
반 東洋 동양

---

**08**
せんそう
**戦争**
名 する 전쟁

いま　せかいじゅう　せんそう　お　おお　ひと　くる
今でも世界中で戦争が起きて、多くの人が苦しんでいる。
지금도 세계 곳곳에서 전쟁이 일어나서, 수많은 사람이 괴로워하고 있다.

**09**
**それぞれ**
名 제각기, 각각, 각자

ぶんか　しゅうかん　くに　ちが
文化や習慣は国によってそれぞれ違うものです。
문화나 관습은 나라에 따라 각각 다른 법입니다.

**10**
ちが
**違い**
名 틀림, 차이, 다름

かんこく　にほん　ぶんか　ちが
韓国と日本の文化には違いがたくさんある。
한국과 일본의 문화에는 다른 점이 많이 있다.

**11**
て　つづ
**手続き**
名 수속, 절차

りゅうがく　て　つづ　ひつよう
留学の手続きをするためにはパスポートが必要だ。
유학 수속을 하기 위해서는 여권이 필요하다.

**12**
はな　あ
**話し合い**
名 서로 이야기함, 의논, 교섭

こくさいもんだい　はな　あ　かいけつ
国際問題はあくまで話し合いで解決すべきだ。
국제 문제는 어디까지나 대화로 해결해야 한다.

**13**
へいわ
**平和**
名 ナ 평화

ひと　あつ　せかい　へいわ　ねが
たくさんの人が集まって世界の平和を願った。
많은 사람들이 모여서 세계 평화를 기원했다.

**14**
ぼうえき
**貿易**
名 する 무역

にほん　かんこく　がいこく　ぼうえき　さか
日本も韓国も外国との貿易が盛んである。
일본도 한국도 외국과의 무역이 활발하다.

**15**
よ なか
**世の中**
명 세상, 시대

わたし へいわ よ なか い
私たちは平和な世の中を生きている。
우리는 평화로운 세상을 살고 있다.

---

**16**
らいにち
**来日**
명 する 일본에 옴, 방일

だいとうりょう らいにち
ニュースによると、アメリカの大統領が来日する
そうだ。
뉴스에 의하면 미국 대통령이 일본에 온다고 한다.

---

**17**
あい ず
**合図**
명 신호, 사인

せんしゅ め あい ず おく
コーチは選手に目で合図を送った。
코치는 선수에게 눈으로 신호를 보냈다.
しんごう
➕ 信号 신호, 신호등

---

**18**
おうえん
**応援**
명 する 응원

おうえん
スペインのサッカーチームを応援している。
스페인 축구 팀을 응원하고 있다.

---

**19**
かつどう
**活動**
명 する 활동

かれ かつどう まいにち や きゅう
彼は、クラブ活動で毎日野球をしている。
그는 동아리 활동으로 매일 야구를 하고 있다.

---

**20**
き ろく
**記録**
명 する 기록

いま せ かい き ろく ぬ むずか
今の世界記録を抜くのはかなり難しいだろう。
현재 세계 기록을 넘는 것은 상당히 어려울 것이다.

---

**21**
さい た
**最多**
명 최다

かいしゅつじょう に ほんじん なか
オリンピックに８回出場というのは、日本人の中で
さい た き ろく
最多記録である。
올림픽 8회 출전이라는 것은 일본인 중에서 최다 기록이다.

**22**
しあい
試合
명 시합

あめ ふ し あい ちゅう し
雨が降ったので試合が中止になりました。
비가 내렸기 때문에 시합이 중지되었습니다.

**23**
せんしゅ
選手
명 선수

や きゅう せんしゅ こ ども ゆめ
プロ野球の選手になることが子供のころからの夢だ。
프로 야구 선수가 되는 것이 어릴 때부터의 꿈이다.

**24**
ゆうしょう
優勝
명 する 우승

わたし おうえん ゆうしょう
私が応援しているチームが優勝した。
내가 응원하고 있는 팀이 우승했다.

**25**
れんしゅう
練習
명 する 연습

たいちょう わる れんしゅう
体調が悪くて、あまり練習ができなかった。
몸이 안 좋아서 그다지 연습을 할 수 없었다.

**26**
かいさい
開催
명 する 개최

らいねん こくさいかい ぎ に ほん かいさい き
来年の国際会議は日本で開催されることが決まった。
내년의 국제 회의는 일본에서 개최되는 것이 정해졌다.

**27**
き ほん
基本
명 기본

べんきょう き ほん いちばんじゅうよう
勉強もスポーツも基本が一番重要です。
공부도 스포츠도 기본이 가장 중요합니다.

**28**
しゅつじょう
出場
명 する (운동 경기 등에) 출전, 참가함

しゅつじょう め ざ おお せんしゅ
オリンピックの出場を目指して多くの選手たちが
あせ なが
汗を流しています。
올림픽 출전을 목표로 많은 선수들이 땀을 흘리고 있습니다.

**29**
じゃくてん
**弱点**
명 약점

あいて じゃくてん わ つぎ しあい か
相手の**弱点**が分かったから、次の試合は勝てると
おも
思う。
상대의 약점을 알았으니까 다음 시합은 이길 수 있을 거라고 생각한다.

**30**
や きゅう
**野球**
명 야구

にちようび か ぞく やきゅう しあい み い
日曜日に家族で**野球**の試合を見に行くことにした。
일요일에 가족끼리 야구 시합을 보러 가기로 했다.

**31**
すいえい
**水泳**
명 する 수영

わたし がくせい とき がっこう すいえいせんしゅ
私は学生の時、学校の**水泳**選手だった。
나는 학창 시절, 학교 수영 선수였다.

**32**
たいかい
**大会**
명 대회

らいしゅう たいかい で
来週マラソン**大会**に出るつもりです。
다음 주에 마라톤 대회에 나갈 생각입니다.

**33**
たっきゅう
**卓球**
명 탁구

ぶ かつ たっきゅうぶ き
部活は**卓球**部に決めました。
동아리 활동은 탁구부로 정했습니다.

**34**
お
**追いかける**
동 뒤쫓아 가다,
연달아 일어나다

かれ こいびと あと はし お
彼は恋人の後を走って**追いかけ**た。
그는 애인의 뒤를 달려서 뒤쫓아 갔다.

**35**
お
**追いつく**
동 (뒤쫓아) 따라잡다,
따라붙다,
(같은 수준에) 도달하다

かれ まえ はし せんしゅ お
彼は前を走っている選手に**追いつい**た。
그는 앞서 달리고 있는 선수를 따라잡았다.

**36**
おこな
**行う**
툉 행하다, 실시하다

こくさいかい ぎ　らいしゅうおこな　　よ てい
国際会議は来週行われる予定だ。
국제 회의는 다음 주 열릴 예정이다.

---

**37**
か
**勝つ**
툉 이기다

れんしゅう　　　きょう　　し あい　か
あれだけ練習したから今日こそは試合に勝てる
はずだ。
그렇게 연습했으니 오늘이야말로 시합에 이길 수 있을 것이다.

반 負ける 지다
ま

ひ　わ
引き分け 무승부, 비김

---

**38**
がん ば
**頑張る**
툉 힘내다, 노력하다

らいしゅうだい じ　し あい　　　　こんしゅう　れんしゅう　がん ば
来週大事な試合があるから、今週は練習を頑張る
しかない。
다음 주에 중요한 시합이 있기 때문에, 이번 주는 열심히 연습할 수밖
에 없다.

---

**39**
き
**決まる**
툉 정해지다, 결정되다

あい て　　　　　　　き
ついに相手チームが決まった。
드디어 상대팀이 결정되었다.

타 決める 정하다
き

---

**40**
**ける**
툉 차다, 걷어차다

かれ　　　　　　　　　　　　　　　き
彼はボールをうまくけってシュートを決めた。
그는 공을 능숙하게 차서 슛을 성공시켰다.

---

**41**
せっ
**接する**
툉 접하다

こ　　　　　　　がいこくじん　せっ　　きかい　おお　ほう
子どものころから外国人に接する機会が多い方
だった。
어릴 때부터 외국인을 접할 기회가 많은 편이었다.

---

**42**
もう　こ
**申し込む**
툉 신청하다

かいさい　　　　　　たいかい　もう　こ
ハワイで開催するマラソン大会に申し込んだ。
하와이에서 개최되는 마라톤 대회에 신청했다.

**1** 해당 어휘의 읽는 법을 찾고, 빈칸에 그 의미를 써 넣으세요.

| 보기 | 学生 | ✓ がくせい | ② がっせい | 학생 |

(1) 国際　　　① こっさい　　② こくさい　　_____

(2) 首相　　　① しゅしょう　② しゅうしょ　_____

(3) 首都　　　① しゅうと　　② しゅと　　　_____

(4) 西洋　　　① さいよう　　② せいよう　　_____

(5) 貿易　　　① ぼうえき　　② ぼえき　　　_____


**2** 문맥에 맞는 단어를 보기에서 골라 알맞은 형태로 바꾸어 써 넣으세요.

(6) コーチは選手に目で(　　　　)を送った。

(7) 今の世界(　　　　)を抜くのはかなり難しいだろう。

(8) 彼は前を走っている選手に(　　　　)。

(9) 子どものころから外国人に(　　　　)機会が多い方だった。

(10) 国際会議は来週(　　　　)予定だ。

| 보기 | 接する | 合図 | 記録 | 追いつく | 行う |

✖ 단어를 보고 발음과 의미를 적어 보세요.

| 단어 | 발음 | 의미 |
|------|------|------|
| 改正 | かいせい | 개정 |
| 交流 | | |
| 国際 | | |
| 首相 | | |
| 戦争 | | |
| 貿易 | | |
| 世の中 | | |
| 行う | | |
| 合図 | | |
| 試合 | | |
| 優勝 | | |
| 練習 | | |
| 開催 | | |
| 勝つ | | |
| 申し込む | | |
| 手続き | | |
| 応援 | | |
| 活動 | | |
| 記録 | | |
| 弱点 | | |
| 大会 | | |
| 追いつく | | |
| 首都 | | |

📖 선을 따라 접으면 답을 확인할 수 있어요.

✽ 한번 더 복습해 봅시다.

| 읽는 법과 뜻 |
|---|
| ☐ かいせい 개정 |
| ☐ こうりゅう 교류 |
| ☐ こくさい 국제 |
| ☐ しゅしょう 수상, 총리 |
| ☐ せんそう 전쟁 |
| ☐ ぼうえき 무역 |
| ☐ よのなか 세상, 시대 |
| ☐ おこなう 행하다, 실시하다 |
| ☐ あいず 신호, 사인 |
| ☐ しあい 시합 |
| ☐ ゆうしょう 우승 |
| ☐ れんしゅう 연습 |
| ☐ かいさい 개최 |
| ☐ かつ 이기다 |
| ☐ もうしこむ 신청하다 |
| ☐ てつづき 수속, 절차 |
| ☐ おうえん 응원 |
| ☐ かつどう 활동 |
| ☐ きろく 기록 |
| ☐ じゃくてん 약점 |
| ☐ たいかい 대회 |
| ☐ おいつく 따라잡다, 도달하다 |
| ☐ しゅと 수도 |

| 한자 | 발음 | 의미 |
|---|---|---|
| 예 改正 | かいせい | 개정 |
| 交流 | | |
| 国際 | | |
| 首相 | | |
| 戦争 | | |
| 貿易 | | |
| 世の中 | | |
| 行う | | |
| 合図 | | |
| 試合 | | |
| 優勝 | | |
| 練習 | | |
| 開催 | | |
| 勝つ | | |
| 申し込む | | |
| 手続き | | |
| 応援 | | |
| 活動 | | |
| 記録 | | |
| 弱点 | | |
| 大会 | | |
| 追いつく | | |
| 首都 | | |

# フィルタリング機能

　近ごろ、携帯電話のインターネット利用に関する問題が大きくなってきている。中でも多いのが、ちょっと見ただけでは問題のあることがわからないサイトを利用して、子供たちを犯罪に巻き込むケースだ。そのようなサイトから子供たちを守るために、政府ではフィルタリングという機能を利用するように呼びかけている。フィルタリングとは、危ないサイトかどうかを判断して、危険な場合はそのサイトを開けられないようにする機能のことで、これが広がることで犯罪の数は大きく減るのではないかと期待されている。

해석

## 필터링 기능

　최근에 휴대 전화의 인터넷 이용에 관한 문제가 커지고 있다. 그중에서도 많은 것이, 잠시 본 것만으로는 문제가 있다는 것을 알 수 없는 사이트를 이용하여, 아이들을 범죄에 끌어들이는 케이스이다. 그와 같은 사이트로부터 아이들을 지키기 위하여 정부에서는 필터링이라는 기능을 이용하도록 당부하고 있다. 필터링이란 위험한 사이트인지 아닌지를 판단하여, 위험한 경우는 그 사이트를 열 수 없도록 하는 기능으로, 이것이 확산됨으로써 범죄 수는 크게 줄지 않을까 기대되고 있다.

음성듣기

# DAY 21

# 공연 예술과 문화

얼마나
알고 있나요?

**사전 체크**

- [ ] **01** 映画館
- [ ] **02** 演奏
- [ ] **03** 応募
- [ ] **04** 大勢
- [ ] **05** お正月
- [ ] **06** 踊り
- [ ] **07** お盆
- [ ] **08** 会場
- [ ] **09** 楽器
- [ ] **10** 観客
- [ ] **11** 関係者
- [ ] **12** 感想
- [ ] **13** 着物
- [ ] **14** 曲
- [ ] **15** 芸術
- [ ] **16** 才能
- [ ] **17** 作品
- [ ] **18** 司会
- [ ] **19** 芝居
- [ ] **20** 順番
- [ ] **21** 新作
- [ ] **22** 神社
- [ ] **23** 制作
- [ ] **24** 席
- [ ] **25** 畳
- [ ] **26** 展覧会
- [ ] **27** 美術館
- [ ] **28** 表現
- [ ] **29** 舞台
- [ ] **30** 文化
- [ ] **31** 漫画
- [ ] **32** 無名
- [ ] **33** 役者
- [ ] **34** 様式
- [ ] **35** 和室
- [ ] **36** あふれる
- [ ] **37** 感じる
- [ ] **38** 触る
- [ ] **39** 示す
- [ ] **40** 作る
- [ ] **41** 触れる
- [ ] **42** 素晴らしい

**공연 예술과 문화** **DAY 21**

**01 映画館**
えいがかん
명 영화관

日曜日は彼女と映画館でデートをする。
일요일은 여자 친구와 영화관에서 데이트를 한다.

**02 演奏**
えんそう
명 する 연주

彼のピアノ演奏はとても素晴らしい。
그의 피아노 연주는 매우 훌륭하다.
➕ 演技 연기　演劇 연극

**03 応募**
おうぼ
명 する 응모

彼は小説のコンクールに応募した。
그는 소설 콩쿠르에 응모했다.

**04 大勢**
おおぜい
명 많은 사람

大勢の人がこのコンサートを楽しみにしています。
많은 사람들이 이 콘서트를 기대하고 있습니다.

**05 お正月**
しょうがつ
명 정월 (일본의 설날)

日本では昔からお正月に餅を食べる慣習がある。
일본에서는 옛날부터 정월에 떡을 먹는 관습이 있다.

**06 踊り**
おど
명 춤, 무용

祭りでは日本各地のいろんな踊りを見ることができる。
축제에서는 일본 각지의 다양한 춤을 볼 수 있다.

**07 お盆**
ぼん
명 오봉
(추석과 비슷한 일본 명절)

毎年お盆にはふるさとへ帰って両親と墓参りをする。
매년 오봉에는 고향에 돌아가 부모님과 성묘를 한다.

**08**
かいじょう
**会場**
명 회장, 연회장, 행사장

コンサート会場の雰囲気がとても良くて、帰りたくなかった。
콘서트 회장 분위기가 너무 좋아서 돌아가고 싶지 않았다.
＋ 会館 회관

**09**
がっき
**楽器**
명 악기

あのレストランは楽器の演奏を聞きながら食事ができる。
저 레스토랑은 악기 연주를 들으며 식사할 수 있다.

**10**
かんきゃく
**観客**
명 관객

映画が終わると観客は立ち上がって拍手をした。
영화가 끝나자 관객들은 일어서서 박수를 쳤다.

**11**
かんけいしゃ
**関係者**
명 관계자

コンサートに招待されて、関係者席で演奏を聞いた。
콘서트에 초대 받아 관계자 석에서 연주를 들었다.

**12**
かんそう
**感想**
명 감상, 소감

ミュージカルを見た感想をご自由にお書きください。
뮤지컬을 본 감상을 자유롭게 써 주세요.

**13**
き もの
**着物**
명 기모노 (일본 전통 의상)

着物は日本の伝統衣装の一つです。
기모노는 일본의 전통 의상 중 하나입니다.

**14**
きょく
**曲**
명 곡

今、あの歌手の新しい曲が人気らしい。
지금 저 가수의 신곡이 인기인 듯하다.
＋ 曲名 곡명, 곡 제목

**15**
げいじゅつ
**芸術**
명 예술

私は芸術についてはよく分からないが、作品を見る
のは好きだ。
나는 예술에 대해서는 잘 모르지만, 작품을 보는 것은 좋아한다.

---

**16**
さいのう
**才能**
명 재능

私は彼の才能に以前から気づいていた。
나는 그의 재능을 이전부터 눈치채고 있었다.

---

**17**
さくひん
**作品**
명 작품

これは私の母が作った作品です。
이것은 나의 어머니가 만든 작품입니다.

---

**18**
しかい
**司会**
명 사회

友達に結婚式の司会を任せることにした。
친구에게 결혼식 사회를 맡기기로 했다.

---

**19**
しばい
**芝居**
명 する 연극, 연기

この劇団の芝居はいつも面白いので大好きです。
이 극단의 연극은 늘 재미있어서 매우 좋아합니다.

---

**20**
じゅんばん
**順番**
명 순번, 순서

列に並んで順番を守るのはエチケットではない
でしょうか。
줄을 서서 순서를 지키는 것은 에티켓이 아닐까요?

---

**21**
しんさく
**新作**
명 신작

有名な映画監督が新作を発表した。
유명한 영화 감독이 신작을 발표했다.

**22**
じんじゃ
## 神社
명 신사

に ほんじん　　しょうがつ　　　　　じんじゃ　い　ひと　おお
日本人は正月になると神社に行く人が多い。
일본인은 정월이 되면 신사에 가는 사람이 많다.

---

**23**
せいさく
## 制作
명 する 제작(예술, 작품)

かのじょ　せいさく　　　えい が　　おもしろ　　ひょうばん
彼女が制作した映画は面白いと評判だ。
그녀가 제작한 영화는 재미있다며 평이 자자하다.

　せいさく
＋ 製作 제작(물품, 제품)

---

**24**
せき
## 席
명 자리, 좌석

いちばんまえ　せき　み
コンサートを一番前の席で見られてうれしかった。
콘서트를 가장 앞자리에서 볼 수 있어서 기뻤다.

---

**25**
たたみ
## 畳
명 다다미 (일본 전통 바닥재)

たたみ　　いえ　へ
マンションなどでは畳がある家が減ってきている。
맨션 같은 곳에서는 다다미가 있는 집이 줄어들고 있다.

---

**26**
てんらんかい
## 展覧会
명 전람회

はくぶつかん　いま　こ だい　　　　　　　　てんらんかい
あの博物館では今「古代ローマ」の展覧会をして
いる。
저 박물관에서는 지금 '고대 로마'의 전람회를 하고 있다.

---

**27**
び じゅつかん
## 美術館
명 미술관

こんしゅうまつ　び じゅつかん　い　　え　み
今週末に美術館に行って絵を見るつもりだ。
이번 주말에 미술관에 가서 그림을 볼 생각이다.

---

**28**
ひょうげん
## 表現
명 する 표현

かのじょ　じ ぶん　こころ　おんがく　ひょうげん
彼女は自分の心を音楽で表現している。
그녀는 자신의 마음을 음악으로 표현하고 있다.

---

**29**
ぶ たい
**舞台**
명 무대, 무대극, 공연

きのう　かれ　はつ ぶ たい
昨日は彼の初舞台だった。
어제는 그의 첫 무대였다.

---

**30**
ぶん か
**文化**
명 문화

がいこく　せいかつ　　　　　　　　　くに　ぶん か　まな
外国で生活するためには、その国の文化を学ぶ
べきだ。
외국에서 생활하기 위해서는 그 나라의 문화를 배워야만 한다.

---

**31**
まん が
**漫画**
명 만화

に ほん　　　　　　　　まん が　がいこく　　　　にん き
日本のアニメや漫画は外国でも人気がある。
일본의 애니메이션이나 만화는 외국에서도 인기가 있다.

---

**32**
む めい
**無名**
명 무명, 세상에 이름이 알려
지지 않음, 이름이 없음

こんかい　ぶんがくしょう　む めい　さっ か　じゅしょう　　　　ぶんがくかい
今回の文学賞は無名の作家が受賞して、文学界を
おどろ
驚かせた。
이번 문학상은 무명 작가가 수상해서 문학계를 놀라게 했다.

---

**33**
やくしゃ
**役者**
명 배우

こ　　　　とき　ゆめ　やくしゃ
子どもの時の夢は役者になることでした。
어렸을 때의 꿈은 배우가 되는 것이었습니다.
はいゆう
유 俳優 배우

---

**34**
ようしき
**様式**
명 양식

たてもの　　　　でんとうてき　　　　　　ようしき　た
この建物は、伝統的なローマ様式で建てられた。
이 건물은 전통적인 로마 양식으로 지어졌다.

---

**35**
わ しつ
**和室**
명 일본식 방, 다다미 방

わしつ　　　　　さ どうきょうしつ　かよ
和室でやる茶道教室に通っています。
다다미 방에서 하는 다도 교실에 다니고 있습니다.
ようしつ
반 洋室 서양식 방

---

**36**
**あふれる**
동 넘치다, 넘쳐흐르다

テンポがよくスピード感があふれるアクション映画が好きです。
템포가 좋고 속도감이 넘치는 액션 영화를 좋아합니다.

---

**37**
**感じる**
동 느끼다

その映画を見て何を感じましたか。
그 영화를 보고 무엇을 느꼈습니까?

---

**38**
**触る**
동 닿다, 손을 대다, 만지다, 건드리다

美術館では、作品に触ってはいけません。
미술관에서는 작품을 만지면 안 됩니다.

---

**39**
**示す**
동 가리키다, 보이다

入口で係員にチケットを示した。
입구에서 담당자에게 티켓을 제시했다.

---

**40**
**作る**
동 만들다

ハングルはセジョン大王によって作られた。
한글은 세종대왕에 의해 만들어졌다.

---

**41**
**触れる**
동 닿다, 접촉하다

芸術に触れる時間を持つことで、得られるものがたくさんあります。
예술을 접할 시간을 갖는 것으로 얻을 수 있는 것이 많이 있습니다.

---

**42**
**素晴らしい**
형 훌륭하다, 멋지다

昨日の演奏は今までの中で一番素晴らしかった。
어제의 연주는 지금까지 중에서 가장 훌륭했다.

## 확인 문제

**1** 해당 어휘의 읽는 법을 찾고, 빈칸에 그 의미를 써 넣으세요.

| 보기 | 学生 | ⓥ がくせい | ② がっせい | 학생 |
|---|---|---|---|---|

(1) 才能　　① ざいのう　② さいのう　_____

(2) 応募　　① おうぼ　　② おぼう　　_____

(3) 畳　　　① だだみ　　② たたみ　　_____

(4) 示す　　① しめす　　② ためす　　_____

(5) 楽器　　① がっき　　② らっき　　_____


**2** 문맥에 맞는 단어를 보기 에서 골라 알맞은 형태로 바꾸어 써 넣으세요.

(6) テンポがよくスピード感が(　　　　)アクション映画が好きです。

(7) この劇団の(　　　　)はいつも面白いので大好きです。

(8) 彼のピアノ(　　　　)はとても素晴らしい。

(9) 美術館では、作品に(　　　　)いけません。

(10) 彼女が(　　　　)した映画は面白いと評判だ。

| 보기 | 芝居　　制作　　あふれる　　触る　　演奏 |
|---|---|

---

정답

(1) ② 재능　(2) ① 응모　(3) ② 다다미　(4) ① 가리키다, 보이다　(5) ① 악기
(6) あふれる　(7) 芝居(しばい)　(8) 演奏(えんそう)　(9) 触(さわ)っては　(10) 制作(せいさく)

222　N3 DAY 21

## 단어 퀴즈

✤ 단어를 보고 발음과 의미를 적어 보세요.

| 단어 | 발음 | 의미 |
|---|---|---|
| 改正 | かいせい | 개정 |
| 応募 | | |
| お正月 | | |
| 会場 | | |
| 芸術 | | |
| 展覧会 | | |
| 和室 | | |
| 観客 | | |
| 触る | | |
| 示す | | |
| 素晴らしい | | |
| 順番 | | |
| 表現 | | |
| 漫画 | | |
| 演奏 | | |
| 大勢 | | |
| 踊り | | |
| 才能 | | |
| 制作 | | |
| 畳 | | |
| 役者 | | |
| 触れる | | |
| 楽器 | | |

선을 따라 접으면 답을 확인할 수 있어요.

| 읽는 법과 뜻 |
| --- |
| ☐ かいせい 개정 |
| ☐ おうぼ 응모 |
| ☐ おしょうがつ 정월 |
| ☐ かいじょう 회장, 행사장 |
| ☐ げいじゅつ 예술 |
| ☐ てんらんかい 전람회 |
| ☐ わしつ 일본식 방, 다다미 방 |
| ☐ かんきゃく 관객 |
| ☐ さわる 손을 대다, 만지다 |
| ☐ しめす 가리키다, 보이다 |
| ☐ すばらしい 훌륭하다, 멋지다 |
| ☐ じゅんばん 순번, 순서 |
| ☐ ひょうげん 표현 |
| ☐ まんが 만화 |
| ☐ えんそう 연주 |
| ☐ おおぜい 많은 사람 |
| ☐ おどり 춤 |
| ☐ さいのう 재능 |
| ☐ せいさく 제작 |
| ☐ たたみ 다다미 |
| ☐ やくしゃ 배우 |
| ☐ ふれる 닿다, 접촉하다 |
| ☐ がっき 악기 |

✤ 한번 더 복습해 봅시다.

| 한자 | 발음 | 의미 |
| --- | --- | --- |
| 예 改正 | かいせい | 개정 |
| 応募 | | |
| お正月 | | |
| 会場 | | |
| 芸術 | | |
| 展覧会 | | |
| 和室 | | |
| 観客 | | |
| 触る | | |
| 示す | | |
| 素晴らしい | | |
| 順番 | | |
| 表現 | | |
| 漫画 | | |
| 演奏 | | |
| 大勢 | | |
| 踊り | | |
| 才能 | | |
| 制作 | | |
| 畳 | | |
| 役者 | | |
| 触れる | | |
| 楽器 | | |

# DAY 22

# 여행과 취미

음성듣기

얼마나
알고 있나요?

**사전** 체크

| | | | |
|---|---|---|---|
| ☐ **01** 案内 | ☐ **02** 往復 | ☐ **03** 温泉 | ☐ **04** 観光 |
| ☐ **05** 機会 | ☐ **06** 記入 | ☐ **07** 空港 | ☐ **08** 経験 |
| ☐ **09** 見物 | ☐ **10** 国内 | ☐ **11** 宿泊 | ☐ **12** 出国 |
| ☐ **13** 世界 | ☐ **14** 楽しみ | ☐ **15** 知識 | ☐ **16** 超過 |
| ☐ **17** 地理 | ☐ **18** 問い合わせ | ☐ **19** 都会 | ☐ **20** 特色 |
| ☐ **21** 登山 | ☐ **22** 荷物 | ☐ **23** 人気 | ☐ **24** 場所 |
| ☐ **25** 必要 | ☐ **26** 祭り | ☐ **27** 土産 | ☐ **28** 行き先 |
| ☐ **29** 予約 | ☐ **30** 両替 | ☐ **31** 旅行 | ☐ **32** 諦める |
| ☐ **33** 預ける | ☐ **34** 当たる | ☐ **35** 編む | ☐ **36** 泳ぐ |
| ☐ **37** 折る | ☐ **38** こしかける | ☐ **39** 釣る | ☐ **40** 泊まる |
| ☐ **41** 眺める | ☐ **42** 狙う | ☐ **43** まとめる | ☐ **44** 渡す |
| ☐ **45** 得意 | ☐ **46** 夢中 | ☐ **47** あわただしい | ☐ **48** うまい |
| ☐ **49** 軽い | | | |

**01**
あんない
**案内**
명 する 안내

次の休みに友達が来るので、私が案内しようと
思っている。
다음 휴가 때 친구가 오기 때문에 내가 안내하려고 한다.

**02**
おうふく
**往復**
명 する 왕복

東京から大阪まで往復で3万円くらいかかる。
도쿄에서부터 오사카까지 왕복으로 3만 엔 정도 든다.

반 片道 편도

**03**
おんせん
**温泉**
명 온천

この近くには有名な温泉があります。
이 근처에는 유명한 온천이 있습니다.

**04**
かんこう
**観光**
명 する 관광

今回の旅行は、仕事ではなくて観光が目的だ。
이번 여행은 일이 아니라 관광이 목적이다.

**05**
き かい
**機会**
명 기회

機会があったら日本に行ってみたいです。
기회가 있으면 일본에 가 보고 싶습니다.

유 チャンス 찬스, 기회

**06**
き にゅう
**記入**
명 する 기입

こちらに名前と住所をご記入ください。
여기에 이름과 주소를 기입해 주세요.

**07**
くうこう
**空港**
명 공항

彼を見ようと空港に多くのファンが集まった。
그를 보려고 공항에 많은 팬이 모였다.

**08**
けいけん
**経験**
명 する 경험

アメリカでの留学経験が今の仕事で役に立っている。
미국에서의 유학 경험이 지금 업무에 도움이 되고 있다.

**09**
けんぶつ
**見物**
명 する 구경

面白そうな店だから少し見物して行かない？
재있어 보이는 가게니까, 조금 구경하고 가지 않을래?

**10**
こくない
**国内**
명 국내

最近は、一泊でも行ける国内旅行が人気だ。
최근에는 1박(2일)으로도 갈 수 있는 국내 여행이 인기이다.

반 国外 국외　海外 해외

**11**
しゅくはく
**宿泊**
명 する 숙박

彼は家を借りずに、ホテルに宿泊している。
그는 집을 빌리지 않고 호텔에 숙박하고 있다.

**12**
しゅっこく
**出国**
명 する 출국

出国する際は、空港でパスポートをチェックされる。
출국할 때는 공항에서 여권을 체크 받는다.

반 入国 입국

**13**
せかい
**世界**
명 세계

彼女は今、世界中を旅行している。
그녀는 지금 전 세계를 여행하고 있다.

**14**
たの
**楽しみ**
명 즐거움, 낙, 기대

家に帰ってビールを飲むのが毎日の楽しみだ。
집에 돌아가서 맥주를 마시는 것이 매일의 낙이다.

来週、お会いできるのを楽しみにしています。
다음 주에 만나게 될 것을 기대하고 있겠습니다.

**15**
ち しき
**知識**
명 지식

彼は、コーヒーについての知識が豊富だ。
그는 커피에 대한 지식이 풍부하다.

**16**
ちょう か
**超過**
명 する 초과

20キロ以上の荷物は、超過料金がかかる。
20kg 이상인 짐은 초과 요금이 든다.

**17**
ち り
**地理**
명 지리

田中さんは以前ここに住んでいたので、この辺りの地理に詳しい。
다나카 씨는 예전 여기에 살았기 때문에 이 주변 지리에 밝다.

**18**
と あ
**問い合わせ**
명 문의

旅行の日程について旅行会社に問い合わせをした。
여행 일정에 대해 여행사에 문의를 했다.

**19**
と かい
**都会**
명 도시, 도회지

飛行機の窓から都会の美しい夜景が見えた。
비행기 창문으로 도시의 아름다운 야경이 보였다.

**20**
とくしょく
**特色**
명 특색

お正月の料理は、地域によって特色がある。
정월 음식은 지역에 따라 특색이 있다.

**21**
と ざん
**登山**
명 する 등산

天気が良かったら、登山に行きたいです。
날씨가 좋으면 등산을 가고 싶어요.
유 山登り 등산

**22**
に もつ
**荷物**
명 짐

ひこうき の まえ　　　　　　　　　　　　　　　　　　　　に もつ
飛行機に乗る前に、チェックインカウンターで荷物
あず
を預けた。
비행기를 타기 전에 체크인 카운터에서 짐을 맡겼다.

**23**
にん き
**人気**
명 인기

わか ひと あいだ けいたい　　　　　にん き たか
若い人の間で携帯ゲームの人気が高い。
젊은 사람들 사이에서 휴대 전화 게임의 인기가 높다.

**24**
ば しょ
**場所**
명 장소

かんこうきゃく にん き ば しょ ひと
ここは観光客に人気がある場所だから、いつも人が
いっぱいだ。
여기는 관광객에게 인기가 있는 장소라서 항상 사람이 한가득이다.

**25**
ひつよう
**必要**
명 ナ 필요

しんせい ひつよう なん
ビザの申請に必要なものは何ですか。
비자 신청에 필요한 것은 무엇입니까?

**26**
まつ
**祭り**
명 축제

おお がいこくじん まつ み に ほん おとず
多くの外国人が祭りを見に日本を訪れるように
なった。
많은 외국인이 축제를 보러 일본을 방문하게 되었다.

**27**
みやげ
**(お)土産**
명 여행지에서 산 선물,
토산품, 기념품

に ほん りょこう とき みやげ か ぶんか
日本では旅行の時、お土産を買う文化がある。
일본에서는 여행할 때, 선물(기념품)을 사는 문화가 있다.

**28**
ゆ さき い さき
**行き先・行き先**
명 행선지

うんてんしゅ ゆ さき つた
タクシーの運転手に行き先を伝えた。
택시 운전사에게 행선지를 전했다.
とりひきさき　　　　　　　たびさき　　　　　　あてさき
+ 取引先 거래처　旅先 여행지　宛先 (우편물 등의) 수신처, 수신인

**29**
よやく
**予約**
명 する 예약

週末は混むのでレストランは予約した方がいい。
주말에는 붐비니까 레스토랑은 예약하는 편이 좋다.

**30**
りょうがえ
**両替**
명 する 환전

銀行でウォンを円に両替した。
은행에서 원을 엔으로 환전했다.

**31**
りょこう
**旅行**
명 する 여행

久しぶりの家族旅行だから気分がいい。
오랜만의 가족 여행이라서 기분이 좋다.

**32**
あきら
**諦める**
동 포기하다

休みが三日しかないので、ヨーロッパ旅行は諦めた。
휴가가 3일밖에 없기 때문에 유럽 여행은 포기했다.

**33**
あず
**預ける**
동 맡기다

荷物が多いので、コインロッカーに預けた。
짐이 많아서 코인 로커에 맡겼다.

あず
자 預かる 맡다, 보관하다

お荷物はこちらでお預かりいたします。
짐은 이쪽에서 맡겠습니다(맡아 드리겠습니다).

**34**
あ
**当たる**
동 맞다, 적중하다

毎回宝くじを買うが、当たったことがない。
매번 복권을 사지만 당첨된 적이 없다.

あ
타 当てる 맞히다, 명중시키다

## 35
あ
**編む**
동 엮다, 뜨다, 짜다, 편찬하다

彼の誕生日までに、マフラーを編むことにした。
그의 생일까지 목도리를 짜기로 했다.

➕ 編み物 뜨개질, 뜨개질한 것

## 36
およ
**泳ぐ**
동 헤엄치다

危ないから川で泳いではいけません。
위험하니까 강에서 헤엄쳐서는 안 됩니다.

## 37
お
**折る**
동 접다, 꺾다, 굽히다

子どものころはよく折り紙を折って遊んだものだ。
어릴 때는 자주 종이접기를 접으며 놀곤 했다.

階段で転んで骨を折ってしまった。
계단에서 굴러서 뼈가 부러지고 말았다.

🔄 折れる 접히다, 부러지다

➕ 左折 좌회전   右折 우회전

## 38
**こしかける**
동 걸터앉다

ベンチにこしかけて通り過ぎる人たちを眺めていた。
벤치에 걸터앉아서 지나가는 사람들을 바라보고 있었다.

## 39
つ
**釣る**
동 낚다

大きい魚を釣ることはとても難しい。
큰 물고기를 낚는 것은 매우 어렵다.

➕ 釣り 낚시

## 40
と
**泊まる**
동 묵다, 숙박하다

今回の温泉旅行は旅館で泊まることにした。
이번 온천 여행은 료칸에서 묵기로 했다.

🔄 泊める 묵게 하다, 재우다

ホテルは高いから友達の家に泊めてもらった。
호텔은 비싸기 때문에 친구가 집에 묵게 해 주었다.

## 41
なが
**眺める**

동 바라보다

登山の楽しみは、きれいな景色を眺めることだ。
등산의 즐거움은 아름다운 경치를 바라보는 것이다.

## 42
ねら
**狙う**

동 노리다, 겨냥하다

観光客を狙うすりに気をつけてください。
관광객을 노리는 소매치기에 주의해 주세요.

## 43
**まとめる**

동 정리하다,
　한 곳으로 모으다

みなさん、荷物は一か所にまとめてください。
여러분, 짐은 한 곳으로 모아 주세요.

자 まとまる 정리되다

話し合いの結果、みんなの意見が一つにまとまった。
상담 결과, 모두의 의견이 하나로 정리되었다.

## 44
わた
**渡す**

동 건네다, 전달하다,
　양도하다

チケットは公演の前にスタッフに渡してください。
티켓은 공연 전에 스태프에게 건네 주십시오.

자 渡る 건너다

横断歩道を渡る時は信号をちゃんと確認しましょう。
횡단보도를 건널 때는 신호를 제대로 확인합시다.

## 45
とく い
**得意**

ナ 명 잘함, 특기

スポーツなら何でも得意です。
스포츠라면 뭐든지 자신 있습니다.

반 苦手 서투름

## 46
む ちゅう
**夢中**

ナ 명 열중

彼は最近オンラインゲームに夢中になっている。
그는 최근 온라인 게임에 푹 빠져 있다.

**47**

# あわただしい

✈ 어수선하다, 분주하다

12月になって町はあわただしい雰囲気に包まれていた。

12월이 되어 거리는 분주한 분위기로 둘러싸여 있었다.

---

**48**

# うまい

✈ 잘하다, 맛있다

彼女はダンスがうまくて、アマチュアの大会に出たこともある。

그녀는 춤을 잘 춰서, 아마추어 대회에 나간 적도 있다.

この果物は、なかなかうまい。

이 과일은 꽤 맛있다.

---

**49**

# 軽い

✈ 가볍다

2週間の長期旅行だから、荷物は軽ければ軽いほどいい。

2주간의 장기 여행이니까, 짐은 가벼우면 가벼울수록 좋다.

## 확인 문제

**1**   해당 어휘의 읽는 법을 찾고, 빈칸에 그 의미를 써 넣으세요.

| 보기 | 学生 | ⓥ がくせい | ② がっせい | 학생 |
|---|---|---|---|---|

(1)   空港      ① こうくう    ② くうこう    _____

(2)   案内      ① あんない    ② あんがい    _____

(3)   得意      ① とくい      ② とくぎ      _____

(4)   登山      ① とうさん    ② とざん      _____

(5)   軽い      ① かるい      ② うすい      _____


**2**   문맥에 맞는 단어를 보기에서 골라 알맞은 형태로 바꾸어 써 넣으세요.

(6)   東京<sub>とうきょう</sub>から大阪<sub>おおさか</sub>まで(          )で３万円<sub>まんえん</sub>くらいかかる。

(7)   タクシーの運転手<sub>うんてんしゅ</sub>に(          )を伝<sub>つた</sub>えた。

(8)   毎回宝<sub>まいかいたから</sub>くじを買<sub>か</sub>うが、(          )ことがない。

(9)   彼<sub>かれ</sub>は最近<sub>さいきん</sub>オンラインゲームに(          )になっている。

(10)   彼<sub>かれ</sub>の誕生日<sub>たんじょうび</sub>までに、マフラーを(          )ことにした。

| 보기 | 行<sub>ゆ</sub>き先<sub>さき</sub>   当<sub>あ</sub>たる   往復<sub>おうふく</sub>   編<sub>あ</sub>む   夢中<sub>むちゅう</sub> |
|---|---|

---

정답

(1) ② 공항   (2) ① 안내   (3) ① 잘함, 특기임   (4) ② 등산   (5) ① 가볍다

(6) 往復(おうふく)   (7) 行(ゆ)き先(さき)   (8) 当(あ)たった   (9) 夢中(むちゅう)   (10) 編(あ)む

## **단어** 퀴즈

✤ 단어를 보고 발음과 의미를 적어 보세요.

선을 따라 접으면 답을 확인할 수 있어요.

| 단어 | 발음 | 의미 |
|---|---|---|
| 改正 | かいせい | 개정 |
| 案内 | | |
| 温泉 | | |
| 観光 | | |
| 経験 | | |
| 問い合わせ | | |
| 都会 | | |
| 荷物 | | |
| 行き先 | | |
| 両替 | | |
| 諦める | | |
| 預ける | | |
| 折る | | |
| 渡す | | |
| 往復 | | |
| 機会 | | |
| 空港 | | |
| 知識 | | |
| 泊まる | | |
| 夢中 | | |
| 登山 | | |
| 眺める | | |
| 編む | | |

✖ 한번 더 복습해 봅시다.

| 읽는 법과 뜻 | | 한자 | 발음 | 의미 |
|---|---|---|---|---|
| ☐ | かいせい<br>개정 | 예 改正 | かいせい | 개정 |
| ☐ | あんない<br>안내 | 案内 | | |
| ☐ | おんせん<br>온천 | 温泉 | | |
| ☐ | かんこう<br>관광 | 観光 | | |
| ☐ | けいけん<br>경험 | 経験 | | |
| ☐ | といあわせ<br>문의 | 問い合わせ | | |
| ☐ | とかい<br>도시, 도회지 | 都会 | | |
| ☐ | にもつ<br>짐 | 荷物 | | |
| ☐ | ゆ(い)きさき<br>행선지 | 行き先 | | |
| ☐ | りょうがえ<br>환전 | 両替 | | |
| ☐ | あきらめる<br>포기하다 | 諦める | | |
| ☐ | あずける<br>맡기다 | 預ける | | |
| ☐ | おる<br>접다, 꺾다, 굽히다 | 折る | | |
| ☐ | わたす<br>건네다 | 渡す | | |
| ☐ | おうふく<br>왕복 | 往復 | | |
| ☐ | きかい<br>기회 | 機会 | | |
| ☐ | くうこう<br>공항 | 空港 | | |
| ☐ | ちしき<br>지식 | 知識 | | |
| ☐ | とまる<br>묵다, 숙박하다 | 泊まる | | |
| ☐ | むちゅう<br>열중 | 夢中 | | |
| ☐ | とざん<br>등산 | 登山 | | |
| ☐ | ながめる<br>바라보다 | 眺める | | |
| ☐ | あむ<br>엮다, 뜨다, 짜다 | 編む | | |

음성듣기

DAY 23

# 교통과 안전

얼마나
알고 있나요?

**사전 체크**

☐ 01 安全 ☐ 02 運転 ☐ 03 横断 ☐ 04 改札

☐ 05 各駅 ☐ 06 危険 ☐ 07 急行 ☐ 08 経由

☐ 09 工事 ☐ 10 交通 ☐ 11 混雑 ☐ 12 仕方

☐ 13 自動車 ☐ 14 渋滞 ☐ 15 情報 ☐ 16 速度

☐ 17 注意 ☐ 18 駐車 ☐ 19 通過 ☐ 20 出口

☐ 21 電源 ☐ 22 道路 ☐ 23 複雑 ☐ 24 部品

☐ 25 便利 ☐ 26 降りる ☐ 27 消す ☐ 28 転ぶ

☐ 29 壊れる ☐ 30 滑る ☐ 31 違う ☐ 32 通り過ぎる

☐ 33 止める ☐ 34 直す ☐ 35 乗せる ☐ 36 乗り換える

☐ 37 乗り越す ☐ 38 引き返す ☐ 39 ぶつかる ☐ 40 迷う

☐ 41 分かれる ☐ 42 速い

**01**
あんぜん
**安全**
명 ナ 안전

安全のためにシートベルトを締めてください。
안전을 위해서 안전벨트를 매 주세요.

---

**02**
うんてん
**運転**
명 する 운전

先週から自動車運転の練習を始めました。
지난주부터 자동차 운전 연습을 시작했습니다.

---

**03**
おうだん
**横断**
명 する 횡단

道路を横断する時は、左右をよく見なければならない。
도로를 횡단할 때는 좌우를 잘 살펴야 한다.
＋ 横断歩道 횡단보도

---

**04**
かいさつ
**改札**
명 する 개찰, 개찰구

改札を通ると家族が私を待っていた。
개찰구를 지나자 가족이 나를 기다리고 있었다.
＋ 改札口 개찰구

---

**05**
かくえき
**各駅**
명 각 역, 매 역

その駅に行くには次の各駅停車に乗ってください。
그 역에 가려면 다음의 각 역 정차(하는 차)를 타 주십시오.

---

**06**
き けん
**危険**
명 ナ 위험

1人で夜遅く出かけるのは危険です。
혼자서 밤늦게 외출하는 것은 위험합니다.

---

**07**
きゅうこう
**急行**
명 する 급행

急行列車はこの駅には止まりません。
급행 열차는 이 역에는 서지 않습니다.

**08**
けい ゆ
**経由**
명 する 경유

その飛行機は、東京からソウルを経由してロンドン
に行きます。
그 비행기는 도쿄에서부터 서울을 경유해서 런던으로 갑니다.

**09**
こう じ
**工事**
명 する 공사

工事をしているので、この道は通れません。
공사를 하고 있기 때문에 이 길은 지나갈 수 없습니다.

**10**
こうつう
**交通**
명 교통

ここは地下鉄やJRの駅があって交通の便がいい。
여기는 지하철이나 JR역이 있어서 교통편이 좋다.

**11**
こんざつ
**混雑**
명 する 혼잡

ゴールデンウィークはどこに行っても人で混雑する。
골든 위크는 어디에 가더라도 사람들로 혼잡하다.

**12**
し かた
**仕方**
명 방법, 수단

大型車の運転の仕方を会社で習った。
대형차 운전법을 회사에서 배웠다.

**13**
じ どうしゃ
**自動車**
명 자동차

日本には世界的に有名な自動車会社がたくさんある。
일본에는 세계적으로 유명한 자동차 회사가 많이 있다.
＋ 自転車 자전거

**14**
じゅうたい
**渋滞**
명 する 정체, 차가 막힘

この道は、いつ通っても渋滞している。
이 길은 언제 지나가도 차가 막힌다.

**15**
じょうほう
**情報**
명 정보

車で出かける時は、先に交通情報を調べた方がいい。
차로 외출할 때는 먼저 교통 정보를 알아보는 편이 좋다.

---

**16**
そくど
**速度**
명 속도

この車の最高速度は時速200キロメートルだ。
이 차의 최고 속도는 시속 200km이다.

🔗 スピード 스피드, 속도

---

**17**
ちゅうい
**注意**
명 する 주의

この道は事故がよく起こるので、注意して運転しなさい。
이 길은 사고가 자주 일어나니까 주의해서 운전하세요.

---

**18**
ちゅうしゃ
**駐車**
명 する 주차

あのビルは駐車できる場所が少ないから不便だ。
저 빌딩은 주차할 수 있는 장소가 적어서 불편하다.

---

**19**
つうか
**通過**
명 する 통과

特急列車は小さい駅には止まらず通過する。
특급 열차는 작은 역은 서지 않고 통과한다.

---

**20**
でぐち
**出口**
명 출구

地上に出る出口はこちらです。
지상으로 나가는 출구는 이쪽입니다.

🔁 入口 입구

---

**21**
でんげん
**電源**
명 전원

飛行機の中では携帯の電源は切るか機内モードにしてください。
비행기 안에서는 휴대 전화 전원은 끄거나 기내 모드로 해 주십시오.

**22**
どうろ
## 道路
명 도로

このアプリでは最新の道路交通情報を見ることが
できる。
이 어플로는 최신 도로 교통 정보를 볼 수 있다.

---

**23**
ふくざつ
## 複雑
ナ 명 복잡

東京の地下鉄は複雑で、乗るのが難しい。
도쿄의 지하철은 복잡해서 타는 것이 어렵다.

---

**24**
ぶ ひん
## 部品
명 부품

自動車の部品が壊れてしまった。
자동차 부품이 망가져 버렸다.

---

**25**
べん り
## 便利
명 ナ 편리

引っ越しするなら交通が便利なところがいい。
이사 한다면 교통이 편리한 곳이 좋다.

반 不便 불편

---

**26**
お
## 降りる
통 내리다

降りる駅を間違えて遅刻してしまった。
내릴 역을 착각해서 지각하고 말았다.

---

**27**
け
## 消す
통 끄다

きちんと火を消したか必ず確認してください。
제대로 불을 껐는지 반드시 확인해 주세요.

자 消える 꺼지다

---

**28**
ころ
## 転ぶ
통 구르다, 넘어지다

彼女は、雪道で滑って転んだ。
그녀는 눈길에서 미끄러져서 넘어졌다.

---

**29**

こわ
**壊れる**

통 깨지다, 부서지다,
파손되다, 고장 나다

この荷物は壊れやすいので、取り扱いに注意して
ください。

이 짐은 깨지기 쉬우므로 취급에 주의해 주세요.

타 壊す 부수다, 고장 내다

---

**30**

すべ
**滑る**

통 미끄러지다

雪のため、道路が滑りやすいので気をつけてくだ
さい。

눈 때문에 도로가 미끄러지기 쉬우므로 조심하세요.

---

**31**

ちが
**違う**

통 다르다, 틀리다

私は毎日違う道を通って帰る。

나는 매일 다른 길을 지나서 귀가한다.

---

**32**

とお　す
**通り過ぎる**

통 지나가다, 지나치다

電車で寝てしまい、降りる駅を通り過ぎることが
よくある。

전철에서 자 버려서 내릴 역을 지나치는 일이 자주 있다.

＋ 通る 통과하다

---

**33**

と
**止める**

통 세우다, 정지하다

上司の家の前で車を止めて約束の時間まで待った。

상사 집 앞에 차를 세우고 약속 시간까지 기다렸다.

자 止まる 멈추다

---

**34**

なお
**直す**

통 고치다

車を直したのに、すぐにまた故障してしまった。

차를 고쳤는데도 금방 다시 고장 나 버렸다.

자 直る 고쳐지다, 낫다

---

**35**

の
**乗せる**

통 태우다

子どもを自転車に乗せて学校まで行った。

아이를 자전거에 태워서 학교까지 갔다.

반 下ろす 내리다, 내려놓다

---

**36**
の　か
**乗り換える**
동 갈아타다

はじ　　しんじゅくえき　でんしゃ　の　か　とき　えき　おお
初めて新宿駅で電車を乗り換えた時、駅が大きくて
びっくりした。
처음 신주쿠역에서 전철을 환승할 때, 역이 커서 깜짝 놀랐다.

**37**
の　こ
**乗り越す**
동 (버스·전철 등에서
목적지를) 지나치다

けいたい　　　　　　　　　　　　ひとえき　の　こ
携帯でゲームをしていて、一駅乗り越してしまった。
휴대 전화로 게임을 하고 있다가 한 정거장을 지나쳐 버렸다.

**38**
ひ　かえ
**引き返す**
동 되돌아가(오)다

たいふう　　　　　とちゅう　ひ　かえ
台風のため、途中で引き返してきた。
태풍 때문에 도중에 다시 되돌아왔다.

**39**
**ぶつかる**
동 부딪히다, 충돌하다

こうそくどうろ　くるま　だい　　　　　　じこ　お
高速道路で車13台がぶつかる事故が起きた。
고속도로에서 자동차 13대가 충돌하는 사고가 일어났다.

**40**
まよ
**迷う**
동 헤매다, 갈피를 못 잡다

と　ざん　　　　　　　とちゅう　みち　まよ
登山をしている途中で道に迷ってしまった。
등산을 하는 도중 길을 헤매고 말았다.

**41**
わ
**分かれる**
동 갈라지다, 나뉘다

みち　ふた　わ
ここからは道が二つに分かれている。
여기서부터는 길이 두 개로 나뉘어져 있다.

**42**
はや
**速い**
イ (속도가) 빠르다

に ほん　いちばんはや　でんしゃ　とうほくしんかんせん
日本で一番速い電車は東北新幹線です。
일본에서 가장 빠른 전철은 도호쿠 신칸센입니다.
＋ はや　　　　　　　はや
速さ 속도　早い (시간이) 이르다, 빠르다

**1** 해당 어휘의 읽는 법을 찾고, 빈칸에 그 의미를 써 넣으세요.

| 보기 学生 | ✔ がくせい | ② がっせい | 학생 |
| --- | --- | --- | --- |

(1) 渋滞　　　① じゅうたい　② じゅたい　＿＿＿＿＿＿＿

(2) 横断　　　① こうだん　　② おうだん　＿＿＿＿＿＿＿

(3) 経由　　　① けいゆ　　　② けいゆう　＿＿＿＿＿＿＿

(4) 降りる　　① うりる　　　② おりる　　＿＿＿＿＿＿＿

(5) 迷う　　　① まよう　　　② うばう　　＿＿＿＿＿＿＿

**2** 문맥에 맞는 단어를 보기 에서 골라 알맞은 형태로 바꾸어 써 넣으세요.

(6) 雪のため、道路が(　　　　　)やすいので気をつけてください。

(7) 上司の家の前で車を(　　　　　)約束の時間まで待った。

(8) きちんと火を(　　　　)か必ず確認してください。

(9) 彼女は、雪道で滑って(　　　　　)。

(10) (　　　　　)を通ると家族が私を待っていた。

| 보기 | 改札 | 消す | 転ぶ | 滑る | 止める |
| --- | --- | --- | --- | --- | --- |

# 단어 퀴즈

✖ 단어를 보고 발음과 의미를 적어 보세요.

| 단어 | 발음 | 의미 |
|------|------|------|
| 改正 | かいせい | 개정 |
| 運転 | | |
| 横断 | | |
| 危険 | | |
| 急行 | | |
| 交通 | | |
| 渋滞 | | |
| 消す | | |
| 転ぶ | | |
| 壊れる | | |
| 直す | | |
| 乗り換える | | |
| 迷う | | |
| 速い | | |
| 複雑 | | |
| 情報 | | |
| 駐車 | | |
| 電源 | | |
| 改札 | | |
| 経由 | | |
| 混雑 | | |
| 乗り越す | | |
| 降りる | | |

📖 선을 따라 정답을 답을 확인할 수 있어요.

## ✿ 한번 더 복습해 봅시다.

| 한자 | 발음 | 의미 |
|---|---|---|
| 예 改正 | かいせい | 개정 |
| 運転 | | |
| 横断 | | |
| 危険 | | |
| 急行 | | |
| 交通 | | |
| 渋滞 | | |
| 消す | | |
| 転ぶ | | |
| 壊れる | | |
| 直す | | |
| 乗り換える | | |
| 迷う | | |
| 速い | | |
| 複雑 | | |
| 情報 | | |
| 駐車 | | |
| 電源 | | |
| 改札 | | |
| 経由 | | |
| 混雑 | | |
| 乗り越す | | |
| 降りる | | |

| 읽는 법과 뜻 |
|---|
| □ かいせい 개정 |
| □ うんてん 운전 |
| □ おうだん 횡단 |
| □ きけん 위험 |
| □ きゅうこう 급행 |
| □ こうつう 교통 |
| □ じゅうたい 정체 |
| □ けす 끄다 |
| □ ころぶ 구르다, 넘어지다 |
| □ こわれる 깨지다, 부서지다 |
| □ なおす 고치다 |
| □ のりかえる 갈아타다 |
| □ まよう 헤매다 |
| □ はやい (속도가) 빠르다 |
| □ ふくざつ 복잡 |
| □ じょうほう 정보 |
| □ ちゅうしゃ 주차 |
| □ でんげん 전원 |
| □ かいさつ 개찰 |
| □ けいゆ 경유 |
| □ こんざつ 혼잡 |
| □ のりこす (목적지를) 지나치다 |
| □ おりる 내리다 |

# DAY 24

# 날씨와 자연환경 (1)

음성듣기

얼마나
알고있나요?

**사전** 체크

| | | | |
|---|---|---|---|
| ☐ **01** 嵐 | ☐ **02** 岩 | ☐ **03** 枝 | ☐ **04** 音 |
| ☐ **05** 香り | ☐ **06** 火山 | ☐ **07** 観察 | ☐ **08** 気温 |
| ☐ **09** 季節 | ☐ **10** 空気 | ☐ **11** 雲 | ☐ **12** 公害 |
| ☐ **13** 坂 | ☐ **14** 資源 | ☐ **15** 自然 | ☐ **16** 湿度 |
| ☐ **17** 島 | ☐ **18** 植物 | ☐ **19** 台風 | ☐ **20** 調節 |
| ☐ **21** 鳥 | ☐ **22** 波 | ☐ **23** 葉 | ☐ **24** 発生 |
| ☐ **25** 光 | ☐ **26** 緑 | ☐ **27** 森 | ☐ **28** 開く |
| ☐ **29** 輝く | ☐ **30** 聞こえる | ☐ **31** 咲く | ☐ **32** 達する |
| ☐ **33** 溶ける | ☐ **34** 晴れる | ☐ **35** 止む | ☐ **36** 浅い |
| ☐ **37** 暑い | ☐ **38** 険しい | ☐ **39** 早い | ☐ **40** 眩しい |
| ☐ **41** 快適 | ☐ **42** 静か | | |

**01**
あらし
嵐
명 폭풍우

しょうねん　あらし　なか　ひとり ふね　の　　うみ　で
少年は嵐の中、一人船に乗って海に出た。
소년은 폭풍우 속에 혼자서 배를 타고 바다로 나갔다.

---

**02**
いわ
岩
명 바위

この川には岩がたくさんあるから気をつけてくだ
さい。
이 강에는 바위가 많이 있으니까 조심하세요.
➕ 石 돌

---

**03**
えだ
枝
명 가지

たいふう　こうえん　き　えだ　お
台風で公園の木の枝が折れてしまった。
태풍으로 공원의 나뭇가지가 부러져 버렸다.

---

**04**
おと
音
명 소리, 음

そと　つよ　あめ　ふ　おと　き
外から強い雨の降る音が聞こえる。
밖에서 거센 비가 내리는 소리가 들린다.
➕ 音がする 소리가 나다　声 목소리

---

**05**
かお
香り
명 향기

バラの花はとてもいい香りがします。
장미꽃은 매우 좋은 향기가 납니다.

---

**06**
か ざん
火山
명 화산

あ そ さん　いま　かつどう　つづ　か ざん
阿蘇山は、今も活動を続けている火山だ。
아소산은 지금도 활동을 계속하고 있는 화산이다.

---

**07**
かんさつ
観察
명 する 관찰

むし　かんさつ　なつやす　しゅくだい
虫の観察をすることが、夏休みの宿題だ。
벌레 관찰을 하는 것이 여름 방학 숙제이다.

**08**
きおん
**気温**
**명** 기온

今朝の気温は、マイナス3度まで下がるでしょう。
오늘 아침의 기온은 영하 3도까지 내려가겠습니다. (일기 예보에서)

---

**09**
きせつ
**季節**
**명** 계절

季節の中で春と秋がだんだん短くなっているような
気がする。
계절 중에서 봄과 가을이 점점 짧아진 듯한 기분이 든다.

---

**10**
くうき
**空気**
**명** 공기

ここは空気がきれいだから星がよく見える。
여기는 공기가 맑아서 별이 잘 보인다.

---

**11**
くも
**雲**
**명** 구름

空に雲が増えて、今にも雨が降りそうだ。
하늘에 구름이 많아져서 당장이라도 비가 올 것 같다.
➕ 曇る 흐리다, 흐려지다

---

**12**
こうがい
**公害**
**명** 공해

この都市では公害が問題になっている。
이 도시에서는 공해가 문제가 되고 있다.

---

**13**
さか
**坂**
**명** 언덕

この坂を上ると、美しい景色を見ることができます。
이 언덕을 올라가면 아름다운 경치를 볼 수 있습니다.
➕ 坂道 비탈길

---

**14**
しげん
**資源**
**명** 자원

日本のように資源がない国は技術を磨かなければ
ならない。
일본처럼 자원이 없는 나라는 기술을 연마해야 한다.
➕ 天然資源 천연자원

**15**
しぜん
**自然**
명 ナ 자연

どうぶつ
動物たちのために森の自然を守るべきだ。
동물들을 위해서 숲의 자연을 지켜야 한다.

**16**
しつ ど
**湿度**
명 습도

に ほん　なつ　　 しつ ど　たか　　　　　　 あつ
日本の夏は、湿度が高くてとても暑い。
일본의 여름은 습도가 높고 매우 덥다.
➕ 湿気 습기

**17**
しま
**島**
명 섬

に ほん　うみ　かこ　　　　　　しまぐに
日本は海に囲まれた島国です。
일본은 바다로 둘러싸인 섬나라입니다.

**18**
しょくぶつ
**植物**
명 식물

いえ　しょくぶつ　お　　　　　 き ぶん　よ
家に植物を置くと、気分が良くなります。
집에 식물을 두면 기분이 좋아집니다.
반 動物 동물

**19**
たいふう
**台風**
명 태풍

てん き よ ほう　　　　　　　おお　　 たいふう　く
天気予報によると、大きい台風が来るそうだ。
일기 예보에 의하면 큰 태풍이 온다고 한다.

**20**
ちょうせつ
**調節**
명 する 조절

さむ　　　　　　 おん ど　ちょうせつ
ちょっと寒いので、温度を調節してください。
조금 추우니까 온도를 조절해 주세요.

**21**
とり
**鳥**
명 새

とり　　　　　　じ ゆう　そら　と
鳥みたいに自由に空を飛んでみたいです。
새처럼 자유롭게 하늘을 날아 보고 싶습니다.
➕ 飛ぶ 날다, 뛰다

**22**
なみ
**波**
명 파도

サーフィンは、波を楽しむスポーツだ。
서핑은 파도를 즐기는 스포츠이다.

**23**
は
**葉**
명 잎

赤ちゃんの手は紅葉の葉のようにかわいい。
아기의 손은 단풍잎처럼 귀엽다.

**24**
はっせい
**発生**
명 する 발생

地震の影響で南の海で津波が発生した。
지진의 영향으로 남쪽 바다에서 해일이 발생했다.

**25**
ひかり
**光**
명 빛

遠くに明るい光が見えた。
멀리 밝은 빛이 보였다.

**26**
みどり
**緑**
명 녹색, 초목, 푸르름

夏には植物が育って緑が多くなる。
여름에는 식물이 자라 초록빛이 많아진다.
➕ みどりいろ 緑色 녹색

**27**
もり
**森**
명 숲, 수풀, 삼림

深い森の中でキャンプがしたいです。
깊은 숲 속에서 캠핑을 하고 싶습니다.
➕ はやし 林 숲  しんりん 森林 삼림

**28**
あ
**開く**
통 열리다

風が吹いてドアが開いた。
바람이 불어서 문이 열렸다.
➕ あ 開ける 열다

| | | |
|---|---|---|
| ☐☐ | **29**<br>かがや<br>**輝く**<br>**통** 빛나다, 반짝이다 | 星がきらきらと輝いて、とてもきれいだった。<br>별이 반짝반짝 빛나서 매우 예뻤다. |
| ☐☐ | **30**<br>き<br>**聞こえる**<br>**통** 들리다 | ここにいると遠くから波の音が聞こえる。<br>여기에 있으면 멀리서 파도 소리가 들린다.<br>**타** 聞く 듣다, 묻다 |
| ☐☐ | **31**<br>さ<br>**咲く**<br>**통** 피다 | 学校の前にきれいな花がたくさん咲いている。<br>학교 앞에 예쁜 꽃이 많이 피어 있다. |
| ☐☐ | **32**<br>たっ<br>**達する**<br>**통** 도달하다, 이르다 | 昨日積もった雪の高さは2メートルに達する。<br>어제 쌓인 눈의 높이는 2m에 달한다. |
| ☐☐ | **33**<br>と<br>**溶ける**<br>**통** 녹다 | アイスコーヒーの氷が溶けて味が薄くなっている。<br>아이스커피의 얼음이 녹아서 맛이 연해졌다.<br>**타** 溶かす 녹이다<br>**반** 凍る 얼다 |
| ☐☐ | **34**<br>は<br>**晴れる**<br>**통** 맑다, 개다 | 天気予報では、週末は晴れると言っていた。<br>일기 예보에서는 주말에는 맑을 거라고 했다.<br>**+** 晴れ 하늘이 갬, 맑음 |
| ☐☐ | **35**<br>や<br>**止む**<br>**통** 멎다, 그치다 | 急に降り出した雨が止むまでカフェで待つことにした。<br>갑자기 내리기 시작한 비가 그칠 때까지 카페에서 기다리기로 했다.<br>**타** 止める 그만두다, 중지하다, 끊다<br>**반** 降る (눈·비가) 내리다 |

**36**
あさ
**浅い**

イ 얕다

あさ　うみ　　　　　　いろ　かがや
浅い海がエメラルド色に輝いていた。
얕은 바다가 에메랄드 색으로 빛나고 있었다.

---

**37**
あつ
**暑い**

イ 덥다

ことし　なつ　　　　　　　あつ
今年の夏はいつもより暑い。
올 여름은 여느 해보다 덥다.

➕ 厚い 두껍다　　　　　　熱い 뜨겁다, (온도가) 높다
あつ　　　　　　　　　　　　　あつ
蒸し暑い 무덥다
む　あつ

---

**38**
けわ
**険しい**

イ 험하다, 험난하다,
험악하다

てら　　　けわ　　　やま　なか
その寺は、険しい山の中にあった。
그 절은 험한 산속에 있었다.

---

**39**
はや
**早い**

イ 이르다, (시간이) 빠르다

はな　さ　　　　　　　　　はや
花が咲くにはまだまだ早い。
꽃이 피기에는 아직 이르다.

➕ 速い (속도가) 빠르다
はや

---

**40**
まぶ
**眩しい**

イ 눈부시다

あさひ　まぶ　　　　め　さ
朝日が眩しくて目が覚めた。
아침 해가 눈부셔서 눈이 떠졌다.

---

**41**
かいてき
**快適**

ナ 명 쾌적

なつ　かいてき　す
エアコンのおかげで夏も快適に過ごせる。
에어컨 덕분에 여름도 쾌적하게 보낼 수 있다.

---

**42**
しず
**静か**

ナ 고요함, 잠잠함, 평온함

なつ　うみ　たの　　　　　しず　　　ふゆ　うみ　す
夏の海も楽しいが、静かな冬の海も好きです。
여름 바다도 즐겁지만 조용한 겨울 바다도 좋아합니다.

**1** 해당 어휘의 읽는 법을 찾고, 빈칸에 그 의미를 써 넣으세요.

> **보기** 学生　　　⑨ がくせい　　② がっせい　　　＿＿학생＿＿

(1) 観察　　① かんさい　　② かんさつ　　＿＿＿＿＿＿＿

(2) 岩　　　① いわ　　　② いし　　　＿＿＿＿＿＿＿

(3) 湿度　　① しつど　　② しっと　　＿＿＿＿＿＿＿

(4) 緑　　　① えん　　　② みどり　　＿＿＿＿＿＿＿

(5) 浅い　　① あさい　　② ふかい　　＿＿＿＿＿＿＿

**2** 문맥에 맞는 단어를 **보기** 에서 골라 알맞은 형태로 바꾸어 써 넣으세요.

(6) 動物たちのために森の(　　　　)を守るべきだ。

(7) 急に降り出した雨が(　　　　)までカフェで待つことにした。

(8) 地震の影響で南の海で津波が(　　　　)した。

(9) その寺は、(　　　　)山の中にあった。

(10) 朝日が(　　　　)目が覚めた。

> **보기**　　険しい　　自然　　発生　　止む　　眩しい

# 단어 퀴즈

✖ 단어를 보고 발음과 의미를 적어 보세요.

| 단어 | 발음 | 의미 |
|---|---|---|
| 改正 | かいせい | 개정 |
| 季節 | | |
| 資源 | | |
| 自然 | | |
| 湿度 | | |
| 調節 | | |
| 森 | | |
| 止む | | |
| 浅い | | |
| 険しい | | |
| 静か | | |
| 観察 | | |
| 晴れる | | |
| 岩 | | |
| 枝 | | |
| 香り | | |
| 台風 | | |
| 波 | | |
| 葉 | | |
| 光 | | |
| 緑 | | |
| 溶ける | | |
| 気温 | | |

선을 따라 접으면 답을 확인할 수 있어요.

❈ 한번 더 복습해 봅시다.

| 읽는 법과 뜻 | | 한자 | 발음 | 의미 |
|---|---|---|---|---|
| ☐ | かいせい<br>개정 | 예 改正 | かいせい | 개정 |
| ☐ | きせつ<br>계절 | 季節 | | |
| ☐ | しげん<br>자원 | 資源 | | |
| ☐ | しぜん<br>자연 | 自然 | | |
| ☐ | しつど<br>습도 | 湿度 | | |
| ☐ | ちょうせつ<br>조절 | 調節 | | |
| ☐ | もり<br>숲, 삼림 | 森 | | |
| ☐ | やむ<br>멎다, 그치다 | 止む | | |
| ☐ | あさい<br>얕다 | 浅い | | |
| ☐ | けわしい<br>험하다, 험난하다 | 険しい | | |
| ☐ | しずか<br>고요함, 평온함 | 静か | | |
| ☐ | かんさつ<br>관찰 | 観察 | | |
| ☐ | はれる<br>맑다, 개다 | 晴れる | | |
| ☐ | いわ<br>바위 | 岩 | | |
| ☐ | えだ<br>가지 | 枝 | | |
| ☐ | かおり<br>향기 | 香り | | |
| ☐ | たいふう<br>태풍 | 台風 | | |
| ☐ | なみ<br>파도 | 波 | | |
| ☐ | は<br>잎 | 葉 | | |
| ☐ | ひかり<br>빛 | 光 | | |
| ☐ | みどり<br>녹색, 초목 | 緑 | | |
| ☐ | とける<br>녹다 | 溶ける | | |
| ☐ | きおん<br>기온 | 気温 | | |

음성듣기

# DAY 25

# 날씨와 자연환경 (2)

얼마나
알고 있나요?

**사전 체크**

| | | | |
|---|---|---|---|
| ☐ 01 泉 | ☐ 02 影響 | ☐ 03 丘 | ☐ 04 海岸 |
| ☐ 05 各地 | ☐ 06 雷 | ☐ 07 乾燥 | ☐ 08 気候 |
| ☐ 09 霧 | ☐ 10 草 | ☐ 11 景色 | ☐ 12 小鳥 |
| ☐ 13 桜 | ☐ 14 地震 | ☐ 15 湿気 | ☐ 16 芝生 |
| ☐ 17 霜 | ☐ 18 空 | ☐ 19 種 | ☐ 20 土 |
| ☐ 21 夏 | ☐ 22 後 | ☐ 23 灰色 | ☐ 24 林 |
| ☐ 25 星 | ☐ 26 虫 | ☐ 27 野生 | ☐ 28 浮かぶ |
| ☐ 29 枯れる | ☐ 30 暮れる | ☐ 31 下げる | ☐ 32 散る |
| ☐ 33 流れる | ☐ 34 増す | ☐ 35 見える | ☐ 36 暖かい |
| ☐ 37 暗い | ☐ 38 涼しい | ☐ 39 激しい | ☐ 40 深い |
| ☐ 41 様々 | ☐ 42 変 | | |

**01**
いずみ
**泉**
명 샘, 샘물

フランスに行って、有名な泉を訪れた。
프랑스에 가서 유명한 샘을 방문했다.

---

**02**
えいきょう
**影響**
명 する 영향

台風の影響で電車が止まってしまった。
태풍의 영향으로 전철이 멈춰 버렸다.
➕ 影響力 영향력

---

**03**
おか
**丘**
명 언덕

丘の上は風が吹いていて気持ちがいいです。
언덕 위는 바람이 불고 있어서 기분이 좋습니다.

---

**04**
かいがん
**海岸**
명 해안

夏になると海岸は人でいっぱいになる。
여름이 되면 해안은 사람들로 가득해진다.

---

**05**
かくち
**各地**
명 각지

明日は日本各地で大雨が降るそうだ。
내일은 일본 각지에서 많은 비가 내린다고 한다.

---

**06**
かみなり
**雷**
명 천둥

黒い雲が出ると雷が鳴って雨が降ってきた。
검은 구름이 나오자 천둥이 치고 비가 내리기 시작했다.

---

**07**
かんそう
**乾燥**
명 する 건조

冬は空気が乾燥していて火事が起こりやすい。
겨울에는 공기가 건조해서 화재가 발생하기 쉽다.

## 08
きこう
## 気候
명 기후

プサンは、ソウルに比べて穏やかな気候だ。
부산은 서울에 비해 온화한 기후이다.

---

## 09
きり
## 霧
명 안개

霧の中を運転する時はライトをつけないと危険だ。
안개 속을 운전할 때는 라이트를 켜지 않으면 위험하다.

---

## 10
くさ
## 草
명 풀

今週末は、庭の草取りをしなければならない。
이번 주말은 정원의 풀 뽑기를 해야 한다.

+ 草取り 풀 뽑기, 제초

---

## 11
けしき
## 景色
명 경치, 풍경

あの時、彼と見た景色は今もはっきり覚えています。
그때 그와 본 풍경은 지금도 뚜렷이 기억하고 있습니다.

---

## 12
ことり
## 小鳥
명 작은 새

朝から庭で小鳥が鳴いている。
아침부터 정원에서 작은 새가 지저귀고 있다.

---

## 13
さくら
## 桜
명 벚꽃

今年は平年より早く桜が咲くと予想されます。
올해는 평년보다 빨리 벚꽃이 필 것으로 예상됩니다.

---

## 14
じしん
## 地震
명 지진

日本は地震が多いので、建物が丈夫に作られている。
일본은 지진이 많기 때문에 건물이 튼튼하게 지어져 있다.

| | | |
|---|---|---|
| **15**<br>しっけ<br>**湿気**<br>명 습기 | しっけ おお た もの わる<br>湿気が多いと食べ物がすぐ悪くなる。<br>습기가 많으면 음식이 금방 상한다. | |

| | | |
|---|---|---|
| **16**<br>しばふ<br>**芝生**<br>명 잔디밭 | は ひ こうえん しばふ ほん よ<br>晴れた日には公園の芝生で本を読んだものだ。<br>맑은 날에는 공원 잔디밭에서 책을 읽곤 했다. | |

| | | |
|---|---|---|
| **17**<br>しも<br>**霜**<br>명 서리 | きのう さむ ことしはじ しも お<br>昨日の寒さで、今年初めて霜が降りた。<br>어제의 추위로 올해 처음으로 서리가 내렸다. | |

| | | |
|---|---|---|
| **18**<br>そら<br>**空**<br>명 하늘 | きょう は そら くもひと<br>今日は晴れていて空には雲一つありません。<br>오늘은 (날씨가) 맑아서 하늘에는 구름 한 점 없습니다. | |

| | | |
|---|---|---|
| **19**<br>たね<br>**種**<br>명 씨, 종자 | たね にわ う<br>かぼちゃの種を庭に植えた。<br>호박 씨를 정원에 심었다. | |

| | | |
|---|---|---|
| **20**<br>つち<br>**土**<br>명 흙, 땅 | むし つち<br>虫がたくさんいるというのは、いい土だという<br>ことだ。<br>벌레가 많이 있다는 것은 좋은 흙이라는 것이다. | |

| | | |
|---|---|---|
| **21**<br>なつ<br>**夏**<br>명 여름 | ことし なつ うみ い<br>今年の夏は海へ行って、バーベキューもしたいです。<br>올 여름에는 바다에 가서 바비큐도 하고 싶습니다.<br>➕ はる あき ふゆ<br>春 봄 秋 가을 冬 겨울 | |

**22**
のち
**後**
명 뒤, 후(시간적)

<ruby>梅雨<rt>つゆ</rt></ruby>の<ruby>時期<rt>じき</rt></ruby>は、<ruby>天気予報<rt>てんきよほう</rt></ruby>がいつも<ruby>雨後曇<rt>あめのちくも</rt></ruby>りだ。
장마 때는 일기 예보가 늘 비온 뒤 흐림이다.

➕ <ruby>後<rt>うし</rt></ruby>ろ 뒤(공간적)

---

**23**
はいいろ
**灰色**
명 회색

<ruby>今日<rt>きょう</rt></ruby>は<ruby>空<rt>そら</rt></ruby>が<ruby>灰色<rt>はいいろ</rt></ruby>で、<ruby>今<rt>いま</rt></ruby>にも<ruby>雨<rt>あめ</rt></ruby>が<ruby>降<rt>ふ</rt></ruby>りそうだ。
오늘은 하늘이 잿빛이라 당장이라도 비가 내릴 것 같다.

유 グレー 그레이, 회색

---

**24**
はやし
**林**
명 숲

<ruby>今日<rt>きょう</rt></ruby><ruby>植<rt>う</rt></ruby>えた<ruby>小<rt>ちい</rt></ruby>さい<ruby>木々<rt>きぎ</rt></ruby>が20<ruby>年後<rt>ねんご</rt></ruby>には<ruby>林<rt>はやし</rt></ruby>になるでしょう。
오늘 심은 작은 나무들이 20년 후에는 숲이 되겠지요.

---

**25**
ほし
**星**
명 별

その<ruby>子<rt>こ</rt></ruby>は<ruby>星<rt>ほし</rt></ruby>の<ruby>形<rt>かたち</rt></ruby>のお<ruby>菓子<rt>かし</rt></ruby>を<ruby>食<rt>た</rt></ruby>べていた。
그 아이는 별 모양 과자를 먹고 있었다.

---

**26**
むし
**虫**
명 벌레

<ruby>半袖<rt>はんそで</rt></ruby>のTシャツで<ruby>遊<rt>あそ</rt></ruby>んでいたらいっぱい<ruby>虫<rt>むし</rt></ruby>にさされた。
반팔 티셔츠를 입고 놀았더니 벌레에 잔뜩 물렸다.

---

**27**
やせい
**野生**
명 야생

アフリカでバスに<ruby>乗<rt>の</rt></ruby>って<ruby>野生<rt>やせい</rt></ruby>のライオンやシマウマを<ruby>見<rt>み</rt></ruby>た。
아프리카에서 버스를 타고 야생 사자랑 얼룩말을 봤다.

---

**28**
う
**浮かぶ**
동 뜨다, 드러나다

<ruby>空<rt>そら</rt></ruby>に<ruby>白<rt>しろ</rt></ruby>い<ruby>雲<rt>くも</rt></ruby>が<ruby>浮<rt>う</rt></ruby>かんでいます。
하늘에 하얀 구름이 떠 있습니다.

유 <ruby>浮<rt>う</rt></ruby>く 뜨다

반 <ruby>沈<rt>しず</rt></ruby>む 가라앉다

**29**
**枯れる**
か

图 시들다, (초목이) 마르다

先週咲いたばかりの花がもう枯れてしまった。
せんしゅう さ　　　　　　　　　　　　　　　はな　　　　 か
지난주에 막 핀 꽃이 벌써 시들어 버렸다.

---

**30**
**暮れる**
く

图 해가 지다, (날이) 저물다

冬になって日が暮れるのが早くなった。
ふゆ　　　　　 ひ　 く　　　　　　 はや
겨울이 되어 해가 지는 것이 빨라졌다.

---

**31**
**下げる**
さ

图 내리다

暑かったので、エアコンの温度を下げた。
あつ　　　　　　　　　　　　　 おん ど　 さ
더워서 에어컨의 온도를 내렸다.
图 下がる 내려가다
さ

---

**32**
**散る**
ち

图 지다, 흩어지다

一気に散っていく桜を見ているとなぜか寂しい気分
いっ き　 ち　　　　　 さくら　 み　　　　　　　　　　 さび　　　 き ぶん
になる。
단숨에 져 가는(져 버리는) 벚꽃을 보면 어쩐지 쓸쓸한 기분이 된다.
图 散らす 흩뜨리다　散らかす 흩뜨리다, 어지르다
ち　　　　　　　　　 ち

---

**33**
**流れる**
なが

图 흐르다, 흘러가다

暑くて顔から汗が流れて止まらない。
あつ　　 かお　　 あせ　 なが　　 と
더워서 얼굴에서 땀이 흐르며 멈추지 않는다.
图 流す 흘리다, 흘려보내다
なが
+ 流れ 흐름
なが

---

**34**
**増す**
ま

图 늘다, 더하다, 늘리다,
　보태다

雨のため、川の水量が増した。
あめ　　　　　 かわ　 すいりょう ま
비 때문에 강물의 양이 늘었다.

---

**35**
**見える**
み

图 보이다

部屋は窓から海が見えるところにお願いします。
へ や　 まど　　 うみ　 み　　　　　　　　　　　　　 ねが
방은 창문에서 바다가 보이는 곳으로 부탁합니다.
+ 見せる 보여 주다
み

36
あたた
暖かい
イ (기온이) 따뜻하다

くに いちねんじゅうあたた
この国は一年中暖かい。
이 나라는 일 년 내내 따뜻하다.

타 あたた 温かい (온도가) 따뜻하다

37
くら
暗い
イ 어둡다

くら あしもと き
暗いですから足元には気をつけてください。
어두우니까 발밑에는 주의해 주세요.

38
すず
涼しい
イ 시원하다

まど あ すず かぜ へや なか はい
窓を開けると涼しい風が部屋の中に入ってきた。
창문을 열자 시원한 바람이 방 안으로 들어왔다.

39
はげ
激しい
イ 격하다, 세차다

きのう はげ あめ ふ
昨日からずっと激しい雨が降っている。
어제부터 계속 거센 비가 내리고 있다.

40
ふか
深い
イ 깊다

たざわこ にほん いちばんふか みずうみ
田沢湖は日本で一番深い 湖 です。
다자와 호는 일본에서 가장 깊은 호수입니다.

41
さまざま
様々
ナ 여러 가지, 다양함

さいきん あか さまざま いろ
最近のバラは、赤だけでなく様々な色がある。
요즘 장미는 빨강뿐만 아니라 다양한 색이 있다.

42
へん
変
ナ 이상함, 엉뚱함

おおゆき ふ あたた へん てんき つづ
大雪が降ったり暖かくなったり、変な天気が続いている。
눈이 많이 내리다가 따뜻해졌다가, 이상한 날씨가 이어지고 있다.

# 확인 문제

**1** 해당 어휘의 읽는 법을 찾고, 빈칸에 그 의미를 써 넣으세요.

| 보기 | 学生 | ☑ がくせい | ② がっせい | 학생 |

(1) 乾燥 　　① かんそ　　② かんそう 　　_____

(2) 影響 　　① えいぎょう　② えいきょう 　_____

(3) 湿気 　　① しっけ　　② しつげ 　　_____

(4) 様々 　　① さまざま　② いろいろ 　　_____

(5) 雷 　　　① きり　　　② かみなり 　　_____

**2** 문맥에 맞는 단어를 보기에서 골라 알맞은 형태로 바꾸어 써 넣으세요.

(6) 晴れた日に公園の(　　　　　)で本を読んだものだ。

(7) 夏になると(　　　　　)は人でいっぱいになる。

(8) 昨日からずっと(　　　　　)雨が降っている。

(9) 先週咲いたばかりの花がもう(　　　　　)しまった。

(10) プサンは、ソウルに比べて穏やかな(　　　　　)だ。

| 보기 | 海岸 | 気候 | 芝生 | 枯れる | 激しい |

---

정답

(1) ② 건조　(2) ② 영향　(3) ① 습기　(4) ① 여러 가지, 다양함　(5) ② 천둥
(6) 芝生(しばふ)　(7) 海岸(かいがん)　(8) 激(はげ)しい　(9) 枯(か)れて　(10) 気候(きこう)

## 단어 퀴즈

✽ 단어를 보고 발음과 의미를 적어 보세요.

| 단어 | 발음 | 의미 |
|---|---|---|
| 改正 | かいせい | 개정 |
| 影響 | | |
| 景色 | | |
| 地震 | | |
| 湿気 | | |
| 浮かぶ | | |
| 暮れる | | |
| 暖かい | | |
| 暗い | | |
| 涼しい | | |
| 深い | | |
| 激しい | | |
| 泉 | | |
| 海岸 | | |
| 乾燥 | | |
| 種 | | |
| 林 | | |
| 星 | | |
| 虫 | | |
| 散る | | |
| 様々 | | |
| 各地 | | |
| 霧 | | |

선을 따라 접으면 답을 확인할 수 있어요.

❋ 한번 더 복습해 봅시다.

| 읽는 법과 뜻 |
|---|
| ☐ かいせい<br>개정 |
| ☐ えいきょう<br>영향 |
| ☐ けしき<br>경치, 풍경 |
| ☐ じしん<br>지진 |
| ☐ しっけ<br>습기 |
| ☐ うかぶ<br>뜨다, 드러나다 |
| ☐ くれる<br>저물다, 해가 지다 |
| ☐ あたたかい<br>(기온이) 따뜻하다 |
| ☐ くらい<br>어둡다 |
| ☐ すずしい<br>시원하다 |
| ☐ ふかい<br>깊다 |
| ☐ はげしい<br>세차다, 격하다 |
| ☐ いずみ<br>샘, 샘물 |
| ☐ かいがん<br>해안 |
| ☐ かんそう<br>건조 |
| ☐ たね<br>씨, 종자 |
| ☐ はやし<br>숲 |
| ☐ ほし<br>별 |
| ☐ むし<br>벌레 |
| ☐ ちる<br>지다, 흩어지다 |
| ☐ さまざま<br>여러 가지, 다양함 |
| ☐ かくち<br>각지 |
| ☐ きり<br>안개 |

| 한자 | 발음 | 의미 |
|---|---|---|
| 예 改正 | かいせい | 개정 |
| 影響 | | |
| 景色 | | |
| 地震 | | |
| 湿気 | | |
| 浮かぶ | | |
| 暮れる | | |
| 暖かい | | |
| 暗い | | |
| 涼しい | | |
| 深い | | |
| 激しい | | |
| 泉 | | |
| 海岸 | | |
| 乾燥 | | |
| 種 | | |
| 林 | | |
| 星 | | |
| 虫 | | |
| 散る | | |
| 様々 | | |
| 各地 | | |
| 霧 | | |

음성듣기

DAY 26

# 건강과 의료 (1)

얼마나
알고 있나요?

**사전 체크**

| | | | |
|---|---|---|---|
| ☐ 01 汗 | ☐ 02 悪化 | ☐ 03 命 | ☐ 04 運動 |
| ☐ 05 顔 | ☐ 06 肩 | ☐ 07 感覚 | ☐ 08 休憩 |
| ☐ 09 具合 | ☐ 10 薬 | ☐ 11 怪我 | ☐ 12 血液 |
| ☐ 13 検査 | ☐ 14 呼吸 | ☐ 15 手術 | ☐ 16 食欲 |
| ☐ 17 身長 | ☐ 18 頭痛 | ☐ 19 制限 | ☐ 20 背中 |
| ☐ 21 体重 | ☐ 22 体力 | ☐ 23 手足 | ☐ 24 熱 |
| ☐ 25 歯 | ☐ 26 病気 | ☐ 27 保険 | ☐ 28 見舞い |
| ☐ 29 火傷 | ☐ 30 冷房 | ☐ 31 表れる | ☐ 32 思い出す |
| ☐ 33 効く | ☐ 34 苦しむ | ☐ 35 疲れる | ☐ 36 生える |
| ☐ 37 控える | ☐ 38 痛い | ☐ 39 かゆい | ☐ 40 だるい |
| ☐ 41 ひどい | ☐ 42 順調 | | |

**01**
あせ
汗
명 땀

うんどう あせ きも
運動して汗をかくのは気持ちがいい。
운동해서 땀을 흘리는 것은 기분이 좋다.

**02**
あっか
悪化
명 する 악화

むり かぜ あっか
無理をしたので、風邪が悪化した。
무리를 해서 감기가 악화되었다.

**03**
いのち
命
명 목숨, 생명

いのち す
命を捨てるようなことはしてはいけません。
목숨을 버리는 일 같은 것은 해서는 안 됩니다.
せいめい
유 生命 생명

**04**
うんどう
運動
명 する 운동

けんこう うんどう
健康のために運動をすることにした。
건강을 위해서 운동을 하기로 했다.

**05**
かお
顔
명 얼굴

あさお さいしょ かお あら
朝起きると、まず最初に顔を洗います。
아침에 일어나면 우선 제일 먼저 세수를 합니다.

**06**
かた
肩
명 어깨

まいにち しごと め かた いた
毎日パソコンで仕事をするので目と肩が痛い。
매일 컴퓨터로 일을 하기 때문에 눈과 어깨가 아프다.

**07**
かんかく
感覚
명 감각

さむ てあし かんかく
とても寒くて手足の感覚があまりない。
너무 추워서 손발의 감각이 그다지 없다.

**08**
きゅうけい
**休憩**
명 する 휴식

じかん　ある　　　　　　ぶんきゅうけい　と
1時間も歩いたので、10分休憩を取った。
1시간이나 걸었기 때문에 10분 휴식을 취했다.

　　きゅうけい　と
＋ 休憩を取る 휴식을 취하다
　　きゅうそく
유 休息 휴식

---

**09**
ぐ あい
**具合**
명 형편, 상태

そ ぼ　きょう　　　　　　からだ　ぐ あい　わる
祖母は今日どうも体の具合が悪いようだ。
할머니는 오늘 아무래도 몸 상태가 나쁜 것 같다.

　　つごう　わる
＋ 都合が悪い (형편·사정 등이) 좋지 않다
　　ちょうし　わる
調子が悪い (몸·기계 등의) 상태가 좋지 않다

---

**10**
くすり
**薬**
명 약

やっきょく　くすり　か　い　　　　　しゅるい　おお　おどろ
薬局へ薬を買いに行ったが、種類が多くて驚いた。
약국에 약을 사러 갔는데, 종류가 많아서 놀랐다.

　　こなぐすり　　　　　みずぐすり
＋ 粉薬 가루약　水薬 물약

---

**11**
け が
**怪我**
명 する 상처, 부상

し あいちゅう　け が　　　　　にゅういん
試合中に怪我をして、入院することになった。
시합 중에 다쳐서 입원하게 되었다.

---

**12**
けつえき
**血液**
명 혈액

た　　　　　けつえき
にんにくを食べると、血液がきれいになるそうだ。
마늘을 먹으면 혈액이 깨끗해진다고 한다.

　　けつえきがた　　　　　けつあつ
＋ 血液型 혈액형　血圧 혈압

---

**13**
けん さ
**検査**
명 する 검사

からだ　ちょうし　わる　　　　びょういん　けん さ　う
体の調子が悪いので病院で検査を受けることにした。
몸 상태가 안 좋아서 병원에서 검사를 받기로 했다.

---

**14**
こ きゅう
**呼吸**
명 する 호흡

たか　やま　うえ　　　こ きゅう
高い山の上では呼吸がしにくくなる。
높은 산 위에서는 호흡하기 어려워진다.

---

**15**

しゅじゅつ
**手術**

명 する 수술

彼は昨年大きな手術を受けたが、今は元気に暮らしている。

그는 작년에 큰 수술을 받았지만, 지금은 건강하게 살고 있다.

---

**16**

しょくよく
**食欲**

명 식욕

秋は食欲の季節といわれる。

가을은 식욕의 계절이라고 불린다.

---

**17**

しんちょう
**身長**

명 신장, 키

身長に合わせて椅子を高くしてください。

신장에 맞춰서 의자를 높게 해 주세요.

유 背 키

---

**18**

ず つう
**頭痛**

명 두통

頭痛がするので薬を飲んで寝ました。

머리가 아파서 약을 먹고 잤습니다.

---

**19**

せいげん
**制限**

명 する 제한

やせるために食事を制限している。

살을 빼기 위해서 식사를 제한하고 있다.

---

**20**

せ なか
**背中**

명 등

背中の痛みの症状として最も多いのは筋肉痛だ。

등 통증의 증상으로 가장 많은 것은 근육통이다.

---

**21**

たいじゅう
**体重**

명 체중, 몸무게

彼女は体重を気にしてダイエットを始めた。

그녀는 몸무게를 신경 써서 다이어트를 시작했다.

---

**22**
たいりょく
**体力**
🅂 체력

たいりょく　　　　　　　まいにちうんどう
体力がないので毎日運動をしている。
체력이 없어서 매일 운동을 하고 있다.

---

**23**
て あし
**手足**
🅂 손과 발, 팔다리

さいきん　こ　　　　　て あし　なが　　せ　たか
最近の子どもは手足が長くて背が高い。
요즘 아이들은 팔다리가 길고 키가 크다.

---

**24**
ねつ
**熱**
🅂 열

ねつ　　　　とき　　くすり　の　　　　　　　　　　やす
熱がある時は、薬を飲んでゆっくり休んでください。
열이 있을 때는 약을 먹고 충분히 쉬세요.

---

**25**
は
**歯**
🅂 이빨, 치아

は　　いた　　　　　　　は いしゃ　い　　　ちりょう　う
歯が痛いので、すぐに歯医者に行って治療を受けた。
이가 아파서 곧장 치과로 가서 치료를 받았다.
　　　　　　むしば
➕ **虫歯** 충치

---

**26**
びょう き
**病気**
🅂 병

そぼ　おも　びょうき　　　　　　ねんかん　　　にゅういん
祖母は重い病気にかかって1年間ずっと入院して
いる。
할머니는 위중한 병에 걸려서 1년째 줄곧 입원해 있다.

---

**27**
ほ けん
**保険**
🅂 보험

ほ けん　はい　　　　　　しら　　ほう
どうせ保険に入るなら、よく調べた方がいいです。
어차피 보험에 가입한다면 잘 알아보는 편이 좋습니다.

---

**28**
み ま
**見舞い**
🅂 문병, 문안

み ま　　とき　なに　も
お見舞いの時、何を持っていけばいいでしょうか。
문병 갈 때 무엇을 가지고 가면 좋을까요?

**29**
やけど
火傷
[명] [する] 화상

台所でお湯をこぼして火傷をした。
부엌에서 뜨거운 물을 엎질러 화상을 입었다.

**30**
れいぼう
冷房
[명] 냉방

健康のために冷房はいつも26度にしてください。
건강을 위해 냉방은 늘 26도로 해 주세요.
[반] 暖房 난방

**31**
あらわ
表れる
[통] 나타나다, 드러나다

効果が表れるのを待ちましょう。
효과가 나타나는 것을 기다립시다.
[타] 表す 나타내다, 표현하다

**32**
おも だ
思い出す
[통] 생각해내다, 생각나다, 떠오르다

薬を飲んだかどうか思い出せない。
약을 먹었는지 어떤지 생각나지 않는다.

**33**
き
効く
[통] 효과가 있다, 듣다

薬が効いたのか、今はすっかり痛みがなくなった。
약이 효과가 있었는지 지금은 말끔히 통증이 없어졌다.

**34**
くる
苦しむ
[통] 괴로워하다, 고생하다

昨日の夜、お腹が痛くて苦しみました。
어젯밤에 배가 아파서 괴로웠습니다.
[타] 苦しめる 괴롭히다

**35**
つか
疲れる
[통] 지치다, 피로해지다

今週は毎日残業だったので、とても疲れている。
이번 주는 매일 야근을 해서 매우 피곤하다.
[+] 疲れ 피로

**36**
は
**生える**
통 나다, 자라다, 생겨나다

子どもの歯が生えてきた。
아이의 이가 나기 시작했다.
＋ ひげが生える 수염이 자라다

**37**
ひか
**控える**
통 삼가다, 대기하다

最近ダイエットのために外食を控えている。
요즘 다이어트를 위해 외식을 삼가고 있다.

**38**
いた
**痛い**
イ 아프다

昨日から頭が痛かったので、学校を休みました。
어제부터 머리가 아파서 학교를 쉬었습니다.
＋ 痛み 아픔, 통증

**39**
**かゆい**
イ 가렵다, 간지럽다

アレルギーで体中がとてもかゆかった。
알레르기로 온몸이 너무 가려웠다.

**40**
**だるい**
イ 나른하다, 노곤하다

風邪を引いたせいか、体がだるいです。
감기에 걸려서인지 몸이 나른합니다.

**41**
**ひどい**
イ 심하다

最近ひどい頭痛に悩んでいる。
최근 심한 두통으로 고민하고 있다.

**42**
じゅんちょう
**順調**
ナ 명 순조, 순조로움

順調に赤ちゃんが育って、もうすぐ1才になります。
순조롭게 아기가 자라, 이제 곧 한 살이 됩니다.

**1** 해당 어휘의 읽는 법을 찾고, 빈칸에 그 의미를 써 넣으세요.

| 보기 学生 | ⓥ がくせい | ② がっせい | 학생 |
|---|---|---|---|

(1) 汗　　　　　① あせ　　　② なみだ　　　＿＿＿＿＿＿＿＿

(2) 怪我　　　　① けが　　　② きず　　　　＿＿＿＿＿＿＿＿

(3) 検査　　　　① けんさ　　② かんさ　　　＿＿＿＿＿＿＿＿

(4) 頭痛　　　　① とうつう　② ずつう　　　＿＿＿＿＿＿＿＿

(5) 生える　　　① はえる　　② いえる　　　＿＿＿＿＿＿＿＿

**2** 문맥에 맞는 단어를 보기 에서 골라 알맞은 형태로 바꾸어 써 넣으세요.

(6) 最近ダイエットのために外食を(　　　　)いる。

(7) 昨日の夜、お腹が痛くて(　　　　)ました。

(8) 風邪を引いたせいか、体が(　　　　)です。

(9) 子どもの歯が(　　　　)きた。

(10) 薬が(　　　　)のか、今はすっかり痛みがなくなった。

| 보기 | 効く | 苦しむ | 控える | 生える | だるい |
|---|---|---|---|---|---|

# 단어

✖ 단어를 보고 발음과 의미를 적어 보세요.

| 단어 | 발음 | 의미 |
|------|------|------|
| 改正 | かいせい | 개정 |
| 汗 | | |
| 命 | | |
| 運動 | | |
| 顔 | | |
| 具合 | | |
| 血液 | | |
| 検査 | | |
| 頭痛 | | |
| 冷房 | | |
| 表れる | | |
| 効く | | |
| 感覚 | | |
| 休憩 | | |
| 順調 | | |
| 呼吸 | | |
| 手術 | | |
| 背中 | | |
| 手足 | | |
| 熱 | | |
| 生える | | |
| 身長 | | |
| 制限 | | |

설명 따라 접으면 답을 확인할 수 있어요.

✖ 한번 더 복습해 봅시다.

| 읽는 법과 뜻 | 한자 | 발음 | 의미 |
|---|---|---|---|
| ☐ かいせい<br>개정 | 예 改正 | かいせい | 개정 |
| ☐ あせ<br>땀 | 汗 | | |
| ☐ いのち<br>목숨, 생명 | 命 | | |
| ☐ うんどう<br>운동 | 運動 | | |
| ☐ かお<br>얼굴 | 顔 | | |
| ☐ ぐあい<br>형편, 상태 | 具合 | | |
| ☐ けつえき<br>혈액 | 血液 | | |
| ☐ けんさ<br>검사 | 検査 | | |
| ☐ ずつう<br>두통 | 頭痛 | | |
| ☐ れいぼう<br>냉방 | 冷房 | | |
| ☐ あらわれる<br>나타나다, 드러나다 | 表れる | | |
| ☐ きく<br>효과가 있다 | 効く | | |
| ☐ かんかく<br>감각 | 感覚 | | |
| ☐ きゅうけい<br>휴식 | 休憩 | | |
| ☐ じゅんちょう<br>순조, 순조로움 | 順調 | | |
| ☐ こきゅう<br>호흡 | 呼吸 | | |
| ☐ しゅじゅつ<br>수술 | 手術 | | |
| ☐ せなか<br>등 | 背中 | | |
| ☐ てあし<br>손과 발, 팔다리 | 手足 | | |
| ☐ ねつ<br>열 | 熱 | | |
| ☐ はえる<br>나다, 자라다 | 生える | | |
| ☐ しんちょう<br>신장, 키 | 身長 | | |
| ☐ せいげん<br>제한 | 制限 | | |

음성듣기

# DAY 27
# 건강과 의료 (2)

얼마나
알고 있나요?

**사전 체크**

| | | | |
|---|---|---|---|
| ☐ 01 頭 | ☐ 02 意識 | ☐ 03 腕 | ☐ 04 解消 |
| ☐ 05 風邪 | ☐ 06 我慢 | ☐ 07 体 | ☐ 08 傷 |
| ☐ 09 禁煙 | ☐ 10 くしゃみ | ☐ 11 首 | ☐ 12 外科 |
| ☐ 13 健康 | ☐ 14 効果 | ☐ 15 腰 | ☐ 16 消化 |
| ☐ 17 心臓 | ☐ 18 睡眠 | ☐ 19 背 | ☐ 20 正常 |
| ☐ 21 退院 | ☐ 22 体操 | ☐ 23 力 | ☐ 24 長生き |
| ☐ 25 喉 | ☐ 26 皮膚 | ☐ 27 不眠症 | ☐ 28 保健 |
| ☐ 29 胸 | ☐ 30 指 | ☐ 31 生きる | ☐ 32 くたびれる |
| ☐ 33 しびれる | ☐ 34 治る | ☐ 35 測る | ☐ 36 減る |
| ☐ 37 薄い | ☐ 38 苦しい | ☐ 39 温い | ☐ 40 弱い |
| ☐ 41 丈夫 | ☐ 42 当然 | | |

**01**
あたま
**頭**
명 머리

昨日飲み過ぎて頭が痛い。
어제 과음해서 머리가 아프다.

---

**02**
い しき
**意識**
명 する 의식

彼女は交通事故にあってから意識が戻らない。
그녀는 교통사고를 당한 후부터 의식이 돌아오지 않는다.

---

**03**
うで
**腕**
명 팔, 실력

いつも腕を組んで考えるのが課長の癖だ。
언제나 팔짱을 끼고 생각하는 것이 과장님의 버릇이다.
＋ 腕を組む 팔짱을 끼다

---

**04**
かいしょう
**解消**
명 する 해소

運動してストレスを解消している人が多いらしい。
운동을 해서 스트레스를 해소하고 있는 사람이 많은 것 같다.

---

**05**
かぜ
**風邪**
명 감기

先週は、風邪を引いて学校を休んでしまった。
지난주에는 감기에 걸려서 학교를 쉬고 말았다.

---

**06**
が まん
**我慢**
명 する 참음, 견딤, 인내

医者に止められて酒を我慢している。
의사에게 제지당해서 술을 참고 있다.

---

**07**
からだ
**体**
명 몸

昨日運動をし過ぎたので体のあちこちが痛い。
어제 운동을 너무 많이 해서 몸 여기저기가 아프다.

**08**
きず
**傷**
명 상처

2週間前に転んでできた傷がやっと治った。
2주 전에 넘어져서 생긴 상처가 겨우 나았다.

+ 傷つく 상처 입다

---

**09**
きんえん
**禁煙**
명 する 금연

室内は禁煙ですので、ご了承ください。
실내는 금연이므로 양해 바랍니다.

반 喫煙 흡연

---

**10**
**くしゃみ**
명 재채기

アレルギーのせいで、くしゃみが止まらない。
알레르기 때문에 재채기가 멈추지 않는다.

+ あくびをする 하품을 하다　寒気がする 오한이 들다
　鼻が詰まる 코가 막히다　めまいがする 현기증이 나다

---

**11**
くび
**首**
명 고개, 목

1週間前から首が痛くて病院へ行った。
일주일 전부터 목이(고개가) 아파서 병원에 갔다.

---

**12**
げか
**外科**
명 외과

怪我で外科の手術を受けることになった。
부상으로 외과 수술을 받게 되었다.

+ 内科 내과　小児科 소아과

---

**13**
けんこう
**健康**
명 ナ 건강

健康のために、一つ前のバス停で降りて歩いて
帰っています。
건강을 위해 한 정거장 전에 내려서 걸어서 귀가하고 있습니다.

---

**14**
こうか
**効果**
명 효과

この薬は効果が出るまで時間がかかることがあります。
이 약은 효과가 나오기까지 시간이 걸리는 경우가 있습니다.

+ 効能 효능　効き目 효과, 효능

---

**15**
こし
# 腰
명 허리

重い荷物を持ってから腰が痛くてしかたがない。
무거운 짐을 들고 나서부터 허리가 아파 참을 수가 없다.

---

**16**
しょう か
# 消化
명 する 소화

病気になった時は、消化にいい物を食べた方がいい。
아플 때는 소화가 잘 되는 것을 먹는 편이 좋다.

---

**17**
しんぞう
# 心臓
명 심장

私の弟は生まれた時から心臓が弱い。
내 남동생은 태어났을 때부터 심장이 약하다.

---

**18**
すいみん
# 睡眠
명 수면

現代人は睡眠不足に悩まされている。
현대인은 수면 부족에 시달리고 있다.

---

**19**
せ
# 背
명 등, 키

私の妹はクラスで2番目に背が高い。
내 여동생은 반에서 두 번째로 키가 크다.

---

**20**
せいじょう
# 正常
명 ナ 정상

血圧が正常に戻ったので、退院することになった。
혈압이 정상으로 돌아와서 퇴원하게 되었다.
반 異常 이상, 정상이 아님

---

**21**
たいいん
# 退院
명 する 퇴원

母の病気はどんどん良くなって、もうすぐ退院できそうです。
어머니의 병은 부쩍 좋아져서 이제 곧 퇴원할 수 있을 것 같습니다.

---

## 22
たいそう
**体操**
명 する 체조

安全のためにプールに入る前に簡単な体操をしま
しょう。
안전을 위해 수영장에 들어가기 전에 간단한 체조를 합시다.

## 23
ちから
**力**
명 힘

家族の中で、父が一番力が強い。
가족 중에서 아버지가 가장 힘이 세다.

## 24
なが い
**長生き**
명 する 장수

長生きをしたければ、体にいい物を食べるべきだ。
오래 살고 싶으면 몸에 좋은 것을 먹어야 한다.

## 25
のど
**喉**
명 목, 목구멍

カラオケで歌い過ぎて、次の日に喉が痛くなった。
노래방에서 노래를 너무 많이 해서, 다음 날 목이 아파졌다.

## 26
ひ ふ
**皮膚**
명 피부

彼女は皮膚が弱くて、化粧品一つにも気をつけて
いる。
그녀는 피부가 약해서 화장품 하나에도 조심하고 있다.
유 肌 피부

## 27
ふ みんしょう
**不眠症**
명 불면증

寝たくても寝られないので、病院で不眠症の薬を
もらった。
자고 싶어도 잘 수 없어서 병원에서 불면증 약을 받았다.

## 28
ほ けん
**保健**
명 보건

兄は老人に保健の指導をしている。
형은 노인에게 보건 지도를 하고 있다.

**29**
むね
**胸**
명 가슴

好きな人に告白する時は、胸がどきどきした。
좋아하는 사람에게 고백할 때는 가슴이 두근두근했다.

**30**
ゆび
**指**
명 손가락, 발가락

彼女の手は、指が長くてとてもきれいだ。
그녀의 손은 손가락이 길어서 굉장히 예쁘다.

＋ 親指 엄지손가락　人差し指 집게손가락　中指 가운뎃손가락
薬指 약지　　　　小指 새끼손가락

**31**
い
**生きる**
동 살다

人間は水さえ飲めば一か月は生きていられるらしい。
인간은 물만 마시면 한 달은 살아 있을 수 있다고 한다.

＋ 暮らす 살다, 생활하다　過ごす 보내다, 지내다
住む 살다, 거주하다

**32**
**くたびれる**
동 지치다, 피로하다

一日中歩き続けてくたびれた。
하루 종일 계속 걸어서 지쳤다.

**33**
**しびれる**
동 저리다, 마비되다

2時間も座っていたので、足がしびれてしまった。
2시간이나 앉아 있었기 때문에 다리가 저렸다.

**34**
なお
**治る**
동 낫다, 치료되다

風邪が治るまで、学校を休みます。
감기가 나을 때까지 학교를 쉬겠습니다.

타 治す 치료하다, 고치다

**35**
はか
**測る**
동 달다, 재다, 측정하다

病院で熱を測ると、38度もあった。
병원에서 열을 쟀더니 38도나 되었다.

---

**36**

へ
**減る**

동 줄다, 감소하다

ダイエットのおかげで体重が5キロも減った。
<small>たいじゅう</small> <small>へ</small>
다이어트를 한 덕분에 체중이 5kg이나 줄었다.

타 減らす 줄이다
<small>へ</small>

---

**37**

うす
**薄い**

イ 연하다, 얇다,
(정도, 밀도가) 적다

私には薄い色の服が似合うと言われた。
<small>わたし</small> <small>うす</small> <small>いろ</small> <small>ふく</small> <small>に あ</small> <small>い</small>
나에게는 연한 색의 옷이 잘 어울린다고 한다.

父は年を取って髪の毛が薄くなった。
<small>ちち</small> <small>とし</small> <small>と</small> <small>かみ</small> <small>け</small> <small>うす</small>
아버지는 나이가 들고 머리숱이 적어졌다.

---

**38**

くる
**苦しい**

イ 답답하다, 고통스럽다,
괴롭다

年を取ると、少し走っただけでも苦しくなる。
<small>とし</small> <small>と</small> <small>すこ</small> <small>はし</small> <small>くる</small>
나이를 먹으면 조금 달린 것만으로도 괴로워진다.

---

**39**

ぬる
**温い**

イ 미지근하다

お風呂の温度はちょっと温いくらいが好きです。
<small>ふ ろ</small> <small>おん ど</small> <small>ぬる</small> <small>す</small>
목욕물 온도는 조금 미지근한 정도를 좋아합니다.

---

**40**

よわ
**弱い**

イ 약하다

私は子どものころ、体が弱い方だった。
<small>わたし</small> <small>こ</small> <small>からだ</small> <small>よわ</small> <small>ほう</small>
나는 어린 시절 몸이 약한 편이었다.

반 強い 강하다
<small>つよ</small>

---

**41**

じょう ぶ
**丈夫**

ナ 명 건강, 튼튼

水泳は子どもの体を丈夫にする。
<small>すいえい</small> <small>こ</small> <small>からだ</small> <small>じょう ぶ</small>
수영은 아이들의 몸을 튼튼하게 한다.

---

**42**

とうぜん
**当然**

ナ 당연함

お酒をそんなにたくさん飲めば酔うのは当然でしょう。
<small>さけ</small> <small>の</small> <small>よ</small> <small>とうぜん</small>
술을 그렇게 많이 마시면 취하는 것은 당연하잖아.

---

**1** 해당 어휘의 읽는 법을 찾고, 빈칸에 그 의미를 써 넣으세요.

| 보기 | 学生 | ⓥ がくせい | ② がっせい | 학생 |

(1) 外科    ① がいか    ② げか      _____

(2) 傷    ① きず    ② きす      _____

(3) 効果    ① こか    ② こうか      _____

(4) 首    ① あたま    ② くび      _____

(5) 正常    ① せいじょう    ② しょうじょう    _____

**2** 문맥에 맞는 단어를 보기 에서 골라 알맞은 형태로 바꾸어 써 넣으세요.

(6) 医者に止められて酒を(　　　　)している。

(7) ダイエットのおかげで体重が5キロも(　　　　)。

(8) 一日中歩き続けて(　　　　)。

(9) 年を取ると、少し走っただけでも(　　　　)なる。

(10) 病院で熱を(　　　　)と、38度もあった。

| 보기 | 我慢 | くたびれる | 測る | 減る | 苦しい |

## **단어** 퀴즈

✖ 단어를 보고 발음과 의미를 적어 보세요.

| 단어 | 발음 | 의미 |
|---|---|---|
| 改正 | かいせい | 개정 |
| 腕 | | |
| 風邪 | | |
| 傷 | | |
| 禁煙 | | |
| 首 | | |
| 健康 | | |
| 効果 | | |
| 睡眠 | | |
| 体操 | | |
| 胸 | | |
| 指 | | |
| 治る | | |
| 測る | | |
| 減る | | |
| 苦しい | | |
| 温い | | |
| 解消 | | |
| 我慢 | | |
| 消化 | | |
| 正常 | | |
| 丈夫 | | |
| 当然 | | |

선을 따라 접으면 답을 확인할 수 있어요.

✖ 한번 더 복습해 봅시다.

| 읽는 법과 뜻 | | 한자 | 발음 | 의미 |
|---|---|---|---|---|
| ☐ | かいせい<br>개정 | 예 改正 | かいせい | 개정 |
| ☐ | うで<br>팔 | 腕 | | |
| ☐ | かぜ<br>감기 | 風邪 | | |
| ☐ | きず<br>상처 | 傷 | | |
| ☐ | きんえん<br>금연 | 禁煙 | | |
| ☐ | くび<br>목 | 首 | | |
| ☐ | けんこう<br>건강 | 健康 | | |
| ☐ | こうか<br>효과 | 効果 | | |
| ☐ | すいみん<br>수면 | 睡眠 | | |
| ☐ | たいそう<br>체조 | 体操 | | |
| ☐ | むね<br>가슴 | 胸 | | |
| ☐ | ゆび<br>손가락, 발가락 | 指 | | |
| ☐ | なおる<br>낫다, 치료되다 | 治る | | |
| ☐ | はかる<br>달다, 재다 | 測る | | |
| ☐ | へる<br>줄다, 감소하다 | 減る | | |
| ☐ | くるしい<br>답답하다, 고통스럽다 | 苦しい | | |
| ☐ | ぬるい<br>미지근하다 | 温い | | |
| ☐ | かいしょう<br>해소 | 解消 | | |
| ☐ | がまん<br>참음, 견딤, 인내 | 我慢 | | |
| ☐ | しょうか<br>소화 | 消化 | | |
| ☐ | せいじょう<br>정상 | 正常 | | |
| ☐ | じょうぶ<br>건강, 튼튼 | 丈夫 | | |
| ☐ | とうぜん<br>당연함 | 当然 | | |

음성듣기

# DAY 28

# 시간·공간·거리 (1)

얼마나
알고 있나요?

**사전 체크**

- [ ] 01 辺り
- [ ] 02 以降
- [ ] 03 位置
- [ ] 04 裏
- [ ] 05 延長
- [ ] 06 過去
- [ ] 07 完了
- [ ] 08 期限
- [ ] 09 近所
- [ ] 10 下旬
- [ ] 11 郊外
- [ ] 12 際
- [ ] 13 最終
- [ ] 14 最中
- [ ] 15 昨夜
- [ ] 16 締め切り
- [ ] 17 終了
- [ ] 18 隅
- [ ] 19 先日
- [ ] 20 倉庫
- [ ] 21 地域
- [ ] 22 地方
- [ ] 23 定休日
- [ ] 24 ななめ
- [ ] 25 年中
- [ ] 26 半年
- [ ] 27 方角
- [ ] 28 未来
- [ ] 29 翌日
- [ ] 30 夜中
- [ ] 31 空く
- [ ] 32 急ぐ
- [ ] 33 終わる
- [ ] 34 過ぎる
- [ ] 35 済む
- [ ] 36 経つ
- [ ] 37 近づく
- [ ] 38 広がる
- [ ] 39 寄る
- [ ] 40 幼い
- [ ] 41 狭い
- [ ] 42 長い

**01**
あた
辺り
명 근처, 주변

6時になると、辺りが暗くなった。
6시가 되자, 주변이 어두워졌다.

유 辺 주변　周り 주변

---

**02**
い こう
以降
명 이후

ダイエットのために、7時以降はご飯を食べない
ようにしている。
다이어트를 위해서 7시 이후에는 밥을 먹지 않도록 하고 있다.

유 以後 이후

---

**03**
い ち
位置
명 する 위치

あのレストランは駅前に位置していて、いつも混んで
いる。
저 레스토랑은 역 앞에 위치하고 있어서 언제나 붐비고 있다.

---

**04**
うら
裏
명 뒤, 뒤쪽

裏の面に問題があったので作り直すことにした。
뒷면에 문제가 있었기 때문에 다시 만들기로 했다.

반 表 겉, 표면

---

**05**
えんちょう
延長
명 する 연장

次の学期も日本で勉強するためには、ビザを延長し
なければならない。
다음 학기에도 일본에서 공부하기 위해서는 비자를 연장해야 한다.

---

**06**
か こ
過去
명 과거

過去のデータによると、うちの会社は7月が最も
忙しいそうだ。
과거의 데이터에 따르면 우리 회사는 7월이 가장 바쁘다고 한다.

---

**07**
かんりょう
完了
명 する 완료

今週中には必ずこの作業を完了しなければならない。
이번 주 안에는 반드시 이 작업을 완료해야 한다.

---

**08**
きげん
**期限**
명 기한

けいやく きげん かくにん ひ こ じゅんび はじ
契約の期限を確認して、引っ越しの準備を始めた。
계약 기한을 확인하고 이사 준비를 시작했다.

---

**09**
きんじょ
**近所**
명 근처, 이웃

きんじょ ふ べん
近所にコンビニがないので不便です。
근처에 편의점이 없어서 불편합니다.

윤 となり
隣 이웃, 이웃집

---

**10**
げ じゅん
**下旬**
명 하순

がつ げ じゅん つゆ はじ
6月下旬から梅雨が始まる。
6월 하순부터 장마가 시작된다.

+ じょうじゅん ちゅうじゅん
上旬 상순　中旬 중순

---

**11**
こうがい
**郊外**
명 교외

こうがい ねだん あ
このごろは郊外のマンションの値段も上がっている
そうだ。
요즘은 교외의 맨션 가격도 오르고 있다고 한다.

---

**12**
さい
**際**
명 때

とうこう さい せいふく き
登校の際は制服を着なければならない。
등교할 때는 교복을 입어야 한다.

---

**13**
さいしゅう
**最終**
명 최종, 마지막

さいしゅう でんしゃ の かえ
最終の電車に乗れなかったからタクシーで帰るしか
なかった。
마지막 전철을 타지 못해서 택시로 돌아갈 수밖에 없었다.

+ しゅうでん
終電 막차, 마지막 전철

---

**14**
さいちゅう
**最中**
명 한창(인 때)

うんてん さいちゅう でん わ で
運転をしている最中に電話に出てはいけません。
운전을 하고 있는 중에 전화를 받아서는 안 됩니다.

**15**
さく や
**昨夜**
명 어젯밤

<ruby>昨夜<rt>さくや</rt></ruby>降った<ruby>雪<rt>ゆき</rt></ruby>のため、<ruby>試合<rt>しあい</rt></ruby>が<ruby>中止<rt>ちゅうし</rt></ruby>になった。
어젯밤에 내린 눈으로 인해, 시합이 중지되었다.

---

**16**
し     き
**締め切り**
명 마감, 마감일

レポートの<ruby>締<rt>し</rt></ruby>め<ruby>切<rt>き</rt></ruby>りは<ruby>来週<rt>らいしゅう</rt></ruby>の<ruby>月曜日<rt>げつようび</rt></ruby>までだ。
리포트의 마감은 다음 주 월요일까지이다.

---

**17**
しゅうりょう
**終了**
명 する 종료

このドラマは<ruby>来月末<rt>らいげつまつ</rt></ruby>に<ruby>終了<rt>しゅうりょう</rt></ruby>する<ruby>予定<rt>よてい</rt></ruby>だ。
이 드라마는 다음 달 말에 종료될(끝날) 예정이다.
유 <ruby>終<rt>お</rt></ruby>わる 끝나다
반 <ruby>開始<rt>かいし</rt></ruby> 개시

---

**18**
すみ
**隅**
명 구석, 모퉁이

<ruby>私<rt>わたし</rt></ruby>は<ruby>教室<rt>きょうしつ</rt></ruby>の<ruby>隅<rt>すみ</rt></ruby>の<ruby>席<rt>せき</rt></ruby>に<ruby>座<rt>すわ</rt></ruby>るのが<ruby>好<rt>す</rt></ruby>きだ。
나는 교실 구석 자리에 앉는 것을 좋아한다.

---

**19**
せんじつ
**先日**
명 지난날, 일전

<ruby>先日<rt>せんじつ</rt></ruby>はどうもありがとうございました。
요전에는 정말 감사했습니다.

---

**20**
そう こ
**倉庫**
명 창고

<ruby>10年以上前<rt>ねんいじょうまえ</rt></ruby>の<ruby>古<rt>ふる</rt></ruby>い<ruby>資料<rt>しりょう</rt></ruby>は、<ruby>倉庫<rt>そうこ</rt></ruby>に<ruby>入<rt>はい</rt></ruby>っています。
10년 이상 이전의 오래된 자료는 창고에 들어 있습니다.

---

**21**
ち いき
**地域**
명 지역

この<ruby>地域<rt>ちいき</rt></ruby>は<ruby>昔<rt>むかし</rt></ruby>から<ruby>米作<rt>こめづく</rt></ruby>りで<ruby>有名<rt>ゆうめい</rt></ruby>です。
이 지역은 예부터 쌀 생산으로 유명합니다.

**22**
ち ほう
**地方**
圏 지방

年を取ったら、空気のいい地方に住みたい。
나이를 먹으면 공기가 좋은 지방에 살고 싶다.

**23**
ていきゅう び
**定休日**
圏 정기 휴일

せっかく行ったのに、今日は定休日だった。
모처럼 갔는데 오늘은 정기 휴일이었다.

**24**
**ななめ**
圏 ナ 기울어짐, 경사짐

学校のななめ向かいに私の家があります。
학교 대각선 맞은편에 저희 집이 있어요.

**25**
ねんじゅう
**年中**
圏 圊 연중, 일년 내내, 항상

内装工事により年中快適に過ごせるようになった。
내부 인테리어로 일년 내내 쾌적하게 지낼 수 있게 되었다.

유 いつも 늘, 항상　常に 항상, 언제나

**26**
はんとし
**半年**
圏 반년

半年ぶりに実家に帰って両親に会った。
반년 만에 본가에 돌아가서 부모님을 만났다.

**27**
ほうがく
**方角**
圏 방위, 방향

太陽の昇る位置から方角が分かります。
태양이 뜨는 위치로 방향을 알 수 있습니다.

**28**
み らい
**未来**
圏 미래

日本の未来はきっと明るいでしょう。
일본의 미래는 분명 밝을 것입니다.

**29**
よくじつ
**翌日**
📖 다음 날

お酒を飲んだ翌日は、朝起きるのが大変だ。
술을 마신 다음 날은 아침에 일어나는 것이 힘들다.

---

**30**
よなか
**夜中**
📖 한밤중

夜中に一人で歩いていたら、警察官に声をかけられた。
한밤중에 혼자서 걷고 있었더니, 경찰관이 말을 걸었다.
➕ 夕方 저녁 무렵

---

**31**
あ
**空く**
📖 (자리 등이) 비다, 결원이 나다

電車で席が空いていたのですぐに座った。
전철에서 자리가 비어 있어서 바로 앉았다.
🅃 空ける 비우다
➕ 空く (공간이) 비다

---

**32**
いそ
**急ぐ**
📖 서두르다

あと10分しかないから急がないと間に合わないですよ。
앞으로 10분밖에 없으니까 서두르지 않으면 시간에 맞출 수 없어요.
➕ 急ぎ 급함

---

**33**
お
**終わる**
📖 끝나다

3か月前から見続けていたドラマが昨日終わってしまった。
3개월 전부터 계속 보고 있었던 드라마가 어제 끝나 버렸다.

---

**34**
す
**過ぎる**
📖 지나다, 넘다

約束の時間からもう30分も過ぎている。
약속 시간에서 벌써 30분이나 지났다.
🅃 過ごす 보내다, 지내다

---

**35**
す
**済む**
📖 완료되다, 끝나다

仕事が思ったより早く済んだので時間が余ってしまった。
일이 생각보다 빨리 끝나서 시간이 남아 버렸다.
🅃 済ます 끝내다, 해결하다, 때우다

**36**
た
経つ
图 (시간·세월이) 지나다,
　 흐르다, 경과하다

日本に来て、もう３か月が経ちました。
일본에 온지 벌써 3개월이 지났습니다.

**37**
ちか
近づく
图 접근하다, 가까이 가다

試験の日が近づいてきて緊張している。
시험 날이 다가와서 긴장하고 있다.

**38**
ひろ
広がる
图 넓어지다, 퍼지다

大きな工事で道路が広がった。
큰 공사로 도로가 넓어졌다.
　타 広げる 넓히다

**39**
よ
寄る
图 들르다, 접근하다

銀行に寄ってから会社に戻ります。
은행에 들렀다가 회사로 돌아가겠습니다.

**40**
おさな
幼い
イ 어리다

幼いころからずっとマンガやアニメが好きでした。
어릴 때부터 줄곧 만화나 애니메이션을 좋아했습니다.

**41**
せま
狭い
イ 좁다

今の部屋は、ベッドを置くところもないほど狭い。
지금 방은 침대를 둘 곳도 없을 만큼 좁다.
　반 広い 넓다

**42**
なが
長い
イ 길다

象は鼻が長いのが特徴だ。
코끼리는 코가 긴 것이 특징이다.
　반 短い 짧다

**1** 해당 어휘의 읽는 법을 찾고, 빈칸에 그 의미를 써 넣으세요.

> | 보기 | 学生 | ☑ がくせい | ② がっせい | 학생 |
> |---|---|---|---|---|

(1) 期限　　① きかん　　② きげん　　_____

(2) 以降　　① いこう　　② いご　　_____

(3) 年中　　① ねんじゅ　　② ねんじゅう　　_____

(4) 下旬　　① げじゅん　　② かじゅん　　_____

(5) 経つ　　① たつ　　② へつ　　_____

**2** 문맥에 맞는 단어를 보기 에서 골라 알맞은 형태로 바꾸어 써 넣으세요.

(6) レポートの(　　　　)は来週の月曜日までだ。

(7) 約束の時間からもう30分も(　　　　)いる。

(8) 次の学期も日本で勉強するためには、ビザを(　　　　)しなければならない。

(9) 3か月前から見続けていたドラマが昨日(　　　　)しまった。

(10) あと10分しかないから(　　　　)と間に合わないですよ。

> | 보기 | 延長 | 締め切り | 急ぐ | 終わる | 過ぎる |
> |---|---|---|---|---|---|

---

정답

(1) ② 기한　　(2) ① 이후　　(3) ② 언제나, 일년 내내　　(4) ① 하순　　(5) ① (시간·세월이) 지나다, 흐르다
(6) 締(し)め切(き)り　　(7) 過(す)ぎて　　(8) 延長(えんちょう)　　(9) 終(お)わって　　(10) 急(いそ)がない

# 단어 퀴즈

✖ 단어를 보고 발음과 의미를 적어 보세요.

| 단어 | 발음 | 의미 |
|---|---|---|
| 改正 | かいせい | 개정 |
| 裏 | | |
| 過去 | | |
| 期限 | | |
| 近所 | | |
| 最中 | | |
| 締め切り | | |
| 終了 | | |
| 地域 | | |
| 年中 | | |
| 空く | | |
| 急ぐ | | |
| 過ぎる | | |
| 済む | | |
| 経つ | | |
| 寄る | | |
| 狭い | | |
| 位置 | | |
| 幼い | | |
| 延長 | | |
| 郊外 | | |
| 隅 | | |
| 以降 | | |

정답을 따로 접으면 답을 확인할 수 있어요.

✖ 한번 더 복습해 봅시다.

| 읽는 법과 뜻 |
|---|
| ☐ かいせい 개정 |
| ☐ うら 뒤, 뒤쪽 |
| ☐ かこ 과거 |
| ☐ きげん 기한 |
| ☐ きんじょ 근처, 이웃 |
| ☐ さいちゅう 한창(인 때) |
| ☐ しめきり 마감, 마감일 |
| ☐ しゅうりょう 종료 |
| ☐ ちいき 지역 |
| ☐ ねんじゅう 언제나, 일년 내내 |
| ☐ あく 비다 |
| ☐ いそぐ 서두르다 |
| ☐ すぎる 지나다, 넘다 |
| ☐ すむ 완료되다, 끝나다 |
| ☐ たつ 지나다, 경과하다 |
| ☐ よる 접근하다 |
| ☐ せまい 좁다 |
| ☐ いち 위치 |
| ☐ おさない 어리다 |
| ☐ えんちょう 연장 |
| ☐ こうがい 교외 |
| ☐ すみ 구석, 모퉁이 |
| ☐ いこう 이후 |

| 한자 | 발음 | 의미 |
|---|---|---|
| 예 改正 | かいせい | 개정 |
| 裏 | | |
| 過去 | | |
| 期限 | | |
| 近所 | | |
| 最中 | | |
| 締め切り | | |
| 終了 | | |
| 地域 | | |
| 年中 | | |
| 空く | | |
| 急ぐ | | |
| 過ぎる | | |
| 済む | | |
| 経つ | | |
| 寄る | | |
| 狭い | | |
| 位置 | | |
| 幼い | | |
| 延長 | | |
| 郊外 | | |
| 隅 | | |
| 以降 | | |

# DAY 29

# 시간 · 공간 · 거리 (2)

얼마나
알고 있나요?

**사전 체크**

- [ ] **01** 池
- [ ] **02** 以前
- [ ] **03** 移転
- [ ] **04** 延期
- [ ] **05** 折
- [ ] **06** 空
- [ ] **07** 期間
- [ ] **08** 休日
- [ ] **09** 今朝
- [ ] **10** 現在
- [ ] **11** 今後
- [ ] **12** 最近
- [ ] **13** 最初
- [ ] **14** 最低
- [ ] **15** 時刻
- [ ] **16** 終点
- [ ] **17** 深夜
- [ ] **18** 前回
- [ ] **19** 前日
- [ ] **20** 外
- [ ] **21** 側
- [ ] **22** 遅刻
- [ ] **23** 長期
- [ ] **24** 当日
- [ ] **25** 西口
- [ ] **26** 橋
- [ ] **27** 平日
- [ ] **28** 方向
- [ ] **29** 休み
- [ ] **30** 翌年
- [ ] **31** 廊下
- [ ] **32** 明ける
- [ ] **33** 遅れる
- [ ] **34** かかる
- [ ] **35** 空く
- [ ] **36** たまる
- [ ] **37** 続ける
- [ ] **38** 間に合う
- [ ] **39** 遅い
- [ ] **40** 遠い
- [ ] **41** もったいない
- [ ] **42** 十分

**01**
いけ
池
명 연못

こうえん いけ まわ はな さ
公園の池の周りにはきれいな花が咲いている。
공원의 연못 주변에는 예쁜 꽃이 피어 있다.

---

**02**
い ぜん
以前
명 이전

い ぜん いち ど あ
以前、一度お会いしたことがあります。
이전에 한 번 뵌 적이 있습니다.

반 以後 이후　以降 이후

---

**03**
い てん
移転
명 する 이전

らいねん ほんしゃ とうきょう い てん けいかく
来年、本社を東京に移転する計画だ。
내년에 본사를 도쿄로 이전할 계획이다.

---

**04**
えん き
延期
명 する 연기

あめ ふ えんそく えん き
雨が降ったので遠足が延期になった。
비가 내려서 소풍이 연기되었다.

---

**05**
おり
折
명 때

き こく おり いち ど あ
帰国した折には一度会いましょう。
귀국했을 때에 한 번 만납시다.

---

**06**
から
空
명 (속이) 빔, (내용물이) 없음

から
このペットボトルは空だ。
이 페트병은 비어 있다.

---

**07**
き かん
期間
명 기간

き かんない し ごと お
期間内にこの仕事を終わらせなければならない。
기간 내에 이 일을 끝내야 한다.

---

**08**
きゅうじつ
**休日**

명 휴일

きゅうじつ たの いえ えいが み
休日の楽しみは、家で映画を見ることです。
휴일의 낙은 집에서 영화를 보는 것입니다.

---

**09**
けさ
**今朝**

명 오늘 아침

けさ はや お こうえん はし
今朝は早起きをして公園を走った。
오늘 아침에는 일찍 일어나서 공원을 뛰었다.

---

**10**
げんざい
**現在**

명 현재

てんき げんざい かくちいき きおん み
天気アプリで現在の各地域の気温が見られます。
날씨 어플로 현재 각 지역의 기온을 볼 수 있습니다.

---

**11**
こん ご
**今後**

명 금후, 향후, 앞으로

こんご けいかく き
今後の計画はまだ決まっていないままだ。
향후의 계획은 아직 정해져 있지 않은 채이다.

---

**12**
さいきん
**最近**

명 최근

さいきん わかもの あいだ わしょく にんき
最近、若者の間で和食が人気らしい。
요즘 젊은이들 사이에서 일식이 인기인 것 같다.

---

**13**
さいしょ
**最初**

명 최초, 맨 처음

さいしょ た わしょく
最初に食べた和食はうどんだった。
맨 처음 먹은 일식은 우동이었다.

さいご
반 最後 최후, 마지막

---

**14**
さいてい
**最低**

명 최저, 최소

し ごと さいてい しゅうかん ひつよう
その仕事は最低2週間は必要です。
그 일은 최소한 2주일은 필요합니다.

さいこう
반 最高 최고

さいてい きおん
+ 最低気温 최저 기온

**15**
じ こく
**時刻**
명 시각

とけい　せいかく　じこく　あ
時計を正確な時刻に合わせてください。
시계를 정확한 시각에 맞춰 주세요.

**16**
しゅうてん
**終点**
명 종점

しゅうてん　えき　ま　あ
終点の駅で待ち合わせしよう。
종점역에서 만나자.

**17**
しん や
**深夜**
명 심야

しごと　じじょう　しんや　しょくじ　おお
仕事の事情で深夜に食事をすることが多い。
업무 사정 상 심야에 식사를 하는 일이 많다.

**18**
ぜんかい
**前回**
명 지난 번, 이전 회

ぜんかい　かいぎ　はな　おも　だ
前回の会議で話していたことを思い出した。
저번 회의에서 이야기했던 것이 떠올랐다.
➕ こんかい 今回 이번　じかい 次回 다음 번

**19**
ぜんじつ
**前日**
명 전날, 전일

やくそく　ぜんじつ　ともだち　い　い
約束の前日になって、友達に行けないと言われた。
약속 전날이 되어서야 친구가 못 간다고 했다.

**20**
そと
**外**
명 밖, 바깥

こ　いえ　なか　そと　あそ　ほう
子どもは家の中より外で遊んだ方がいい。
아이는 집 안보다 바깥에서 노는 편이 좋다.

**21**
そば
**側**
명 곁, 옆

とき　そば
つらい時、側にいてくれてありがとう。
힘들 때 곁에 있어 줘서 고마워.

## 22
ち こく
**遅刻**
명 する 지각

ね ぼう     やくそく    ち こく
寝坊して約束に遅刻してしまった。
늦잠을 자서 약속에 지각해 버렸다.

## 23
ちょう き
**長期**
명 장기

かれ   かいしゃ   ちょう き    やす    と      かいがいりょこう
彼は会社で長期の休みを取り、海外旅行をした。
그는 회사에 장기 휴가를 내고, 해외여행을 했다.
반 短期 단기
    たん き

## 24
とうじつ
**当日**
명 당일

とうじつ          か のう
このチケットは、当日キャンセルが可能です。
이 티켓은 당일 취소가 가능합니다.

## 25
にしぐち
**西口**
명 서쪽 출구

しんじゅくえき    にしぐちちか        かいしゃ
新宿駅の西口近くには会社がたくさんある。
신주쿠 역의 서쪽 출구 근처에는 회사가 많이 있다.
＋ 東口 동쪽 출구   南口 남쪽 출구   北口 북쪽 출구
   ひがしぐち        みなみぐち         きたぐち

## 26
はし
**橋**
명 다리

はし    わた       みぎがわ
あの橋を渡ると、右側にスーパーがあります。
저 다리를 건너면 오른쪽에 슈퍼가 있습니다.

## 27
へいじつ
**平日**
명 평일

へいじつ   まいにちしゅっきん        しゅうまつ   やす
平日は毎日出勤するが、週末は休みだ。
평일은 매일 출근하지만, 주말은 휴일이다.
＋ 休日 휴일
   きゅうじつ

## 28
ほうこう
**方向**
명 방향

ち ず   いま  いち い        ほうこう   たし
地図で今の位置や行く方向を確かめてください。
지도에서 지금 위치와 가는 방향을 확인해 주세요.

**29**
やす
**休み**

명 휴일, 휴가

<ruby>最近<rt>さいきん</rt></ruby>は<ruby>忙<rt>いそが</rt></ruby>しくて、<ruby>週末<rt>しゅうまつ</rt></ruby>も<ruby>休<rt>やす</rt></ruby>みがもらえない。
요즘은 바빠서, 주말에도 휴일을 받을 수 없다(쉴 수 없다).

---

**30**
よくとし
**翌年**

명 이듬해, 다음 해
(「よくねん」이라고도 발음함)

<ruby>大学<rt>だいがく</rt></ruby>を<ruby>卒業<rt>そつぎょう</rt></ruby>した<ruby>翌年<rt>よくとし</rt></ruby>に<ruby>結婚<rt>けっこん</rt></ruby>した。
대학교를 졸업한 다음 해에 결혼했다.

➕ <ruby>翌日<rt>よくじつ</rt></ruby> 익일, 이튿날

---

**31**
ろうか
**廊下**

명 복도

<ruby>廊下<rt>ろうか</rt></ruby>に<ruby>物<rt>もの</rt></ruby>が<ruby>置<rt>お</rt></ruby>いてあったので<ruby>通<rt>とお</rt></ruby>れなかった。
복도에 물건이 놓여 있어서 지나갈 수 없었다.

---

**32**
あ
**明ける**

동 (날이) 밝다, 새다
(어느 기간이) 끝나다

<ruby>勉強<rt>べんきょう</rt></ruby>に<ruby>集中<rt>しゅうちゅう</rt></ruby>していたら、いつの<ruby>間<rt>ま</rt></ruby>にか<ruby>夜<rt>よ</rt></ruby>が<ruby>明<rt>あ</rt></ruby>けていた。
공부에 집중하고 있었더니, 어느새 날이 밝아 있었다.

➕ <ruby>梅雨明<rt>つゆあ</rt></ruby>け 장마가 끝남

---

**33**
おく
**遅れる**

동 늦다, 지각하다

<ruby>先<rt>さき</rt></ruby>ほど、<ruby>事故<rt>じこ</rt></ruby>で<ruby>電車<rt>でんしゃ</rt></ruby>が<ruby>遅<rt>おく</rt></ruby>れると<ruby>放送<rt>ほうそう</rt></ruby>があった。
좀 전에 사고로 전철이 늦어진다고 방송이 있었다.

---

**34**
**かかる**

동 걸리다, 소요되다

3<ruby>時間<rt>じかん</rt></ruby>かかってやっと<ruby>会議<rt>かいぎ</rt></ruby>が<ruby>終<rt>お</rt></ruby>わった。
3시간 걸려서 겨우 회의가 끝났다.

➕ <ruby>手間<rt>てま</rt></ruby>がかかる (시간·수고가) 들다

---

**35**
す
**空く**

동 속이 비다, 공간이 비다,
틈이 나다

<ruby>平日<rt>へいじつ</rt></ruby>の<ruby>昼<rt>ひる</rt></ruby>は、<ruby>電車<rt>でんしゃ</rt></ruby>の<ruby>中<rt>なか</rt></ruby>が<ruby>空<rt>す</rt></ruby>いている。
평일 낮은 전철 안이 비어 있다.

➕ <ruby>空<rt>あ</rt></ruby>く (자리 등이) 비다

**36**
**たまる**
图 쌓이다, 밀리다

さいきんやす じかん つか
最近休む時間がないので疲れがたまっている。
요즘 쉴 시간이 없어서 피로가 쌓여 있다.

他 ためる 모으다, 쌓아 두다

**37**
つづ
**続ける**
图 계속하다

しゅみ ねん つづ
趣味のギターを、もう10年も続けている。
취미인 기타를 벌써 10년이나 계속하고 있다.

自 続く 계속되다

**38**
ま あ
**間に合う**
图 제시간에 대다, 맞추다

おく おも ま あ
遅れると思ったけど間に合ってよかった。
늦을 거라고 생각했는데, 시간에 맞춰서 다행이다.

**39**
おそ
**遅い**
イ 늦다

へんじ おそ でんわ
メールの返事が遅いので電話をしてみた。
메일의 답장이 늦어서 전화를 해 보았다.

**40**
とお
**遠い**
イ 멀다

いえ がっこう とお でんしゃ かよ
家から学校が遠いので、電車で通っている。
집에서 학교가 멀어서 전철로 다니고 있다.

反 近い 가깝다

**41**
**もったいない**
イ 아깝다

いちにちじゅうね じかん
一日中寝ていたら、時間がもったいないでしょう。
하루 종일 자고 있으면 시간이 아깝잖아.

**42**
じゅうぶん
**十分**
ナ 副 충분함

やくそく じ いまいえ で じゅうぶん ま あ
約束は12時なので、今家を出れば十分に間に合う
だろう。
약속은 12시이기 때문에, 지금 집을 나가면 충분히 맞출 수 있을 것이다.

**1** 해당 어휘의 읽는 법을 찾고, 빈칸에 그 의미를 써 넣으세요.

| 보기 学生 | ⓥ がくせい | ② がっせい | 학생 |

(1) 空 　　　　① から 　　　② くら 　　　＿＿＿＿＿＿

(2) 方向 　　　① ほうこう 　② ほうこく 　＿＿＿＿＿＿

(3) 延期 　　　① えんぎ 　　② えんき 　　＿＿＿＿＿＿

(4) 翌年 　　　① よくとし 　② まいとし 　＿＿＿＿＿＿

(5) 遅い 　　　① おそい 　　② ちがい 　　＿＿＿＿＿＿

**2** 문맥에 맞는 단어를 보기 에서 골라 알맞은 형태로 바꾸어 써 넣으세요.

(6) 平日の昼は、電車の中が(　　　　)いる。

(7) 勉強に集中していたら、いつの間にか夜が(　　　　)いた。

(8) 遅れると思ったけど(　　　　)よかった。

(9) 最近休む時間がないので疲れが(　　　　)いる。

(10) 先ほど、事故で電車が(　　　　)と放送があった。

| 보기 | 明ける　　遅れる　　空く　　たまる　　間に合う |

## 단어 퀴즈

✤ 단어를 보고 발음과 의미를 적어 보세요.

| 단어 | 발음 | 의미 |
|---|---|---|
| 改正 | かいせい | 개정 |
| 池 | | |
| 今朝 | | |
| 遅刻 | | |
| 平日 | | |
| 翌年 | | |
| 明ける | | |
| 遅れる | | |
| かかる | | |
| 空く | | |
| 続ける | | |
| 間に合う | | |
| 遅い | | |
| 移転 | | |
| 延期 | | |
| 空 | | |
| 時刻 | | |
| 終点 | | |
| 廊下 | | |
| 現在 | | |
| 方向 | | |
| 当日 | | |
| 深夜 | | |

선을 따라 접으면 답을 확인할 수 있어요.

✽ 한번 더 복습해 봅시다.

| 한자 | 발음 | 의미 |
|---|---|---|
| 예 改正 | かいせい | 개정 |
| 池 | | |
| 今朝 | | |
| 遅刻 | | |
| 平日 | | |
| 翌年 | | |
| 明ける | | |
| 遅れる | | |
| かかる | | |
| 空く | | |
| 続ける | | |
| 間に合う | | |
| 遅い | | |
| 移転 | | |
| 延期 | | |
| 空 | | |
| 時刻 | | |
| 終点 | | |
| 廊下 | | |
| 現在 | | |
| 方向 | | |
| 当日 | | |
| 深夜 | | |

| 읽는 법과 뜻 |
|---|
| ☐ かいせい 개정 |
| ☐ いけ 연못 |
| ☐ けさ 오늘 아침 |
| ☐ ちこく 지각 |
| ☐ へいじつ 평일 |
| ☐ よくとし 이듬해, 다음 해 |
| ☐ あける (날이) 밝다, 끝나다 |
| ☐ おくれる 늦다, 지각하다 |
| ☐ かかる 걸리다 |
| ☐ すく 속이 비다 |
| ☐ つづける 계속하다 |
| ☐ まにあう 제 시간에 대다 |
| ☐ おそい 늦다 |
| ☐ いてん 이전 |
| ☐ えんき 연기 |
| ☐ から (속이) 빔 |
| ☐ じこく 시각 |
| ☐ しゅうてん 종점 |
| ☐ ろうか 복도 |
| ☐ げんざい 현재 |
| ☐ ほうこう 방향 |
| ☐ とうじつ 당일 |
| ☐ しんや 심야 |

# 부사

음성듣기

あいにく　せめて
いきなり
常に

얼마나
알고 있나요?

**사전** 체크

| | | | |
|---|---|---|---|
| ☐ 01 しばらく | ☐ 02 早めに | ☐ 03 どきどき | ☐ 04 さっそく |
| ☐ 05 しっかり | ☐ 06 そろそろ | ☐ 07 がっかり | ☐ 08 必ずしも |
| ☐ 09 そっと | ☐ 10 主に | ☐ 11 突然 | ☐ 12 なるべく |
| ☐ 13 さっき | ☐ 14 大変 | ☐ 15 だいたい | ☐ 16 全て |
| ☐ 17 そっくり | ☐ 18 相変わらず | ☐ 19 うっかり | ☐ 20 急に |
| ☐ 21 全然 | ☐ 22 全く | ☐ 23 もちろん | ☐ 24 絶対 |
| ☐ 25 ぴったり | ☐ 26 いきいき | ☐ 27 いらいら | ☐ 28 うとうと |
| ☐ 29 うろうろ | ☐ 30 からから | ☐ 31 がらがら | ☐ 32 そわそわ |
| ☐ 33 にこにこ | ☐ 34 のろのろ | ☐ 35 ばらばら | ☐ 36 ぶつぶつ |
| ☐ 37 ふらふら | ☐ 38 ぶらぶら | ☐ 39 ぺこぺこ | ☐ 40 ぺらぺら |
| ☐ 41 まごまご | ☐ 42 わくわく | | |

**01**
## しばらく
부 당분간, 잠깐, 잠시

ストレスのため、しばらく会社を休むことにした。
스트레스 때문에 당분간 회사를 쉬기로 했다.

---

**02**
## 早めに
부 빨리, 일찌감치

遅刻しないように早めに家を出ました。
지각하지 않도록 일찌감치 집을 나섰습니다.

---

**03**
## どきどき
부 する 두근두근

明日は初デートなので、どきどきして眠れない。
내일은 첫 데이트라서 두근거려 잠이 오지 않는다.

---

**04**
## さっそく
부 곧, 즉시, 이내, 당장

新しいパソコンを買ったので、さっそく使ってみた。
새로운 컴퓨터를 샀기 때문에 당장 사용해 봤다.

---

**05**
## しっかり
부 する (기억 등이) 확실한 모양, 똑똑히

一度会った人の顔はしっかり覚えている。
한 번 만난 사람의 얼굴은 확실히 기억하고 있다.

---

**06**
## そろそろ
부 슬슬

暗くなってきたので、そろそろ帰りましょうか。
어두워지기 시작했으니, 슬슬 돌아갈까요?

---

**07**
## がっかり
부 する 실망하는 모양, 낙심하다

応援していたチームが負けてしまってがっかりした。
응원하고 있던 팀이 져 버려서 낙심했다.

---

**08**

かなら
**必ずしも(〜ない)**

부 반드시 ~인 것은 아니다
(부정 수반)

金持ちが必ずしも幸せとは限らない。
부자가 반드시 행복하다고 할 수는 없다.

---

**09**

**そっと**

부 する 살그머니, 살짝,
가만히, 몰래

赤ちゃんが寝ているのでドアをそっと閉めた。
아기가 자고 있어서 문을 살며시 닫았다.

---

**10**

おも
**主に**

부 주로

週末は主にゲームをして過ごします。
주말에는 주로 게임을 하며 보냅니다.

---

**11**

とつぜん
**突然**

부 돌연, 갑자기

道を歩いていると突然、雨が降り出した。
길을 걷고 있는데 갑자기 비가 내리기 시작했다.

유 急に 갑자기  いきなり 갑자기

---

**12**

**なるべく**

부 되도록, 될 수 있는 한,
가급적, 가능한 한

忙しくなければ、なるべく来てください。
바쁘지 않으면 가능한 한 와 주세요.

유 できるだけ 가능한 한

---

**13**

**さっき**

부 아까, 조금 전

さっき降り出した雨が雪に変わった。
아까 내리기 시작한 비가 눈으로 바뀌었다.

+ 先 먼저, 앞, 이전

---

**14**

たいへん
**大変**

부 ナ 몹시, 매우, 대단함

大変おいしくいただきました。
매우 맛있게 먹었습니다.

---

**15**

**だいたい**

부 명 대체로, 대개

休みの日はだいたい映画を見たり、運動をしたりしている。

쉬는 날은 대체로 영화를 보거나, 운동을 하거나 하고 있다.

유 たいてい 대개, 대부분

---

**16**

**全て**

부 명 모두, 모조리

パソコンが壊れてデータが全て消えてしまった。

컴퓨터가 고장 나서 데이터가 모두 지워져 버렸다.

---

**17**

**そっくり**

부 ナ 꼭 닮음, 그대로,
전부, 몽땅, 모조리

妹 は顔も性格も母親にそっくりです。

여동생은 얼굴도 성격도 어머니와 꼭 닮았습니다.

---

**18**

**相変わらず**

부 변함없이, 여전히

彼女は年を取っても、相変わらずきれいですね。

그녀는 나이가 들어도 여전히 예쁘네요.

---

**19**

**うっかり**

부 する 깜빡, 무심코

デートの約束をうっかり忘れてしまった。

데이트 약속을 깜빡 잊어 버렸다.

---

**20**

**急に**

부 갑자기

最近、急に寒くなって布団から出るのがつらい。

요즘 갑자기 추워져서 이불에서 나가는 것이 힘들다.

유 突然 돌연, 갑자기　いきなり 갑자기

---

**21**

**全然(〜ない)**

부 전혀 〜않다(부정 수반)

授業中、全然関係ない話をして怒られました。

수업 중에 전혀 관계없는 이야기를 해서 혼났습니다.

**22**
まった
**全く(〜ない)**
🔹 완전히, 전혀 〜않다
(부정 수반)

かのじょ けっこん まった よそう
彼女が結婚するなんて全く予想していなかった。
그녀가 결혼한다니, 전혀 예상하지 못했다.

**23**
**もちろん**
🔹 물론

わたし かれ いけん さんせい
私は彼の意見にはもちろん賛成だ。
나는 그의 의견에는 물론 찬성이다.

**24**
ぜったい
**絶対**
🔹 ナ 절대

よわ ひと ぜったい ゆる
弱いものをいじめる人は絶対に許せない。
약한 자를 괴롭히는 사람은 절대로 용서할 수 없다.

**25**
**ぴったり**
🔹 する 꼭 맞는 모양, 꼭, 딱

かのじょ
彼女にもらったセーターはサイズがぴったりだった。
그녀에게 받은 스웨터는 사이즈가 딱 맞았다.

**26**
**いきいき**
🔹 する 생생한, 생기가 넘침

かのじょ しごと たの まいにち
彼女は仕事が楽しくて毎日いきいきとしている。
그녀는 일이 즐거워서 매일 생기가 넘치고 있다.

**27**
**いらいら**
🔹 する 초조한 모양

やくそく じかん ともだち こ
約束の時間に友達が来なくていらいらした。
약속 시간에 친구가 오지 않아서 초조했다.

**28**
**うとうと**
🔹 する 깜빡깜빡 조는 모양,
꾸벅꾸벅

きのう おそ ね じゅぎょうちゅう
昨日遅く寝たので、授業中うとうとしてしまった。
어제 늦게 자서 수업 중에 꾸벅꾸벅 졸고 말았다.

**29**

**うろうろ**

[부] [する] 우왕좌왕, 허둥지둥,
　　　 어슬렁어슬렁

最近変な人が家の前をうろうろしている。
요즘 이상한 사람이 집 앞을 어슬렁어슬렁하고 있다.

---

**30**

**からから**

[부] 바싹 말라 물기가 없는 모양,
　　 바짝바짝, 보송보송

しゃべりすぎて喉がからからになった。
너무 말을 많이 해서 목이 바싹 말랐다.

---

**31**

**がらがら**

[부] 속이 비어 있는 모양, 텅텅

今日は金曜日なのに、あの店はがらがらだ。
오늘은 금요일인데, 저 가게는 텅텅 비었다.

---

**32**

**そわそわ**

[부] [する] 안절부절못함

面接の順番が近くなってそわそわしている。
면접 순서가 다가와서 안절부절못하고 있다.

---

**33**

**にこにこ**

[부] [する] 생긋생긋, 싱글벙글

あの子はいつもにこにこしている。
저 아이는 늘 싱글벙글 웃고 있다.

---

**34**

**のろのろ**

[부] 느릿느릿

目の前の車がのろのろ走っている。
눈 앞의 차가 느릿느릿 달리고 있다.

---

**35**

**ばらばら**

[부] [ナ] 분해되는 모양, 제각각,
　　　 따로따로, 뿔뿔이

意見がばらばらで結論が出なかった。
의견이 분분하여 결론이 나지 않았다.

---

**36**

## ぶつぶつ

📗 투덜투덜

彼は上司に注意されてぶつぶつ不満を言っていた。

그는 상사에게 주의를 받고 투덜투덜 불만을 말하고 있었다.

---

**37**

## ふらふら

📗 する 걸음·마음이 흔들리는 모양, 비틀비틀

食事をしていないせいか、足がふらふらする。

식사를 하지 않은 탓인지, 다리가 후들거린다

---

**38**

## ぶらぶら

📗 する 목적 없이 거니는 모양, 어슬렁어슬렁

時間があったので街をぶらぶらと歩いた。

시간이 있어서 거리를 어슬렁어슬렁 걸었다.

---

**39**

## ぺこぺこ

📗 배가 몹시 고픈 모양

朝から何も食べていないのでお腹がぺこぺこだ。

아침부터 아무것도 먹지 않아서 배가 몹시 고프다.

---

**40**

## ぺらぺら

📗 외국어를 유창하게 말하는 모양, 술술, 줄줄

日本語がぺらぺらに話せるようになりたい。

일본어를 유창하게 말할 수 있게 되고 싶다.

---

**41**

## まごまご

📗 する 우물쭈물

急にプレゼンテーションをさせられ、まごまごした。

갑자기 프레젠테이션을 하라고 해서 우물쭈물했다.

---

**42**

## わくわく

📗 する 두근두근

初めての日本旅行でわくわくしている。

첫 일본 여행이라 두근두근거린다.

# 확인 문제

● 문맥에 맞는 표현을 보기에서 골라 써 넣으세요.

보기

主(おも)に　相変(あいか)わらず　急(きゅう)に
大変(たいへん)　絶対(ぜったい)　そっと　そっくり
うっかり　ぴったり　ふらふら

(1) (　　　　)おいしくいただきました。

(2) 週末(しゅうまつ)は(　　　　)ゲームをして過(す)ごします。

(3) 最近(さいきん)、(　　　　)寒(さむ)くなって布団(ふとん)から出(で)るのがつらい。

(4) 彼女(かのじょ)は年(とし)を取(と)っても、(　　　　)きれいですね。

(5) 弱(よわ)いものをいじめる人(ひと)は(　　　　)に許(ゆる)せない。

(6) デートの約束(やくそく)を(　　　　)忘(わす)れてしまった。

(7) 彼女(かのじょ)にもらったセーターはサイズが(　　　　)だった。

(8) 食事(しょくじ)をしていないせいか、足(あし)が(　　　　)する。

(9) 赤(あか)ちゃんが寝(ね)ているのでドアを(　　　　)閉(し)めた。

(10) 妹(いもうと)は顔(かお)も性格(せいかく)も母親(ははおや)に(　　　　)です。

정답

(1) 大変(たいへん)　(2) 主(おも)に　(3) 急(きゅう)に　(4) 相変(あいか)わらず　(5) 絶対(ぜったい)
(6) うっかり　(7) ぴったり　(8) ふらふら　(9) そっと　(10) そっくり

# 단어 퀴즈

✖  단어를 보고 발음과 의미를 적어 보세요.

| 단어 | 발음과 의미 | |
|---|---|---|
| 改正 | かいせい | 개정 |
| しばらく | | |
| さっそく | | |
| しっかり | | |
| そろそろ | | |
| がっかり | | |
| 必ず | | |
| 突然 | | |
| 全て | | |
| そっくり | | |
| 相変わらず | | |
| うっかり | | |
| 全く | | |
| ぴったり | | |
| いらいら | | |
| にこにこ | | |
| ぶらぶら | | |
| ぺらぺら | | |
| そっと | | |
| なるべく | | |
| だいたい | | |
| ふらふら | | |
| からから | | |

정답을 따라 접으면 답을 확인할 수 있어요.

✖ 한번 더 복습해 봅시다.

| 뜻 | 어휘 | 발음과 의미 | |
|---|---|---|---|
| かいせい<br>개정 | 예 改正 | かいせい | 개정 |
| 당분간, 잠깐 | しばらく | | |
| 곧, 즉시, 당장 | さっそく | | |
| 똑똑히, 확실히 | しっかり | | |
| 슬슬 | そろそろ | | |
| 낙심하다 | がっかり | | |
| かならず<br>반드시 | 必ず | | |
| とつぜん<br>돌연, 갑자기 | 突然 | | |
| すべて<br>모두, 모조리 | 全て | | |
| 꼭 닮음, 그대로 | そっくり | | |
| あいかわらず<br>변함없이 | 相変わらず | | |
| 깜빡, 무심코 | うっかり | | |
| まったく<br>완전히, 전혀 | 全く | | |
| 꼭, 딱 | ぴったり | | |
| 초조한 모양 | いらいら | | |
| 생긋생긋, 싱글벙글 | にこにこ | | |
| 어슬렁어슬렁 | ぶらぶら | | |
| 술술, 줄줄 | ぺらぺら | | |
| 살짝, 가만히, 몰래 | そっと | | |
| 되도록, 가능한 한 | なるべく | | |
| 대체로, 대개 | だいたい | | |
| 비틀비틀 | ふらふら | | |
| 바짝바짝 | からから | | |

# 健康な食事

　健康を維持するために私が気をつけていることは、なんといっても食事だ。もちろん、運動だとか睡眠も大事だが、料理好きな私にとって、食事で健康管理をすることは一番手軽で簡単だからだ。

　健康な食事であるために大切なことは、一日の栄養のバランスが取れたものにすることだ。例えば、肉類を食べ過ぎないように1日80グラム以下にしたり、料理に使う油の量を計算したり、完璧な食事にしようと思うと実はきりがないものだ。そこで、私が行っていることは、食卓にさまざまな色が並ぶようにするころだ。野菜や海草は緑、肉や魚は赤、豆類や卵は黄色、ご飯は白として見たときに、食卓に全部の色がそろっているようにするのだ。

**해석**

## 건강한 식사

　건강을 유지하기 위하여 내가 주의하고 있는 것은 뭐니뭐니해도 식사이다. 물론 운동이라던가 수면도 중요하지만, 요리를 좋아하는 나에게 있어서, 식사로 건강 관리를 하는 것은 가장 쉽고 간단하기 때문이다.

　건강한 식사이기 위하여 중요한 것은 하루의 영양 밸런스를 맞추는 것이다. 예를 들면 육류를 과식하지 않도록 하루 80그램 이하로 한다거나, 요리에 사용하는 기름의 양을 계산한다거나, 완벽한 식사로 하고자 하면 실은 끝이 없는 법이다. 그래서 내가 행하고 있는 것은 식탁에 여러 색이 나열되도록 하는 것이다. 야채와 해초는 녹색, 고기와 생선은 빨강, 콩류와 계란은 노랑, 밥은 흰색으로 보았을 때에 식탁에 모든 색이 갖춰져 있도록 하는 것이다.

# 시험 직전
# 집중 공략 어휘

| 어휘 | 발음 | 의미 | 어휘 | 발음 | 의미 |
|------|------|------|------|------|------|
| 味 | あじ | 맛 | 腕 | うで | 팔, 솜씨 |
| 秋 | あき | 가을 | 噂 | うわさ | 소문 |
| 朝 | あさ | 아침 | 枝 | えだ | 가지 |
| 汗 | あせ | 땀 | 絵 | え | 그림 |
| 穴 | あな | 구멍 | 丘 | おか | 언덕 |
| 兄 | あに | 형, 오빠 | 奥 | おく | 속, 안, 깊숙한 곳 |
| 姉 | あね | 누나, 언니 | 夫 | おっと | 남편 |
| 油 | あぶら | 기름 | 音 | おと | 소리 |
| 嵐 | あらし | 폭풍우 | 弟 | おとうと | 남동생 |
| 泡 | あわ | 거품 | 帯 | おび | 띠, 허리띠 |
| 案 | あん | 안, 의견, 예상 | 表 | おもて | 겉, 표면 |
| 胃 | い | 위(위장) | 香り | かおり | 향기 |
| 息 | いき | 숨 | 鏡 | かがみ | 거울 |
| 池 | いけ | 연못 | 鍵 | かぎ | 열쇠 |
| 泉 | いずみ | 샘 | 数 | かず | 수 |
| 命 | いのち | 목숨 | 肩 | かた | 어깨 |
| 祈り | いのり | 기도 | 形 | かたち | 형태, 모양 |
| 妹 | いもうと | 여동생 | 角 | かど | 모서리 |
| 岩 | いわ | 바위 | 壁 | かべ | 벽 |
| (お)祝い | (お)いわい | 축하, 축하 선물 | 神 | かみ | 신 |
| 牛 | うし | 소 | 髪 | かみ | 머리카락 |

| 어휘 | 발음 | 의미 | 어휘 | 발음 | 의미 |
|------|------|------|------|------|------|
| 紙 | かみ | 종이 | 声 | こえ | 목소리 |
| 雷 | かみなり | 천둥 | 氷 | こおり | 얼음 |
| 空 | から | (속이) 비어 있음 | 心 | こころ | 마음 |
| 柄 | がら | 무늬 | 腰 | こし | 허리 |
| 体 | からだ | 몸 | 粉 | こな | 가루, 분말 |
| 皮 | かわ | 껍질, 가죽 | 米 | こめ | 쌀 |
| 缶 | かん | 깡통 | 差 | さ | 차, 차이 |
| 感じ | かんじ | 느낌, 기분 | 坂 | さか | 언덕, 비탈길 |
| 岸 | きし | 물가 | 酒 | さけ | 술 |
| 傷 | きず | 상처 | 幸せ | しあわせ | 행복 |
| 北 | きた | 북, 북쪽 | 島 | しま | 섬 |
| 霧 | きり | 안개 | 染み | しみ | 얼룩 |
| 草 | くさ | 풀 | 霜 | しも | 서리 |
| 薬 | くすり | 약 | 姿 | すがた | 모습, 자세 |
| 癖 | くせ | 버릇 | 隅 | すみ | 모퉁이, 구석 |
| 首 | くび | 목, 머리 | 背 | せ | 등, 신장, 배경 |
| 雲 | くも | 구름 | 席 | せき | 자리, 좌석 |
| 毛 | け | 털 | 空 | そら | 하늘 |
| 煙 | けむり | 연기 | (お)互い | (お)たがい | 서로, 상호간 |
| 券 | けん | 표, 티켓 | 縦 | たて | 세로 |
| 件 | けん | 건, 사항 | 谷 | たに | 산골짜기 |

| 어휘 | 발음 | 의미 |
|------|------|------|
| 旅 | たび | 여행 |
| 卵 | たまご | 달걀 |
| 血 | ち | 피 |
| 力 | ちから | 힘 |
| 机 | つくえ | 책상 |
| 土 | つち | 땅, 흙 |
| 包み | つつみ | 꾸러미, 보따리 |
| 綱 | つな | 밧줄 |
| 妻 | つま | 아내 |
| 寺 | てら | 절 |
| 隣 | となり | 이웃, 옆 |
| 夏 | なつ | 여름 |
| 鍋 | なべ | 냄비 |
| 生 | なま | 생, 날것 |
| 波 | なみ | 파도, 물결 |
| 涙 | なみだ | 눈물 |
| 縄 | なわ | 줄 |
| 西 | にし | 서, 서쪽 |
| 庭 | にわ | 뜰, 마당 |
| 根 | ね | 뿌리 |
| 熱 | ねつ | 열 |

| 어휘 | 발음 | 의미 |
|------|------|------|
| 葉 | は | 잎 |
| 歯 | は | 치아 |
| 倍 | ばい | 배, 2배 |
| 箱 | はこ | 상자 |
| 橋 | はし | 다리 |
| 箸 | はし | 젓가락 |
| 柱 | はしら | 기둥 |
| 鼻 | はな | 코 |
| 幅 | はば | 폭, 너비 |
| 林 | はやし | 숲 |
| 腹 | はら | 배(복부) |
| 針 | はり | 바늘 |
| 春 | はる | 봄 |
| 東 | ひがし | 동, 동쪽 |
| 光 | ひかり | 빛 |
| 額 | ひたい | 이마 |
| 昼 | ひる | 낮, 점심 |
| 豚 | ぶた | 돼지 |
| 冬 | ふゆ | 겨울 |
| 星 | ほし | 별 |
| 骨 | ほね | 뼈 |

| 어휘 | 발음 | 의미 |
|---|---|---|
| 枕 | まくら | 베개 |
| 孫 | まご | 손자 |
| 窓 | まど | 창문 |
| 豆 | まめ | 콩 |
| 湖 | みずうみ | 호수 |
| 緑 | みどり | 녹색 |
| 港 | みなと | 항구 |
| 南 | みなみ | 남, 남쪽 |
| 実 | み | 열매 |
| 昔 | むかし | 옛날 |
| 麦 | むぎ | 보리 |
| 虫 | むし | 벌레 |
| 娘 | むすめ | 딸 |
| 胸 | むね | 가슴 |
| 森 | もり | 수풀, 삼림 |
| (お)湯 | (お)ゆ | 뜨거운 물 |
| 床 | ゆか | 마루 |
| 指 | ゆび | 손가락, 발가락 |
| 夢 | ゆめ | 꿈 |
| 横 | よこ | 옆, 가로 |
| 夜 | よる | 밤 |

| 어휘 | 발음 | 의미 |
|---|---|---|
| 寮 | りょう | 기숙사 |
| (お)礼 | (お)れい | 사례, 감사 선물 |
| 例 | れい | 예 |
| 列 | れつ | 줄, 행렬 |

| 어휘 | | 의미 |
|---|---|---|
| 門 | 문 문 | せいもん<br>正門 정문 |
| 問 | 물을 문 | ぎもん<br>疑問 의문　と<br>問う 묻다 |
| 閉 | 닫을 폐 | へいかい<br>閉会 폐회　し<br>閉める 닫다 |
| 開 | 열 개 | かいかい<br>開会 개회　あ<br>開ける 열다 |
| 聞 | 들을 문 | き<br>聞く 듣다 |
| 関 | 관계할 관 | かんしん<br>関心 관심　げんかん<br>玄関 현관 |
| 間 | 사이 간 | にんげん<br>人間 인간<br>ま あ<br>間に合う 시간에 맞추다 |
| 簡 | 간략할 간 | かんたん<br>簡単 간단 |
| 観 | 볼 관 | かんこう<br>観光 관광　かんきゃく<br>観客 관객 |
| 歓 | 기쁠 환 | かんげい<br>歓迎 환영 |
| 若 | 같을 약 | じゃっかん<br>若干 약간　わか<br>若い 젊다 |
| 苦 | 쓸 고 | にが<br>苦い 쓰다　くる<br>苦しい 괴롭다 |
| 石 | 돌 석 | ほうせき<br>宝石 보석　いし<br>石 돌 |
| 岩 | 바위 암 | がんせき<br>岩石 암석　いわ<br>岩 바위 |
| 交 | 사귈 교 | こうかん<br>交換 교환　こうさてん<br>交差点 교차로 |
| 校 | 학교 교 | がっこう<br>学校 학교 |
| 祭 | 제사 제 | だいがくさい<br>大学祭 대학 축제<br>まつ<br>祭り 축제 |
| 際 | 사이 제 | こくさい<br>国際 국제　じっさい<br>実際 실제 |
| 察 | 살필 찰 | かんさつ<br>観察 관찰　けいさつ<br>警察 경찰 |

| 어휘 | | 의미 |
|---|---|---|
| 受 | 받을 수 | じゅけん<br>受験 수험　うけつけ<br>受付 접수 |
| 授 | 줄 수 | じゅぎょう<br>授業 수업　きょうじゅ<br>教授 교수 |
| 職 | 직분 직 | しょくぎょう<br>職業 직업　しゅうしょく<br>就職 취직 |
| 識 | 알 식 | ちしき<br>知識 지식　じょうしき<br>常識 상식 |
| 周 | 두루 주 | しゅうい<br>周囲 주위<br>まわ<br>周り 주위, 주변 |
| 週 | 돌 주 | しゅうまつ<br>週末 주말　こんしゅう<br>今週 이번 주 |
| 調 | 고를 조 | ちょうさ<br>調査 조사<br>しら<br>調べる 조사하다 |
| 怒 | 성낼 노 | おこ<br>怒る 화내다 |
| 努 | 힘쓸 노 | どりょく<br>努力 노력<br>つと<br>努める 노력하다 |
| 農 | 농사 농 | のうぎょう<br>農業 농업 |
| 濃 | 짙을 농 | こ<br>濃い 진하다 |
| 豊 | 풍년 풍 | ほうふ<br>豊富 풍부　ゆた<br>豊か 풍부함 |
| 復 | 회복할 복 | ふくしゅう<br>復習 복습　おうふく<br>往復 왕복 |
| 腹 | 배 복 | はら<br>腹 배 |
| 複 | 겹칠 복 | ふくざつ<br>複雑 복잡 |
| 録 | 기록할 록 | きろく<br>記録 기록　ろくおん<br>録音 녹음 |
| 緑 | 푸를 록 | りょくちゃ<br>緑茶 녹차　みどりいろ<br>緑色 녹색 |

| 어휘 | | 의미 |
|---|---|---|
| 貿 | 무역할 무 | 貿易 무역 |
| 費 | 쓸 비 | 費用 비용  消費 소비 |
| 安 | 편안 안 | 不安 불안  安定 안정 |
| 案 | 책상 안 | 案内 안내  提案 제안 |
| 室 | 집 실 | 和室 일본식 방<br>教室 교실 |
| 堂 | 집 당 | 食堂 식당 |
| 屋 | 집 옥 | 屋外 야외  屋根 지붕 |
| 責 | 꾸짖을 책 | 責任 책임<br>責める 나무라다, 질책하다 |
| 積 | 쌓을 적 | 積極的 적극적<br>積む 쌓다 |
| 績 | 길쌈할 적 | 業績 업적  成績 성적 |
| 然 | 그럴 연 | 自然 자연<br>突然 돌연, 갑자기 |
| 燃 | 탈 연 | 燃料 연료<br>燃える 불 타다 |
| 焼 | 불사를 소 | 焼く 태우다  焼ける 타다 |
| 命 | 목숨 명 | 命令 명령  命 목숨, 생명 |
| 冷 | 찰 랭 | 冷房 냉방  冷たい 차갑다 |
| 齢 | 나이 령 | 年齢 연령 |

| 어휘 | | 의미 |
|---|---|---|
| 険 | 험할 험 | 冒険 모험  険しい 험하다 |
| 検 | 검사할 검 | 検査 검사 |
| 験 | 시험할 험 | 試験 시험  実験 실험 |
| 幸 | 다행 행 | 幸せ 행복<br>幸い 다행, 행복 |
| 辛 | 매울 신 | 辛い 맵다  辛い 괴롭다 |
| 反 | 돌이킬 반 | 反対 반대  反省 반성 |
| 坂 | 언덕 판 | 坂道 비탈길  坂 언덕 |
| 板 | 널빤지 판 | 看板 간판  まな板 도마 |
| 返 | 돌이킬 반 | 返事 대답  返す 돌려주다 |
| 販 | 팔 판 | 販売 판매 |
| 招 | 부를 초 | 招待 초대  招く 부르다 |
| 超 | 넘을 초 | 超過 초과<br>超える 초과하다, 넘다 |
| 妻 | 아내 처 | 夫妻 부부  妻 아내 |
| 婦 | 며느리 부 | 夫婦 부부  婦人 부인 |
| 割 | 벨 할 | 割引 할인  割合 비율 |
| 害 | 해할 해 | 利害 이해  妨害 방해 |
| 還 | 돌아올 환 | 還元 환원 |
| 環 | 고리 환 | 環境 환경  循環 순환 |

| 어휘 | 의미 | | 어휘 | 의미 |
|---|---|---|---|---|
| 鏡 거울 경 | 眼鏡 (めがね) 안경　鏡 (かがみ) 거울 | | 温 따듯할 온 | 温度 (おんど) 온도　気温 (きおん) 기온<br>温泉 (おんせん) 온천<br>温かい (あたた) 따뜻하다 |
| 境 지경 경 | 国境 (こっきょう) 국경　環境 (かんきょう) 환경 | | 混 섞을 혼 | 混乱 (こんらん) 혼란<br>混ぜる (ま) 혼합하다, 섞다 |
| 衣 옷 의 | 衣服 (いふく) 의복　衣類 (いるい) 의류 | | 湿 축축할 습 | 湿度 (しつど) 습도　湿気 (しっけ) 습기 |
| 依 의지할 의 | 依頼 (いらい) 의뢰 | | 訪 찾을 방 | 訪問 (ほうもん) 방문<br>訪れる (おとず) 방문하다 |
| 義 옳을 의 | 民主主義 (みんしゅしゅぎ) 민주주의<br>講義 (こうぎ) 강의 | | 妨 방해할 방 | 妨害 (ぼうがい) 방해<br>妨げる (さまた) 방해하다 |
| 議 의논할 의 | 議論 (ぎろん) 의논　不思議 (ふしぎ) 신기함 | | 防 막을 방 | 予防 (よぼう) 예방　防ぐ (ふせ) 막다 |
| 儀 거동 의 | 儀礼 (ぎれい) 의례　行儀 (ぎょうぎ) 예의범절 | | 折 꺾을 절 | 骨折 (こっせつ) 골절　折る (お) 접다 |
| 犠 희생 희 | 犠牲 (ぎせい) 희생 | | 技 재주 기 | 技術 (ぎじゅつ) 기술　演技 (えんぎ) 연기 |
| 到 이를 도 | 到着 (とうちゃく) 도착　到来 (とうらい) 도래 | | 象 코끼리 상 | 印象 (いんしょう) 인상　象 (ぞう) 코끼리 |
| 倒 넘어질 도 | 面倒 (めんどう) 귀찮음<br>倒れる (たお) 넘어지다 | | 像 모양 상 | 映像 (えいぞう) 영상　想像 (そうぞう) 상상 |
| 刻 새길 각 | 遅刻 (ちこく) 지각　刻む (きざ) 새기다 | | 相 서로 상 | 相互 (そうご) 상호　相手 (あいて) 상대 |
| 持 가질 지 | 持参 (じさん) 지참<br>持つ (も) 들다, 가지다 | | 想 생각 상 | 想像 (そうぞう) 상상　連想 (れんそう) 연상 |
| 待 기다릴 대 | 招待 (しょうたい) 초대　待つ (ま) 기다리다 | | 経 날 경 | 経済 (けいざい) 경제　経験 (けいけん) 경험 |
| 動 움질일 동 | 動作 (どうさ) 동작　動く (うご) 움직이다 | | 軽 가벼울 경 | 軽傷 (けいしょう) 경상　軽い (かる) 가볍다<br>手軽 (てがる) 간편함, 손쉬움 |
| 働 동(일본 한자) | 労働 (ろうどう) 노동　働く (はたら) 일하다 | | 悩 괴로워할 뇌 | 苦悩 (くのう) 고뇌　悩む (なや) 고민하다 |
| 制 억제할 제 | 制服 (せいふく) 제복　制度 (せいど) 제도 | | 憎 미워할 증 | 憎い (にく) 밉다 |
| 製 지을 제 | 製品 (せいひん) 제품　製造 (せいぞう) 제조 | | | |

| 어휘 | 의미 |
|---|---|
| 脳 뇌 뇌 | 脳 뇌 |
| 主 주인 주 | 主張 주장  主観 주관 |
| 住 살 주 | 住所 주소  住民 주민 |
| 注 부을 주 | 注文 주문  注射 주사 |
| 柱 기둥 주 | 電柱 전봇대  柱 기둥 |
| 駐 머무를 주 | 駐車 주차 |
| 予 미리 예 | 天気予報 일기 예보 |
| 矛 창 모 | 矛盾 모순 |
| 預 미리 예 | 預ける 맡기다 |
| 求 구할 구 | 求職 구직  求める 구하다, 바라다 |
| 救 구원할 구 | 救急車 구급차  救う 구하다, 구조하다 |
| 球 공 구 | 野球 야구  地球 지구 |
| 礼 예도 예 | 失礼 실례  お礼 사례 |
| 祝 빌 축 | 祝日 축일  お祝い 축하 |
| 祈 빌 기 | 祈る 빌다  お祈り 기도, 기원 |
| 健 굳셀 건 | 健康 건강 |
| 建 세울 건 | 建物 건물  建てる 세우다 |
| 康 편안 강 | 健康 건강 |

| 어휘 | 의미 |
|---|---|
| 庫 곳집 고 | 冷蔵庫 냉장고 |
| 痛 아플 통 | 頭痛 두통  痛い 아프다 |
| 形 모양 형 | 形式 형식  人形 인형 |
| 型 모형 형 | 大型 대형  小型 소형 |
| 類 무리 류 | 人類 인류  種類 종류 |
| 数 셈 수 | 数学 수학  数 수 |
| 慢 거만할 만 | 我慢 참음  自慢 자랑 |
| 漫 흩어질 만 | 漫画 만화 |
| 記 기록할 기 | 日記 일기  記す 기록하다 |
| 紀 벼리 기 | 世紀 세기 |
| 結 맺을 결 | 結果 결과  結ぶ 잇다, 매다 |
| 給 줄 급 | 給料 급료  時給 시급 |
| 達 통달할 달 | 配達 배달 |
| 遅 더딜 지 | 遅刻 지각  遅い 늦다 |
| 流 흐를 류 | 流行 유행  流れる 흐르다 |
| 洗 씻을 세 | 洗剤 세제  洗う 씻다 |
| 消 사라질 소 | 消費 소비  取り消す 취소하다 |
| 清 맑을 청 | 清潔 청결  清い 맑다 |

| 어휘 | 의미 |
|---|---|
| 逃 도망할 도 | 逃げる 도망치다 |
| 遠 멀 원 | 遠い 멀다 |
| 辺 가 변 | 周辺 주변<br>この辺 이 근처 |
| 逆 거스릴 역 | 逆転 역전  逆に 거꾸로 |
| 借 빌릴 차 | 借金 빚  借りる 빌리다 |
| 貸 빌릴 대 | 貸金 대출금<br>貸す 빌려주다 |
| 賃 품삯 임 | 家賃 집세 |

| 한자 | 관련 어휘 |
|---|---|
| 角<br>뿔 각 | かく ど<br>角度 각도 |
| | ほうがく<br>方角 방위, 방향 |
| | つの<br>角 뿔 |
| | かど<br>角 구석, 모서리, 길모퉁이 |
| 降<br>내릴 강 | か こう<br>下降 하강 |
| | ふ<br>降る (눈·비가) 내리다 |
| | お<br>降りる (탈 것에서) 내리다 |
| | お<br>降ろす 내려놓다 |
| 苦<br>쓸 고 | く ろう<br>苦労 노고, 고생 |
| | くる<br>苦しい 괴롭다 |
| | にが<br>苦い 쓰다, 언짢다 |
| 気<br>기운 기 | き ぶん<br>気分 기분 |
| | け はい<br>気配 기미, 낌새 |
| | さむけ<br>寒気 오한 |
| 頭<br>머리 두 | とう ぶ<br>頭部 두부, 머리 |
| | ず つう<br>頭痛 두통 |
| 登<br>오를 등 | とうろく<br>登録 등록 |
| | と ざん<br>登山 등산 |
| | やまのぼ<br>山登り 등산 |

| 한자 | 관련 어휘 |
|---|---|
| 無<br>없을 무 | む りょう<br>無料 무료 |
| | ぶ じ<br>無事 무사, 평온함 |
| 冷<br>찰 냉 | れいぼう<br>冷房 냉방 |
| | ひ<br>冷える 차가워지다 |
| | ひ<br>冷やす 차게 하다, 식히다 |
| | さ<br>冷める 식다 |
| | さ<br>冷ます 식히다 |
| 常<br>항상 상 | じょうしき<br>常識 상식 |
| | つね<br>常に 늘, 항상 |
| 相<br>서로 상 | そうだん<br>相談 상담 |
| | しゅしょう<br>首相 수상, 총리 |
| | あい て<br>相手 상대 |
| 省<br>살필 성 | しょうりゃく<br>省略 생략 |
| | はんせい<br>反省 반성 |
| 生<br>날 생 | せいめい<br>生命 생명 |
| | いっしょう<br>一生 일생, 평생 |
| 右<br>오른 우 | う せつ<br>右折 우회전 |
| | さ ゆう<br>左右 좌우 |

| 한자 | 관련 어휘 |
|---|---|
| 細<br>가늘 세 | しょうさい<br>詳細 상세 |
| | ほそ<br>細い 가늘다 |
| | こま<br>細かい 잘다, 미세하다 |
| 実<br>열매 실 | じつりょく<br>実力 실력 |
| | じっさい<br>実際 실제 |
| | み<br>実 열매, 씨앗 |
| | みの<br>実る 열매를 맺다 |
| 数<br>셈 수 | すうがく<br>数学 수학 |
| | にんずう<br>人数 인원수 |
| | かぞ<br>数える 세다 |
| 留<br>머무를 류 | りゅうがく<br>留学 유학 |
| | る す<br>留守 부재중 |
| 人<br>사람 인 | ほんにん<br>本人 본인 |
| | じんこう<br>人口 인구 |
| 作<br>지을 작 | さくぶん<br>作文 작문 |
| | さ ほう<br>作法 예의범절 |
| | さぎょう<br>作業 작업 |
| 全<br>온전할 전 | ぜん ぶ<br>全部 전부 |
| | まった<br>全く 완전히, 전혀 |
| | すべ<br>全て 전부, 모두 |

| 한자 | 관련 어휘 |
|---|---|
| 定<br>정할 정 | よ てい<br>予定 예정 |
| | じょう ぎ<br>定規 자 |
| 活<br>살 활 | せいかつ<br>生活 생활 |
| | かっ き<br>活気 활기 |
| 足<br>발 족 | ふ そく<br>不足 부족 |
| | まんぞく<br>満足 만족 |
| | た<br>足りる 충분하다, 족하다 |
| 存<br>있을 존 | そんざい<br>存在 존재 |
| | ほ ぞん<br>保存 보존 |
| 酒<br>술 주 | に ほんしゅ<br>日本酒 일본 술 |
| | さけ<br>酒 술 |
| | さか や<br>酒屋 술집 |
| 直<br>곧을 직 | ちょくせつ<br>直接 직접 |
| | しょうじき<br>正直 정직 |
| | す なお<br>素直 순진함, 솔직함, 곧음 |
| 替<br>바꿀 체 | こうたい<br>交替 교체, 교대 |
| | りょうがえ<br>両替 환전 |
| 初<br>처음 초 | さいしょ<br>最初 최초 |
| | はじ<br>初めて 처음으로 |
| | はつゆうしょう<br>初優勝 첫 우승 |

| 한자 | 관련 어휘 |
|------|-----------|
| 治<br>다스릴 치 | <ruby>治療<rt>ち りょう</rt></ruby> 치료<br>政治<ruby><rt>せい じ</rt></ruby> 정치 |
| 形<br>모양 형 | <ruby>形式<rt>けいしき</rt></ruby> 형식<br>人形<ruby><rt>にんぎょう</rt></ruby> 인형 |

| 어휘 | 의미 | 어휘 | 의미 |
|---|---|---|---|
| アクセサリー | 액세서리 | エンジニア | 엔지니어 |
| アクセス | 액세스, 접속 | エンジン | 엔진 |
| アクセント | 악센트 | オイル | 오일, 기름 |
| アナウンサー | 아나운서 | オーダー | 오더, 주문, 명령 |
| アニメ | 애니메이션 | オープン | 오픈 |
| アマチュア・アマ | 아마추어 | オフィス | 오피스 |
| アルコール | 알코올 | オリジナル | 오리지널, 원본 |
| アレルギー | 알레르기 | カジュアル | 캐주얼 |
| アンケート | 앙케트, 설문 조사 | ガス | 가스 |
| イベント | 이벤트, 공연, 행사 | ガソリン | 가솔린, 휘발유 |
| イヤホン | 이어폰 | カラー | 컬러, 색 |
| イラスト | 일러스트, 삽화 | カルチャー | 컬쳐, 문화 |
| インスタント | 인스턴트 | カロリー | 칼로리 |
| インターネット | 인터넷 | キーホルダー | 키 홀더, 열쇠 고리 |
| インフレ | 인플레이션 | キャプテン | 캡틴, 주장 |
| ウイルス | 바이러스 | キャンパス | 캠퍼스 |
| エアコン | 에어컨 | クッキー | 쿠키 |
| エコ | 에코, 친환경 | グラウンド | 운동장 |
| エスカレーター | 에스컬레이터 | クラシック | 클래식 |
| エチケット | 에티켓 | クラス | 클래스, 반 |
| エッセイ | 에세이, 수필 | グラフ | 그래프 |
| エネルギー | 에너지 | グラム | 그램(g) |

332

| 어휘 | 의미 | 어휘 | 의미 |
|------|------|------|------|
| グルメ | 미식가 | サイト | 사이트 |
| グレー | 그레이, 회색 | サイン | 사인 |
| クレーム | 클레임, 불만 | サッカー | 축구 |
| クレジットカード | 신용 카드 | サラダ | 샐러드 |
| ケース | 케이스 | サラリーマン | 샐러리맨, 직장인 |
| コース | 코스 | サンプル | 샘플, 견본 |
| コーチ | 코치 | シーズン | 시즌 |
| コート | 코트 | ジーンズ | 청바지 |
| コード | 코드 | ジェスチャー | 제스처 |
| コーナー | 코너 | システム | 시스템 |
| コスト | 비용, 원가 | シフト | (위치) 이동, 교대 근무 |
| コマーシャル | 광고, CM | ジム | 체육관, 헬스장 |
| コミュニケーション | 커뮤니케이션, 소통 | ジャーナリスト | 저널리스트 |
| コレクション | 컬렉션, 수집 | ジャケット | 재킷 |
| コンクール | 콩쿠르, 경연 대회 | ジャンル | 장르, 종류 |
| コンクリート | 콘크리트 | シリーズ | 시리즈 |
| コンサート | 콘서트 | シングル | 싱글 |
| コンセント | 콘센트 | シンプル | 심플 |
| コンテスト | 콘테스트 | スーツ | 슈트, 정장 |
| コンパクト | 콤팩트, 소형 | スーツケース | 여행 가방, 캐리어 |
| コンビニ | 편의점 | スープ | 수프 |
| サークル | 서클, 동호회, 동아리 | スタート | 스타트 |

| 어휘 | 의미 | 어휘 | 의미 |
|---|---|---|---|
| スタイル | 스타일 | タオル | 타월, 수건 |
| スタッフ | 스태프 | ダブル | 더블 |
| ステージ | 스테이지, 무대 | ダメージ | 대미지, 손해, 피해 |
| ステレオ | 스테레오 | タワー | 타워, 탑 |
| ストーブ | 스토브, 난로 | ダンス | 댄스 |
| ストーリー | 스토리 | チーム | 팀 |
| ストップ | 스톱, 정지 | チェック | 체크 |
| ストレート | 곧은, 일직선 | チェックアウト | 체크아웃 |
| ストレス | 스트레스 | チェックイン | 체크인 |
| スピーチ | 스피치, 연설 | チケット | 티켓 |
| スピード | 스피드, 속도 | ツアー | 투어 |
| スペース | 스페이스, 공간 | ツイン | 트윈 |
| スポーツクラブ | 스포츠 클럽 | データ | 데이터 |
| スムーズ | 원활, 순조로움 | テーブル | 테이블 |
| セール | 세일 | テキスト | 텍스트, 교과서 |
| ゼミ | 세미나, 공동 연구 | デフレ | 디플레이션 |
| セミナー | 세미나 | テント | 텐트 |
| ソックス | 양말 | トイレットペーパー | 화장지, 두루마리 휴지 |
| ソフト | 소프트, 부드러움 | トライ | 트라이, 시도 |
| タイトル | 타이틀, 제목 | トラブル | 트러블 |
| タイプ | 타입 | ドル | 달러($) |
| タイミング | 타이밍 | トレーニング | 트레이닝 |

| 어휘 | 의미 |
|---|---|
| ドレス | 드레스 |
| ネックレス | 목걸이 |
| バーゲン | 바겐, 바겐세일 |
| ハード | 하드, 엄격함 |
| パートナー | 파트너 |
| ハイキング | 하이킹 |
| バイク | 바이크, 오토바이 |
| バケツ | 양동이 |
| パスポート | 여권 |
| バスルーム | 욕실 |
| パターン | 패턴 |
| バッグ | 가방 |
| パッケージ | 패키지 |
| バランス | 밸런스, 균형 |
| ハンカチ | 손수건 |
| ビジネス | 비즈니스 |
| ビタミン | 비타민 |
| ファイル | 파일 |
| ファックス | 팩스 |
| ファミレス | '패밀리 레스토랑'의 준말 |
| ファン | 팬 |
| フィットネスクラブ | 피트니스 클럽 |

| 어휘 | 의미 |
|---|---|
| ブーム | 붐, 유행 |
| フォーク | 포크 |
| プライド | 프라이드, 자존심 |
| プライバシー | 프라이버시, 사생활 |
| プライベート | 개인적, 사적 |
| プラスチック | 플라스틱 |
| プラットホーム | 플랫폼 |
| プラン | 플랜, 계획 |
| ブランド | 브랜드, 명품 |
| フリーサイズ | 프리 사이즈 |
| フリーター | 프리터(일정 직업이 없는 사람) |
| フリーマーケット | 플리마켓, 벼룩시장 |
| プリンター | 프린터 |
| ブレーキ | 브레이크 |
| プレゼント | 선물 |
| プロ | 프로 |
| ブログ | 블로그 |
| プログラム | 프로그램 |
| ペース | 페이스 |
| ベッド | 침대 |
| ペット | 반려동물 |
| ペットボトル | 페트병 |

| 어휘 | 의미 | 어휘 | 의미 |
|------|------|------|------|
| ベテラン | 베테랑 | メリット | 메리트, 장점, 이점 |
| ベルト | 벨트 | メンバー | 멤버 |
| ベンチ | 벤치 | ユニーク | 유니크, 독특함 |
| ポイント | 포인트 | ライバル | 라이벌 |
| ボーナス | 보너스 | ラッシュアワー | 러시아워(출·퇴근 시간의 교통 혼잡 시간) |
| ホームステイ | 홈스테이 | ラップ | 랩(식품 보존용 포장지) |
| ホームページ | 홈페이지 | ランチ | 런치, 점심 |
| ボール | 볼, 공 | リーダー | 리더 |
| ポスター | 포스터 | リュックサック | 등산용 배낭, 백팩 |
| ポケット | 포켓, 주머니 | ルール | 룰, 규칙 |
| ボタン | 버튼, 단추 | レジ | 계산대 |
| ボランティア | 자원봉사 | レシート | 영수증 |
| ボリューム | 볼륨, 음량, 양 | レジャー | 레저, 여가 |
| マイナス | 마이너스 | レベル | 레벨 |
| マスク | 마스크 | レポート | 리포트, 보고서 |
| マスコミ | 매스컴, 언론 | ロビー | 로비 |
| マラソン | 마라톤 | ワンピース | 원피스 |
| ミーティング | 미팅, 모임 | | |
| ムード | 무드, 분위기 | | |
| メーカー | 메이커, 제조 회사 | | |
| メッセージ | 메시지 | | |
| メニュー | 메뉴 | | |

| 어휘 | 의미 |
| --- | --- |
| アナウンス(する) | 아나운스, 방송(하다) |
| アピール(する) | 어필(하다) |
| アレンジ(する) | 정리, 조정, 편곡(하다) |
| オーバー(する) | 오버, 초과(하다) |
| ガイド(する) | 가이드, 안내(하다) |
| クリック(する) | 클릭(하다) |
| ゴール(する) | 골, 골인(하다), 목표를 통과(하다) |
| コピー(する) | 복사(하다) |
| コメント(する) | 코멘트, 논평·해설·설명(하다) |
| セット(する) | 조절(하다), 설정(하다) |
| ダイエット(する) | 다이어트(하다) |
| ダウンロード(する) | 다운로드(하다) |
| タッチ(する) | 터치(하다) |
| ヒット(する) | 히트(치다), 대성공(하다) |
| フォロー(する) | 뒤쫓다, 팔로우(하다) |
| プラス(する) | 플러스, 더하다 |
| プリント(する) | 인쇄(하다) |
| プレゼン(する) | 프리젠테이션, 발표(하다) |
| マスター(する) | 마스터(하다) |
| ミス(する) | 실수(하다) |
| ラッピング(する) | 포장(하다) |
| リストラ(する) | 구조 조정(하다) |

| 어휘 | 의미 |
| --- | --- |
| リラックス(する) | 릴렉스, 진정(하다) |
| レッスン(する) | 레슨(하다) |
| レンタル(する) | 렌탈, 대여(하다) |

| 어휘 | 활용 예 | 어휘 | 활용 예 |
|---|---|---|---|
| こう<br>高~ | こうしゅうにゅう<br>高収入 고수입 | ふ<br>不~ | ふ ひつよう<br>不必要 불필요 |
| | こうせいのう<br>高性能 고성능 | | ふ まじめ<br>不真面目 불성실 |
| こう<br>好~ | こう き かい<br>好機会 좋은 기회 | み<br>未~ | み かいはつ<br>未開発 미개발 |
| | こうけい き<br>好景気 호경기 | | み かんせい<br>未完成 미완성 |
| さい<br>再~ | さいかいはつ<br>再開発 재개발 | | み けいけん<br>未経験 미경험 |
| | さい りよう<br>再利用 재활용 | | み こうかい<br>未公開 미공개 |
| しゅ<br>主~ | しゅせいぶん<br>主成分 주성분 | | み しよう<br>未使用 미사용 |
| | しゅもくてき<br>主目的 주목적 | | み せいねん<br>未成年 미성년 |
| たん<br>短~ | たん き かん<br>短期間 단기간 | ひ<br>非~ | ひ こうかい<br>非公開 비공개 |
| | たん じ かん<br>短時間 단시간 | | ひ こうしき<br>非公式 비공식 |
| なま<br>生~ | なま<br>生ゴミ 음식물 쓰레기 | | ひ じょうしき<br>非常識 비상식 |
| | なまほうそう<br>生放送 생방송 | | ひ にちじょう<br>非日常 비일상 |
| ふ<br>不~ | ふ あんてい<br>不安定 불안정 | む<br>無~ | む い み<br>無意味 무의미 |
| | ふ か のう<br>不可能 불가능 | | む かんしん<br>無関心 무관심 |
| | ふ かんぜん<br>不完全 불완전 | | む けいかく<br>無計画 무계획 |
| | ふけい き<br>不景気 불경기 | | む せきにん<br>無責任 무책임 |
| | ふ ごうかく<br>不合格 불합격 | | む ひょうじょう<br>無表情 무표정 |
| | ふ し ぜん<br>不自然 부자연 | | む めんきょ<br>無免許 무면허 |
| | ふ じ ゆう<br>不自由 부자유 | | |
| | ふ ちゅう い<br>不注意 부주의 | | |

| 어휘 | 활용 예 | 어휘 | 활용 예 |
|---|---|---|---|
| ~的 | 一般的 일반적 | ~性 | 可能性 가능성 |
| | 意識的 의식적 | | 人間性 인간성 |
| | 基本的 기본적 | ~会 | 運動会 운동회 |
| | 計画的 계획적 | | 音楽会 음악회 |
| | 現実的 현실적 | ~風 | 洋風 서양풍 |
| | 個人的 개인적 | | 和風 일본풍 |
| | 自動的 자동적 | ~画 | 絵画 회화(그림) |
| | 消極的 소극적 | | 人物画 인물화 |
| | 積極的 적극적 | ~家 | 画家 화가 |
| | 全国的 전국적 | | 小説家 소설가 |
| | 全般的 전반적 | | 政治家 정치가 |
| | 代表的 대표적 | | 専門家 전문가 |
| | 定期的 정기적 | ~学 | 経営学 경영학 |
| | 比較的 비교적 | | 経済学 경제학 |
| ~先 | 旅行先 여행지 | ~型 | 血液型 혈액형 |
| | 仕事先 일터 | | 最新型 최신형 |
| | 取引先 거래처 | ~図 | 案内図 안내도 |
| | 行き先 행선지 | | 設計図 설계도 |
| | 連絡先 연락처 | | |

| 어휘 | 활용 예 | 어휘 | 활용 예 |
|---|---|---|---|
| ~代<br>(だい) | しょくじだい<br>食事代 식사비, 식대 | ~料<br>(りょう) | しようりょう<br>使用料 사용료 |
| | しんぶんだい<br>新聞代 신문 대금 | | てすうりょう<br>手数料 수수료 |
| | タクシー代(だい) 택시비 | ~化<br>(か) | きかいか<br>機械化 기계화 |
| | でんきだい<br>電気代 전기 요금 | | きんだいか<br>近代化 근대화 |
| ~製<br>(せい) | がいこくせい<br>外国製 외국제 | | こうれいか<br>高齢化 고령화 |
| | にほんせい<br>日本製 일본제 | | こくさいか<br>国際化 국제화 |
| ~沿い<br>(ぞ) | うみぞ<br>海沿い 해안, 바닷가 | | じゆうか<br>自由化 자유화 |
| | かわぞ<br>川沿い 강가 | ~地<br>(ち) | あきち<br>空き地 공터 |
| ~味<br>(み) | にんげんみ<br>人間味 인간미 | | しゅっしんち<br>出身地 출신지 |
| | にんじょうみ<br>人情味 인정미 | ~点<br>(てん) | きょうつうてん<br>共通点 공통점 |
| ~向き<br>(む) | みなみむき<br>南向き 남향 | | ちゅういてん<br>注意点 주의점 |
| ~向け<br>(む) | こどもむけ<br>子供向け 어린이용 | ~さ | あたた<br>暖かさ 따뜻함, 온기 |
| | じょせいむけ<br>女性向け 여성용 | | あつ<br>暑さ 더위 |
| ~誌<br>(し) | げっかんし<br>月刊誌 월간지 | | うれ<br>嬉しさ 기쁨 |
| | しゅうかんし<br>週刊誌 주간지 | | しんせん<br>新鮮さ 신선함 |
| ~産<br>(さん) | アメリカ産(さん) 미국산 | | ひろ<br>広さ 넓이 |
| | がいこくさん<br>外国産 외국산 | | まじめ<br>真面目さ 성실함 |
| ~書<br>(しょ) | めいさいしょ<br>明細書 명세서 | ~み | いた<br>痛み 아픔, 통증 |
| | しょうめいしょ<br>証明書 증명서 | | かな<br>悲しみ 슬픔 |
| | ほうこくしょ<br>報告書 보고서 | | くる<br>苦しみ 괴로움, 고통 |
| | もうしこみしょ<br>申込書 신청서 | | よわ<br>弱み 약점 |

| 동사 | 활용 예 | |
|---|---|---|
| ～合<sub>あ</sub>う | 抱<sub>だ</sub>き合<sub>あ</sub>う 서로 껴안다 | 話<sub>はな</sub>し合<sub>あ</sub>う 서로 이야기하다 |
| ～合<sub>あ</sub>わせる | 待<sub>ま</sub>ち合<sub>あ</sub>わせる 만나기로 (약속)하다 | 問<sub>と</sub>い合<sub>あ</sub>わせる 문의하다 |
| ～上<sub>あ</sub>がる | 起<sub>お</sub>き上<sub>あ</sub>がる 일어서다 | 出来<sub>でき</sub>上<sub>あ</sub>がる 완성되다 |
| ～上<sub>あ</sub>げる | 取<sub>と</sub>り上<sub>あ</sub>げる 다루다 | 持<sub>も</sub>ち上<sub>あ</sub>げる 들어올리다 |
| ～終<sub>お</sub>わる | 読<sub>よ</sub>み終<sub>お</sub>わる 끝까지 다 읽다 | 食<sub>た</sub>べ終<sub>お</sub>わる 다 먹다 |
| ～返<sub>かえ</sub>す | 言<sub>い</sub>い返<sub>かえ</sub>す 말대꾸하다, 반복하여 말하다<br>聞<sub>き</sub>き返<sub>かえ</sub>す 되묻다 | 裏返<sub>うらがえ</sub>す 뒤집다, 뒤바꾸다<br>繰<sub>く</sub>り返<sub>かえ</sub>す 반복하다 |
| ～替<sub>か</sub>える | 着替<sub>きが</sub>える 갈아입다 | 取<sub>と</sub>り替<sub>か</sub>える 갈다, 교체하다 |
| ～かける | 話<sub>はな</sub>しかける 말을 걸다<br>言<sub>い</sub>いかけてやめる<br>말하려다 그만두다 | 呼<sub>よ</sub>びかける 부르다, 호소하다<br>飲<sub>の</sub>みかけのコーヒー<br>마시다 만 커피 |
| ～切<sub>き</sub>る | 走<sub>はし</sub>り切<sub>き</sub>る 완주하다 | 締<sub>し</sub>め切<sub>き</sub>る 마감하다 |
| ～切<sub>き</sub>れる | 売<sub>う</sub>り切<sub>き</sub>れる 다 팔리다, 매진되다 | 数<sub>かぞ</sub>え切<sub>き</sub>れない 다 셀 수 없다 |
| ～込<sub>こ</sub>む | 申<sub>もう</sub>し込<sub>こ</sub>む 신청하다<br>思<sub>おも</sub>い込<sub>こ</sub>む 마음먹다, 믿어버리다 | 押<sub>お</sub>し込<sub>こ</sub>む 밀어 넣다<br>割<sub>わ</sub>り込<sub>こ</sub>む 끼어들다, 새치기하다 |
| ～出<sub>だ</sub>す | 生<sub>う</sub>み出<sub>だ</sub>す 만들어내다<br>飛<sub>と</sub>び出<sub>だ</sub>す 뛰어나가다, 튀어나오다 | 貸<sub>か</sub>し出<sub>だ</sub>す 빌려주다, 대출하다<br>降<sub>ふ</sub>り出<sub>だ</sub>す 내리기 시작하다 |
| ～直<sub>なお</sub>す | 見直<sub>みなお</sub>す 다시 보다, 재검토하다<br>やり直<sub>なお</sub>す 다시 하다 | かけ直<sub>なお</sub>す (전화를) 다시 걸다 |
| ～始<sub>はじ</sub>める | 咲<sub>さ</sub>き始<sub>はじ</sub>める 피기 시작하다 | 食<sub>た</sub>べ始<sub>はじ</sub>める 먹기 시작하다 |

| 동사 | 활용 예 | |
|---|---|---|
| ~取<sub>と</sub>る | 受<sub>う</sub>け取<sub>と</sub>る 받다, 수령하다 | 聞<sub>き</sub>き取<sub>と</sub>る 듣다 |
| ~回<sub>まわ</sub>る | 走<sub>はし</sub>り回<sub>まわ</sub>る 뛰어다니다 | 見<sub>み</sub>回<sub>まわ</sub>る 돌아보다, 둘러보다 |
| ~忘<sub>わす</sub>れる | 言<sub>い</sub>い忘<sub>わす</sub>れる 하려던 말을 잊다 | 置<sub>お</sub>き忘<sub>わす</sub>れる 잊어버리고 두고 오다 |
| 受<sub>う</sub>け~ | 受<sub>う</sub>け入<sub>い</sub>れる 받아들이다 | 受<sub>う</sub>け付<sub>つ</sub>ける 접수하다 |
| 書<sub>か</sub>き~ | 書<sub>か</sub>き上<sub>あ</sub>げる 다 쓰다 | 書<sub>か</sub>き込<sub>こ</sub>む 써 넣다 |
| 立<sub>た</sub>ち~ | 立<sub>た</sub>ち上<sub>あ</sub>がる 일어나다, 시작하다, 나서다 | 立<sub>た</sub>ち止<sub>ど</sub>まる 멈추어 서다 |
| 出<sub>で</sub>~ | 出<sub>で</sub>会<sub>あ</sub>う 만나다 | 出<sub>で</sub>迎<sub>むか</sub>える 마중하다 |
| 通<sub>とお</sub>り~ | 通<sub>とお</sub>りかかる 지나가다 | 通<sub>とお</sub>り過<sub>す</sub>ぎる 지나치다, 지나가다 |
| 取<sub>と</sub>り~ | 取<sub>と</sub>り扱<sub>あつか</sub>う 취급하다 | 取<sub>と</sub>り入<sub>い</sub>れる 집어넣다, 도입하다 |
| | 取<sub>と</sub>り組<sub>く</sub>む 맞붙다, 몰두하다 | 取<sub>と</sub>り消<sub>け</sub>す 취소하다 |
| | 取<sub>と</sub>り出<sub>だ</sub>す 꺼내다 | 取<sub>と</sub>り付<sub>つ</sub>ける 달다 |
| 引<sub>ひ</sub>き~ | 引<sub>ひ</sub>き受<sub>う</sub>ける (일을) 맡다 | 引<sub>ひ</sub>き出<sub>だ</sub>す 꺼내다, 인출하다 |
| 見<sub>み</sub>~ | 見<sub>み</sub>送<sub>おく</sub>る 배웅하다 | 見<sub>み</sub>落<sub>お</sub>とす 미처 못 보다 |
| | 見<sub>み</sub>下<sub>お</sub>ろす 내려다보다 | |
| 乗<sub>の</sub>り~ | 乗<sub>の</sub>り遅<sub>おく</sub>れる 늦어서 못 타다 | 乗<sub>の</sub>り換<sub>か</sub>える 갈아타다, 환승하다 |
| | 乗<sub>の</sub>り越<sub>こ</sub>す (내릴 역을) 지나치다 | 乗<sub>の</sub>り過<sub>す</sub>ごす (목적지를) 지나치다 |
| 落<sub>お</sub>ち~ | 落<sub>お</sub>ち込<sub>こ</sub>む 빠지다, 풀이 죽다 | 落<sub>お</sub>ち着<sub>つ</sub>く 안정되다 |
| 追<sub>お</sub>い~ | 追<sub>お</sub>いかける 뒤쫓다 | 追<sub>お</sub>いつく 따라붙다, 도달하다 |

342

| 어휘 | 의미 | 어휘 | 의미 |
|---|---|---|---|
| <ruby>頭<rt>あたま</rt></ruby>が<ruby>痛<rt>いた</rt></ruby>い | 머리 아프다, 골치 아프다 | <ruby>手<rt>て</rt></ruby>に<ruby>入<rt>い</rt></ruby>れる | 손에 넣다, 입수하다 |
| <ruby>頭<rt>あたま</rt></ruby>に<ruby>来<rt>く</rt></ruby>る | 화나다, 열받다 | <ruby>手<rt>て</rt></ruby>を<ruby>組<rt>く</rt></ruby>む | 손을 잡다, 동맹하다 |
| <ruby>腹<rt>はら</rt></ruby>が<ruby>立<rt>た</rt></ruby>つ | 화가 나다 | <ruby>手<rt>て</rt></ruby>を<ruby>振<rt>ふ</rt></ruby>る | 손을 흔들다 |
| <ruby>肩<rt>かた</rt></ruby>を<ruby>並<rt>なら</rt></ruby>べる | 필적하다 | のどが<ruby>渇<rt>かわ</rt></ruby>く | 목이 마르다 |
| <ruby>気<rt>き</rt></ruby>が<ruby>合<rt>あ</rt></ruby>う | 마음이 맞다 | <ruby>身<rt>み</rt></ruby>につける | 몸에 익히다, 습득하다 |
| <ruby>気<rt>き</rt></ruby>が<ruby>重<rt>おも</rt></ruby>い | 마음이 무겁다 | <ruby>目<rt>め</rt></ruby>がない | 매우 좋아하다, 사족을 못 쓰다 |
| <ruby>気<rt>き</rt></ruby>が<ruby>付<rt>つ</rt></ruby>く | 알아차리다, 깨닫다 | <ruby>目<rt>め</rt></ruby>が<ruby>覚<rt>さ</rt></ruby>める | 잠이 깨다 |
| <ruby>気<rt>き</rt></ruby>に<ruby>入<rt>い</rt></ruby>る | 마음에 들다 | <ruby>目<rt>め</rt></ruby>を<ruby>覚<rt>さ</rt></ruby>ます | 눈을 뜨다, 잠에서 깨다 |
| <ruby>気<rt>き</rt></ruby>にする | 걱정하다, 신경 쓰다 | <ruby>目<rt>め</rt></ruby>を<ruby>閉<rt>と</rt></ruby>じる | 눈을 감다 |
| <ruby>気<rt>き</rt></ruby>になる | 걱정되다, 신경 쓰이다 | <ruby>目<rt>め</rt></ruby>を<ruby>通<rt>とお</rt></ruby>す | 대충 훑어보다 |
| <ruby>気<rt>き</rt></ruby>をつける | 조심하다, 주의하다 | <ruby>印象<rt>いんしょう</rt></ruby>を<ruby>受<rt>う</rt></ruby>ける | 인상을 받다 |
| <ruby>気<rt>き</rt></ruby>を<ruby>配<rt>くば</rt></ruby>る | 배려하다 | <ruby>海<rt>うみ</rt></ruby>におぼれる | 바다에 빠지다 |
| <ruby>口<rt>くち</rt></ruby>が<ruby>重<rt>おも</rt></ruby>い | 과묵하다, 입이 무겁다 | <ruby>円<rt>えん</rt></ruby>に<ruby>両替<rt>りょうがえ</rt></ruby>する | 엔화로 환전하다 |
| <ruby>口<rt>くち</rt></ruby>が<ruby>堅<rt>かた</rt></ruby>い | 입이 무겁다 | <ruby>洗濯物<rt>せんたくもの</rt></ruby>を<ruby>干<rt>ほ</rt></ruby>す | 빨래를 널다, 말리다 |
| <ruby>口<rt>くち</rt></ruby>が<ruby>軽<rt>かる</rt></ruby>い | 입이 가볍다 | <ruby>卵<rt>たまご</rt></ruby>をゆでる | 달걀을 삶다 |
| <ruby>口<rt>くち</rt></ruby>を<ruby>出<rt>だ</rt></ruby>す | 참견하다 | テーブルを<ruby>拭<rt>ふ</rt></ruby>く | 테이블을 닦다 |
| <ruby>首<rt>くび</rt></ruby>になる | 해고되다 | <ruby>荷物<rt>にもつ</rt></ruby>を<ruby>預<rt>あず</rt></ruby>ける | 짐을 맡기다 |
| <ruby>心<rt>こころ</rt></ruby>を<ruby>奪<rt>うば</rt></ruby>われる | 마음을 빼앗기다 | <ruby>花<rt>はな</rt></ruby>が<ruby>枯<rt>か</rt></ruby>れる | 꽃이 시들다 |
| <ruby>心<rt>こころ</rt></ruby>を<ruby>打<rt>う</rt></ruby>たれる | 감동하다 | <ruby>日<rt>ひ</rt></ruby>が<ruby>暮<rt>く</rt></ruby>れる | 날이 저물다 |
| <ruby>手<rt>て</rt></ruby>が<ruby>離<rt>はな</rt></ruby>せない | (바빠서) 손을 뗄 수 없다 | <ruby>道<rt>みち</rt></ruby>に<ruby>迷<rt>まよ</rt></ruby>う | 길을 헤매다 |
| <ruby>手<rt>て</rt></ruby>にする | 손에 넣다, 입수하다 | <ruby>文句<rt>もんく</rt></ruby>を<ruby>言<rt>い</rt></ruby>う(つける) | 불평을 하다 |

| 어휘 | 의미 | 예문 |
|---|---|---|
| あおぞら<br>青空 | 명 푸른 하늘 | くもひと あおぞら ひろ<br>雲一つない青空が広がっている。<br>구름 하나 없는 푸른 하늘이 펼쳐져 있다. |
| あ かん<br>空き缶 | 명 빈 깡통 | みち お あ かん ひろ<br>道に落ちている空き缶を拾った。<br>길에 떨어져 있는 빈 깡통을 주웠다. |
| あ がた<br>明け方 | 명 새벽 | ひさ ともだち あ あ がた あそ<br>久しぶりに友達に会ったので明け方まで遊んだ。<br>오랜만에 친구를 만나서 새벽까지 놀았다. |
| あした<br>明日 | 명 내일, 장래 | あした あめ ふ<br>ニュースによると明日は雨が降るそうだ。<br>뉴스에 의하면 내일은 비가 온다고 한다. |
| あと<br>後～ | 명 뒤(시간)<br>부 앞으로 | あとみっか べんきょう<br>テストまで後３日しかないので勉強しなければ<br>ならない。<br>시험까지 앞으로 3일밖에 없기 때문에 공부해야 한다. |
| あみだな<br>網棚 | 명 (지하철 등의)<br>그물 선반 | でんしゃ とうちゃく あみだな にもつ お<br>電車が到着したので、網棚から荷物を下ろした。<br>전철이 도착했기 때문에 선반에서 짐을 내렸다. |
| あんしょうばんごう<br>暗証番号 | 명 비밀번호 | あんしょうばんごう わす<br>カードの暗証番号を忘れてしまった。<br>카드의 비밀번호를 잊어 버렸다. |
| あんてい<br>安定 | 명 する 안정 | しゅうしょく せいかつ あんてい<br>就職したので、これから生活が安定するだろう。<br>취직했으니까 이제부터 생활이 안정될 것이다. |
| い ばな<br>生け花 | 명 꽃꽂이 | かのじょ い ばなきょうしつ かよ<br>彼女は生け花教室に通っている。<br>그녀는 꽃꽂이 교실에 다니고 있다. |
| いっしょう<br>一生 | 명 평생, 일생 | けっこん いっしょういっしょ く<br>結婚するということは、一生一緒に暮らすという<br>ことだ。<br>결혼한다는 것은 평생 함께 지낸다는 것이다. |
| いっしょうけんめい<br>一生懸命 | 명 ナ 열심히 | いっしょうけんめいべんきょう ごうかく<br>一生懸命勉強すれば、きっと合格できるはずだ。<br>열심히 공부하면 반드시 합격할 수 있을 것이다. |

| 어휘 | 의미 | 예문 |
|---|---|---|
| いなずま<br>稲妻 | 명 번개 | とお いなずま ひか<br>遠くで稲妻が光っている。<br>멀리서 번개가 번쩍이고 있다. |
| い ねむ<br>居眠り | 명 する 앉아서 좀 | じ こ げんいん い ねむ うんてん<br>事故の原因は、居眠り運転だった。<br>사고의 원인은 졸음 운전이었다. |
| い ま<br>居間 | 명 거실 | しょうらい ひろ い ま いえ す<br>将来は広い居間がある家に住みたい。<br>장래에는 넓은 거실이 있는 집에 살고 싶다. |
| いんしゅ<br>飲酒 | 명 する 음주 | た りょう いんしゅ けんこう<br>多量の飲酒は健康のためによくありません。<br>다량의 음주는 건강을 위해 좋지 않습니다. |
| いんしょうてき<br>印象的 | 명 ナ 인상적 | きょうと りょこう み ふる まち いんしょうてき<br>京都を旅行して見た古い町が印象的だった。<br>교토를 여행하며 본 옛 마을이 인상적이었다. |
| うがい | 명 する 가글, 양치 | かぜ ひ いえ かえ<br>風邪を引かないように家に帰ったらうがいをしま<br>しょう。<br>감기에 걸리지 않도록 집에 돌아가(오)면 가글을 합시다. |
| うけつけ<br>受付 | 명 する<br>접수, 접수처 | あさ ごぜん じ うけつけ<br>朝は午前９時から受付しています。<br>아침에는 오전 9시부터 접수하고 있습니다. |
| う ば<br>売り場 | 명 매장 | くつう ば となり う ば<br>靴売り場の隣には、かばん売り場があります。<br>신발 매장 옆에는 가방 매장이 있습니다. |
| うわ ぎ<br>上着 | 명 겉옷, 상의 | あつ き うわ ぎ ぬ<br>暑かったので着ていた上着を脱いだ。<br>더웠기 때문에 입고 있던 겉옷을 벗었다. |
| うんどうじょう<br>運動場 | 명 운동장 | りくじょうぶ うんどうじょう れんしゅう<br>陸上部が運動場で練習をしています。<br>육상부가 운동장에서 연습을 하고 있습니다. |
| え<br>絵 | 명 그림 | え か す かい が きょうしつ かよ<br>絵を描くのが好きなので、絵画教室に通っている。<br>그림을 그리는 것을 좋아해서 회화(그림) 교실에 다니고 있다. |

| 어휘 | 의미 | 예문 |
|---|---|---|
| えきいん<br>駅員 | 명 역무원 | しんじゅくえき みち まよ とき えきいん たす<br>新宿駅で道に迷っていた時、駅員さんが助けてく<br>れた。<br>신주쿠 역에서 길을 헤메고 있을 때 역무원이 도와 주었다. |
| えさ | 명 먹이 | いえ かえ<br>家に帰ったらまず、ペットにえさをあげます。<br>집에 돌아오면 먼저 반려동물에게 먹이를 줍니다. |
| えり | 명 옷깃 | さむ た<br>寒かったので、コートのえりを立てた。<br>추워서 코트의 옷깃을 세웠다. |
| えんそく<br>遠足 | 명 소풍 | たの えんそく あめ ちゅうし<br>楽しみにしていた遠足が雨で中止になった。<br>기대하고 있던 소풍이 비 때문에 중지되었다. |
| えんぴつ<br>鉛筆 | 명 연필 | えんぴつ か<br>そこにある鉛筆で書いてください。<br>거기에 있는 연필로 써 주세요. |
| おうせつしつ<br>応接室 | 명 응접실 | きょう きゃく く かいしゃ おうせつしつ そうじ<br>今日はお客さんが来るので、会社の応接室を掃除<br>した。<br>오늘은 손님이 오기 때문에 회사 응접실을 청소했다. |
| おうだん ほ どう<br>横断歩道 | 명 횡단보도 | あぶ まわ み おうだん ほ どう わた<br>危ないので周りを見てから横断歩道を渡りましょう。<br>위험하니까 주변을 보고 나서 횡단보도를 건넙시다. |
| おお<br>多め | 명 ナ 많이,<br>많은 정도 | で おお<br>ごちそうがたくさん出たので、いつもより多めに<br>はん た<br>ご飯を食べた。<br>맛있는 음식이 많이 나와서, 평소보다 밥을 많이 먹었다. |
| おおゆき<br>大雪 | 명 대설, 큰 눈, 폭설 | きょう とうきょう ねん おおゆき ふ<br>今日は東京で20年ぶりの大雪が降ったそうです。<br>오늘은 도쿄에서 20년 만의 폭설이 내렸다고 합니다. |
| か し<br>お菓子 | 명 과자 | か し た き ぶん よ<br>お菓子を食べると気分が良くなります。<br>과자를 먹으면 기분이 좋아집니다. |
| おかず | 명 반찬 | きょう なん<br>今日のおかずは何ですか。<br>오늘 반찬은 무엇인가요? |

| 어휘 | 의미 | 예문 |
|---|---|---|
| おく<br>奥 | 명 안, 속 | ペンは引き出しの奥に入っています。<br>펜은 서랍 안에 들어 있습니다. |
| おく<br>奥さん | 명 부인 (타인의<br>아내의 경칭) | 同僚の奥さんはとても有名な作家だ。<br>동료의 부인은 아주 유명한 작가이다. |
| おく もの<br>贈り物 | 명 선물 | クリスマスにはサンタクロースから贈り物が届くのよ。<br>크리스마스에는 산타클로스로부터 선물이 도착한단다. |
| おこづかい | 명 용돈 | 祖父におこづかいをもらったので貯金した。<br>할아버지에게 용돈을 받았기 때문에 저금했다. |
| おしぼり | 명 물수건 | サンドイッチを買ったらおしぼりがついていた。<br>샌드위치를 샀더니 물수건이 붙어 있었다. |
| おしゃべり | 명 する 수다쟁이,<br>수다 | 父はお酒を飲むと、おしゃべりになります。<br>아버지는 술을 마시면 수다쟁이가 됩니다. |
| おすすめ | 명 추천, 권유 | 外国人におすすめの韓国料理は何ですか。<br>외국인에게 추천하는 한국 요리는 무엇입니까? |
| たく<br>お宅 | 명 댁 | 明日、先生のお宅に伺ってもよろしいですか。<br>내일 선생님 댁으로 찾아뵈어도 괜찮겠습니까? |
| つ<br>お釣り | 명 거스름돈 | 買い物をして、お釣りをもらった。<br>쇼핑을 하고 거스름돈을 받았다. |
| て あら<br>お手洗い | 명 화장실 | お手洗いをお借りしてもよろしいでしょうか。<br>화장실을 빌려도(써도) 괜찮을까요? |
| としだま<br>お年玉 | 명 세뱃돈 | 孫にお年玉をあげるために現金を下ろした。<br>손자에게 세뱃돈을 주기 위해서 현금을 인출했다. |

| 어휘 | 의미 | 예문 |
|---|---|---|
| お年寄り<br>(としよ) | 명 노인 | お年寄りに席を譲りましょう。<br>어르신에게 자리를 양보합시다. |
| お腹<br>(なか) | 명 배 | 昨日ご飯を食べ過ぎて、朝からお腹が痛い。<br>어제 밥을 너무 많이 먹어서 아침부터 배가 아프다. |
| 帯<br>(おび) | 명 오비 | 着物の帯を強く締めると息ができなくなる。<br>기모노의 오비를 단단히 조여매면 숨을 쉴 수 없게 된다. |
| 思い出<br>(おも で) | 명 추억 | 友達と高校時代の思い出を４時間も話した。<br>친구와 고등학교 시절의 추억을 4시간이나 이야기했다. |
| 思いやり<br>(おも) | 명 동정, 동정심,<br>배려 | 辛かった時友人の思いやりのある一言が嬉しかった。<br>힘들 때 친구의 배려 있는 한마디가 기뻤다. |
| 表<br>(おもて) | 명 겉 | この紙は裏と表が分かりにくい。<br>이 종이는 뒷면과 앞면을 알기 어렵다. |
| 会員<br>(かいいん) | 명 회원 | 会員になったら、色々なサービスが受けられます。<br>회원이 되면 다양한 서비스를 받을 수 있습니다. |
| 会議<br>(かいぎ) | 명 する 회의 | 今日の会議は、３時半から始まる予定だ。<br>오늘 회의는 3시 반부터 시작될 예정이다. |
| 会計<br>(かいけい) | 명 する<br>(음식점 등에서)<br>대금 지불, 계산 | お会計は、一人2,000円です。<br>지불할 금액은 1인당 2,000엔입니다. |
| 外国語<br>(がいこく ご) | 명 외국어 | 将来のためにも何か一つ外国語ができた方がいい。<br>장래를 위해서라도 뭔가 외국어 하나는 할 수 있는 편이 좋다. |
| 外出<br>(がいしゅつ) | 명 する 외출 | 母は今、外出していて家にいません。<br>어머니는 지금 외출해서 집에 없습니다. |
| 改造<br>(かいぞう) | 명 する 개조 | 私の趣味はバイクを改造することだ。<br>내 취미는 바이크를(오토바이를) 개조하는 것이다. |

| 어휘 | 의미 | 예문 |
|---|---|---|
| かいとう<br>回答 | 명 する 회답 | あした<br>明日までにこのアンケートに回答してください。<br>내일까지 이 앙케트에 회답해 주세요. |
| かいふく<br>回復 | 명 する 회복 | かいふく　　　　　　じかん　　　　　　　　　　　　おも<br>回復するまで時間がかかると思います。<br>회복하기까지 시간이 걸릴 거라고 생각합니다. |
| かい わ<br>会話 | 명 する 회화 | にほんじん　　　にほんご　　かいわ　　　　　　　　　わたし　もくひょう<br>日本人と日本語で会話をするのが私の目標だ。<br>일본인과 일본어로 회화를 하는 것이 나의 목표이다. |
| かおいろ<br>顔色 | 명 안색, 얼굴빛 | かれ　　かぜ　　ひ　　　　　　　　かおいろ　　よ<br>彼は風邪を引いていて顔色が良くない。<br>그는 감기에 걸려서 안색이 좋지 않다. |
| かがみ<br>鏡 | 명 거울 | かがみ　　み　　　　　　じ ぶん　　しょうぞう が　　か<br>鏡を見ながら自分の肖像画を描いた。<br>거울을 보면서 자기 자신의 초상화를 그렸다. |
| かか<br>係り | 명 담당, 담당자 | わ　　　　　　　　　　　　　　　　　　　かか　　　ひと　よ<br>分からないことがあったら係りの人を呼んでくだ<br>さい。<br>모르는 것이 있으면 담당자를 불러 주세요. |
| かかりいん<br>係員 | 명 관계자, 담당자 | せき　わ　　　　　　とき　　　　かかりいん　き　　　ほう<br>席が分からない時は、係員に聞いた方がいい。<br>자리를 모를 때는 담당자(직원)에게 물어보는 편이 좋다. |
| かぎ<br>鍵 | 명 열쇠 | いえ　で　　とき　　　　　　　　　かぎ　　　　　　かくにん<br>家を出る時、ちゃんと鍵をかけたか確認してね。<br>집을 나올 때 제대로 열쇠를 잠갔는지(문을 잠갔는지) 확인하렴. |
| がくしゅう<br>学習 | 명 する 학습 | にんげん　　しっぱい　　　　がくしゅう<br>人間は失敗から学習する。<br>인간은 실패로부터 학습한다. |
| かく ど<br>角度 | 명 각도 | いちど　　かく ど　　か　　　　かんが<br>一度、角度を変えて考えてみてください。<br>한번 각도를 바꿔서 생각해 봐 주세요. |
| がく ぶ<br>学部 | 명 학부 | かれ　　　だいがく　　がいこくごがくぶ　　そつぎょう<br>彼はA大学の外国語学部を卒業している。<br>그는 A대학 외국어 학부를 졸업했다. |

| 어휘 | 의미 | 예문 |
|---|---|---|
| がくれき<br>学歴 | 명 학력 | さいよう<br>採用にあたり、年齢・性別・学歴は問いません。<br>채용에 있어, 연령・성별・학력은 묻지 않습니다. |
| かざ<br>飾り | 명 꾸밈, 장식 | かのじょ<br>彼女はきれいな髪飾りをつけている。<br>그녀는 예쁜 머리 장식을 달고 있다. |
| か ちょう<br>課長 | 명 과장 | ふ つう か ちょう<br>普通、課長になるには10〜15年かかる。<br>보통 과장이 되려면 10~15년 걸린다. |
| がっ か<br>学科 | 명 학과 | しゅうまつ しんり がっか しんにゅうせいかんげいかい<br>週末に、心理学科の新入生歓迎会があった。<br>주말에 심리학과의 신입생 환영회가 있었다. |
| がっ き<br>学期 | 명 학기 | きまつ がっき お う<br>期末テストは学期の終わりに受ける。<br>기말 시험은 학기 마지막에 본다. |
| かつよう<br>活用 | 명 する 활용 | かい ぎ しりょう かつよう わ せつめい<br>会議では、資料を活用して分かりやすく説明した。<br>회의에서는 자료를 활용해서 알기 쉽게 설명했다. |
| か てい<br>家庭 | 명 가정 | だいがく じ だい か ていきょう し<br>大学時代に家庭教師のバイトをしたことがある。<br>대학 시절에 가정 교사 아르바이트를 한 적이 있다. |
| か のう<br>可能 | 명 ナ 가능 | か のう ふ か のう わ<br>可能か不可能か、やってみないと分からない。<br>가능할 지 불가능할 지, 해 보지 않으면 모른다. |
| か ふんしょう<br>花粉症 | 명 꽃가루 알레르기 | か ふんしょう はる はな<br>花粉症なので、春になると鼻がかゆくなる。<br>꽃가루 알레르기라서 봄이 되면 코가 간지러워진다. |
| かみ<br>紙 | 명 종이 | かみ た<br>コピーをする紙が足りなくなった。<br>복사를 할 종이가 부족해졌다. |
| か もく<br>科目 | 명 과목 | わたし す か もく えい ご おんがく<br>私の好きな科目は英語と音楽である。<br>내가 좋아하는 과목은 영어와 음악이다. |
| かんげいかい<br>歓迎会 | 명 환영회 | かんげいかい さけ の<br>歓迎会でお酒を飲みすぎてしまった。<br>환영회에서 과음하고 말았다. |

| 어휘 | 의미 | 예문 |
|------|------|------|
| かんこうち<br>観光地 | 圏 관광지 | イタリアに旅行しようと思い、どんな観光地が<br>あるか調べた。<br>이탈리아에 여행 가려고 생각해서 어떤 관광지가 있는지 알아봤다. |
| かんごし<br>看護師 | 圏 간호사 | 姉は大学病院で看護師として働いている。<br>언니(누나)는 대학 병원에서 간호사로 일하고 있다. |
| かんじ<br>漢字 | 圏 한자 | 漢字は書かないと、すぐに忘れてしまいます。<br>한자는 쓰지 않으면, 금방 잊어버리고 맙니다. |
| かんづめ<br>缶詰 | 圏 통조림 | コンビニでいろんな種類の缶詰カレーを売って<br>いる。<br>편의점에서 다양한 종류의 통조림 카레를 팔고 있다. |
| かんぱい<br>乾杯 | 圏 する 건배 | パーティーが始まる時は必ず乾杯をする。<br>파티가 시작될 때는 반드시 건배를 한다. |
| かんばん<br>看板 | 圏 간판 | 駅前には大きい看板が立っている。<br>역 앞에는 큰 간판이 서 있다. |
| かんぺき<br>完璧 | 圏 ナ 완벽 | 完璧に準備したので、今回のイベントは成功する<br>だろう。<br>완벽하게 준비했으니, 이번 이벤트는 성공할 것이다. |
| かんり<br>管理 | 圏 する 관리 | 多くの会社が、パソコンでデータを管理している。<br>많은 회사가 컴퓨터로 데이터를 관리하고 있다. |
| かんれん<br>関連 | 圏 する 관련 | 日本と関連する仕事がしたいです。<br>일본과 관련된 일을 하고 싶습니다. |
| きぎょう<br>企業 | 圏 기업 | 将来は大手企業で働きたい。<br>장래에는 대기업에서 일하고 싶다. |
| きこく<br>帰国 | 圏 する 귀국 | 日本で大学院を卒業した後、帰国した。<br>일본에서 대학원을 졸업한 후, 귀국했다. |

| 어휘 | 의미 | 예문 |
|---|---|---|
| きっかけ | 명 계기 | ドラマがきっかけで日本語の勉強を始めました。<br>드라마를 계기로 일본어 공부를 시작했습니다. |
| きっさてん<br>喫茶店 | 명 찻집, 다방 | 町の小さな喫茶店には、その店ならではの魅力がある。<br>동네의 작은 찻집에는, 그 가게만의 매력이 있다. |
| きって<br>切手 | 명 우표 | 珍しい切手を集めている。<br>희귀한 우표를 모으고 있다. |
| きっぷ<br>切符 | 명 표 | 切符を無くしてしまった。<br>표를 잃어버리고 말았다. |
| きぶん<br>気分 | 명 기분 | どうしても仕事をする気分になれない。<br>도저히 일을 할 기분이 나지 않는다. |
| きぼ<br>規模 | 명 규모 | 今回の地震は規模が大きかった。<br>이번 지진은 규모가 컸다. |
| きぼうしゃ<br>希望者 | 명 희망자 | 希望者を集めて、大学の説明会を開いた。<br>희망자를 모집하여 대학 설명회를 열었다. |
| きも<br>気持ち | 명 마음, 기분, 감정 | 感謝の気持ちを持つことが大切だ。<br>감사의 마음을 가지는 것이 중요하다. |
| きゃくま<br>客間 | 명 응접실, 객실 | 旅館に着くと海の見える客間に案内された。<br>료칸에 도착하자 바다가 보이는 객실로 안내받았다. |
| きゅうそく<br>休息 | 명 する 휴식 | 久しぶりに休息をとることができた。<br>오랜만에 휴식을 취할 수 있었다. |
| きゅうよう<br>急用 | 명 급한 용무 | 急用ができて、約束に遅れた。<br>급한 용무가 생겨서 약속에 늦었다. |

| 어휘 | 의미 | 예문 |
|---|---|---|
| きゅうりょう<br>給料 | 명 급료, 급여, 월급 | きゅうりょう<br>給料がたくさんもらえる会社で働きたい。<br>월급을 많이 받을 수 있는 회사에서 일하고 싶다. |
| きょうかしょ<br>教科書 | 명 교과서 | テストの前に教科書をたくさん読んでおいた。<br>시험 전에 교과서를 많이 읽어 두었다. |
| きょり<br>距離 | 명 거리 | ソウルから東京までの距離はどれくらいですか。<br>서울에서 도쿄까지의 거리는 어느 정도입니까? |
| くつした<br>靴下 | 명 양말 | 洗濯をしたら、靴下の片方が無くなった。<br>빨래를 했더니 양말 한쪽이 없어졌다. |
| くべつ<br>区別 | 명 する 구별 | それとこれとは区別して考えなければならない。<br>그것과 이것은 구별해서 생각해야 한다. |
| けいえい<br>経営 | 명 する 경영 | 私の父はレストランを経営している。<br>우리 아버지는 레스토랑을 경영하고 있다. |
| けいさん<br>計算 | 명 する 계산 | 子どもの時から計算が苦手でした。<br>어렸을 때부터 계산이 서툴렀습니다. |
| げた<br>下駄 | 명 나막신 | 夏になると下駄を履いて出かけることもよくある。<br>여름이 되면 게타를 신고 외출하는 일도 자주 있다. |
| けっこんしき<br>結婚式 | 명 결혼식 | 来週、友達の結婚式のために田舎に帰る。<br>다음 주에 친구 결혼식 때문에 고향으로(시골로) 돌아간다. |
| けん<br>件 | 명 건 | 午後の会議の件ですが、来週に変更になりました。<br>오후 회의 건입니다만, 다음 주로 변경되었습니다. |
| けんか | 명 する 다툼, 싸움 | 子どものころは、よく兄とけんかしたものだ。<br>어릴 때는 형과 자주 싸움을 하곤 했다. |
| けんがく<br>見学 | 명 する 견학 | 新しい先生が授業を見学しに来た。<br>새로운 선생님이 수업을 견학하러 왔다. |

| 어휘 | 의미 | 예문 |
|---|---|---|
| げんき<br>元気 | 명 ナ 기력, 원기,<br>기운 | さいきん、あつ　　　　　　　いぬ　げんき<br>最近、暑くてうちの犬は元気がない。<br>요즘 더워서 우리 개는 기운이 없다. |
| けんきゅうかい<br>研究会 | 명 연구회 | だいがく　　　　つき　いちど　　がっか　けんきゅうかい　かいさい<br>大学では月に一度、学科の研究会を開催している。<br>대학에서는 한 달에 한 번, 학과 연구회를 개최하고 있다. |
| げんきん<br>現金 | 명 현금 | に ほん　　　か　もの　　とき　げんきん　はら　ひと　おお<br>日本では買い物する時、現金で払う人が多い。<br>일본에서는 쇼핑할 때 현금으로 지불하는 사람이 많다. |
| げんきん<br>厳禁 | 명 する 엄금, 금지 | へ や　　はい　　　　　　　　げんきん<br>この部屋に入ることは厳禁されている。<br>이 방에 들어가는 것은 엄격히 금지되어 있다. |
| けんしゅう<br>研修 | 명 する 연수 | しんにゅうしゃいん　　　　げつかん　けんしゅう　う<br>新入社員は、3か月間の研修を受けることになって<br>いる。<br>신입 사원은 3개월간의 연수를 받게 되어 있다. |
| けんちょう<br>県庁 | 명 현청 | ちち　けんちょう　はたら<br>父は県庁で働いている。<br>아버지는 현청에서 일하고 있다. |
| こうかい<br>後悔 | 명 する 후회 | あと　こうかい　　　　　　　　れんしゅう　がんば<br>後で後悔しないように、練習を頑張るつもりだ。<br>나중에 후회하지 않도록 연습을 열심히 할 생각이다. |
| こう ざ<br>口座 | 명 계좌 | ぎんこう　い　　　　あたら　　こう ざ　ひら<br>銀行に行って、新しく口座を開いた。<br>은행에 가서 새롭게 계좌를 개설했다. |
| こう さ てん<br>交差点 | 명 교차로, 사거리 | しんごう　　　　こうさてん　　　じ こ　おお<br>信号がない交差点では事故が多い。<br>신호가 없는 사거리에서는 사고가 많다. |
| こうしゃ<br>後者 | 명 후자 | わたし　こうしゃ　おな　い けん<br>私は後者と同じ意見です。<br>저는 후자와 같은 의견입니다. |
| こうそくどう ろ<br>高速道路 | 명 고속 도로 | こうそくどうろ　　おお　　じ こ　お<br>高速道路は大きい事故が起こりやすい。<br>고속 도로는 큰 사고가 일어나기 쉽다. |

| 어휘 | 의미 | 예문 |
|---|---|---|
| こうはん<br>後半 | 명 후반 | こうはん<br>後半のプレゼンを私がすることになった。<br>후반의 프레젠테이션을 내가 하게 되었다. |
| こうもく<br>項目 | 명 항목 | つぎ こうもく み<br>次の項目を見てください。<br>다음 항목을 봐 주세요. |
| こくばん<br>黒板 | 명 칠판 | じゅぎょう お こくばん か もじ け<br>授業が終わったので黒板に書いた文字を消した。<br>수업이 끝나서 칠판에 쓴 글자를 지웠다. |
| こくふく<br>克服 | 명 する 극복 | ひとまえ はな にがて かいしゃ はい こくふく<br>人前で話すのが苦手だったが、会社に入って克服<br>できた。<br>사람들 앞에서 이야기하는 것이 거북했지만 회사에 들어와서 극복할 수<br>있었다. |
| こぜに<br>小銭 | 명 잔돈 | の とき こぜに じゅんび ほう<br>バスに乗る時には小銭を準備しておいた方がいい。<br>버스를 탈 때에는 잔돈을 준비해 두는 편이 좋다. |
| こた<br>答え | 명 대답, 답 | もんだい こた わ<br>その問題の答えがどうしても分からない。<br>그 문제의 답을 도저히 이해할 수 없다. |
| ごちそう | 명 する 대접,<br>진수성찬 | じょうし ばん<br>上司に晩ごはんをごちそうしてもらった。<br>상사가 저녁 식사를 사 주었다. |
| こむぎこ<br>小麦粉 | 명 밀가루 | つく こむぎこ ひつよう<br>パンやケーキを作るためには小麦粉が必要だ。<br>빵이나 케이크를 만들기 위해서는 밀가루가 필요하다. |
| ごらく<br>娯楽 | 명 오락 | いなか ごらく<br>田舎は、ゲームセンターやカラオケなどの娯楽が<br>すく<br>少ない。<br>시골은 게임 센터나 노래방 같은 오락 (시설)이 적다. |
| らん<br>ご覧 | 명 보심 | らん<br>こちらのカタログはご覧になりましたか。<br>이쪽 카탈로그는 보셨습니까? |
| さいあく<br>最悪 | 명 ナ 최악 | こんかい しけん けっか さいあく<br>今回の試験の結果は最悪だった。<br>이번 시험 결과는 최악이었다. |

| 어휘 | 의미 | 예문 |
|---|---|---|
| さい ふ<br>財布 | 명 지갑 | かれ し　　たんじょう び　　さい ふ<br>彼氏の誕生日に財布をプレゼントした。<br>남자 친구의 생일에 지갑을 선물했다. |
| さき<br>先ほど | 명 아까, 조금 전 | さき　　　　あめ　うそ　　　　　　　いま　は<br>先ほどの雨が嘘みたいに、今は晴れています。<br>조금 전의 비가 거짓말인 듯이, 지금은 날이 개었습니다. |
| さつえい<br>撮影 | 명 する 촬영 | とうきょう　りょこう　　とき　　　　　　　　　き ねんしゃしん　さつえい<br>東京に旅行した時、みんなで記念写真を撮影した。<br>도쿄에 여행 갔을 때 모두 함께 기념 사진을 촬영했다. |
| ざ ぶ とん<br>座布団 | 명 방석 | い す　うえ　　　　　　　　ざ ぶ とん　　　　　　すわ<br>椅子の上にふかふかの座布団をしいて座っている。<br>의자 위에 폭신폭신한 방석을 깔고 앉아 있다. |
| さら<br>皿 | 명 접시 | さら　わ　　た<br>もらったケーキを皿に分けて食べた。<br>받은 케이크를 접시에 나누어 먹었다. |
| さんかく<br>三角 | 명 삼각 | さんかく　　まる　かたち　　　　　　　　　ほう　す<br>三角より丸い形のおにぎりの方が好きです。<br>삼각보다 둥근 모양의 주먹밥 쪽을 더 좋아합니다. |
| ざんねん<br>残念 | 명 ナ 유감 | かれ　や　　　　　　　　　　　　　ざんねん<br>彼が辞めてしまうのはとても残念だ。<br>그가 그만둬 버리는 것은 매우 유감이다. |
| さん ぽ<br>散歩 | 명 する 산책 | まいにち　　じかん　いぬ　さん ぽ<br>毎日１時間は犬と散歩をします。<br>매일 한 시간은 강아지와 산책을 합니다. |
| しあわ<br>幸せ | 명 ナ 행복 | おや　こ　　　　　　しあわ　　ねが<br>親は子どもの幸せを願っている。<br>부모는 아이의 행복을 바라고 있다. |
| じ かんわり<br>時間割 | 명 (수업 등) 시간표 | あした　　じかんわり　か　　　　　　　　ちゅう い<br>明日は時間割が変わるので注意してください。<br>내일은 (수업) 시간표가 바뀌니까 주의해 주세요. |
| じ き<br>時期 | 명 시기 | りゅうがく　　じ き　せんせい　はな　　　　　　　　　き<br>留学する時期は先生と話してから決めるつもり<br>です。<br>유학할 시기는 선생님과 이야기하고서 결정할 생각입니다. |

| 어휘 | 의미 | 예문 |
|------|------|------|
| じきゅう<br>時給 | 명 시급 | じ きゅう たか<br>時給の高いアルバイトを探しています。<br>시급이 높은 아르바이트를 찾고 있습니다. |
| しこう<br>思考 | 명 する 사고, 생각 | さいきん しこう にがて こ おお<br>最近、思考することが苦手な子どもが多い。<br>요즘 사고하는 것이 서툰 아이들이 많다. |
| しごと<br>仕事 | 명 일 | かれ か ぞく まいにちおそ しごと<br>彼は家族のために毎日遅くまで仕事をしている。<br>그는 가족을 위해서 매일 늦게까지 일을 하고 있다. |
| じさん<br>持参 | 명 する 지참 | あした べんとう じさん<br>明日のキャンプは弁当を持参してください。<br>내일 캠프는 도시락을 지참해 주세요. |
| じしょ<br>辞書 | 명 사전 | わ かんじ じしょ しら<br>分からない漢字を辞書で調べた。<br>모르는 한자를 사전으로 찾아보았다. |
| したぎ<br>下着 | 명 속옷 | りょこう みっかぶん したぎ きが ようい<br>旅行のために3日分の下着と着替えを用意した。<br>여행을 위해서 3일분의 속옷과 갈아입을 옷을 준비했다. |
| したく<br>支度 | 명 する 준비, 채비 | りょこう したく ぜんじつ ほう<br>旅行の支度は前日までにしておいた方がいい。<br>여행 준비는 전날까지 해 두는 편이 좋다. |
| じたく<br>自宅 | 명 자택 | じたく にわ いぬ か<br>自宅の庭で犬を飼っている。<br>자택의 정원에서 개를 기르고 있다. |
| じっか<br>実家 | 명 본가, 친정 | なつやす じっか かえ おも<br>夏休みは実家に帰ろうと思っています。<br>여름 방학에는 본가로 돌아가려고 생각하고 있습니다. |
| じっしゅう<br>実習 | 명 する 실습 | きょうし ちゅうがっこう じっしゅう う<br>教師になるために中学校で実習を受けた。<br>교사가 되기 위해 중학교에서 실습을 받았다. |
| しつない<br>室内 | 명 실내 | しつない ど<br>室内は27度にしてください。<br>실내는 27도로 해 주세요. |
| してい<br>指定 | 명 する 지정 | と してい<br>ツアーで泊まりたいホテルを指定した。<br>여행에서 묵고 싶은 호텔을 지정했다. |

| 어휘 | 의미 | 예문 |
|------|------|------|
| じどう<br>児童 | 명 아동 | ここは児童が通る道なので車の運転に気をつけてください。<br>이곳은 아동이 지나는 길이니까, 차 운전에 조심해 주세요. |
| しなぎ<br>品切れ | 명 품절 | 申し訳ございませんが、こちらは今品切れになっております。<br>죄송합니다만, 이쪽은 지금 품절이 되었습니다. |
| しなもの<br>品物 | 명 물품, 물건 | スーパーでは、たくさんの品物が売られている。<br>슈퍼에서는 많은 물건이 팔리고 있다. |
| しはつ<br>始発 | 명 첫차 | 夜遅くまで遊んで、始発に乗って家に帰ってきた。<br>밤 늦게까지 놀고 첫차를 타고 집에 돌아왔다. |
| じむしょ<br>事務所 | 명 사무소 | この近くには法律関係の事務所がたくさんある。<br>이 근처에는 법률 관계 사무소가 많이 있다. |
| しやくしょ<br>市役所 | 명 시청 | 市役所に書類を提出する。<br>시청에 서류를 제출한다. |
| しゃしん<br>写真 | 명 사진 | 彼の趣味は写真を撮ることだ。<br>그의 취미는 사진을 찍는 것이다. |
| しゅっきん<br>出勤 | 명 する 출근 | 今朝は、病院に行ってから出勤した。<br>오늘 아침에는 병원에 갔다가 출근했다. |
| しゅっちょうさき<br>出張先 | 명 출장지 | 出張先でいつも宿泊するビジネスホテルに泊まった。<br>출장지에서 늘 숙박하는 비즈니스 호텔에서 묵었다. |
| しゅみ<br>趣味 | 명 취미 | 趣味を持つことは大切なことです。<br>취미를 가지는 것은 중요한 일입니다. |

| 어휘 | 의미 | 예문 |
|---|---|---|
| じゅみょう<br>寿命 | 명 수명 | とても驚いた時や心配した時「寿命が縮まる」という。<br>매우 놀랐을 때나 걱정했을 때 '수명이 줄어든다'라고 말한다. |
| しょうがくきん<br>奨学金 | 명 장학금 | 彼は大学で奨学金をもらいながら勉強している。<br>그는 대학에서 장학금을 받으면서 공부하고 있다. |
| しょうがくせい<br>小学生 | 명 초등학생 | 彼女には小学生の子供がいる。<br>그녀에게는 초등학생인 아이가 있다. |
| じょうきゃく<br>乗客 | 명 승객 | その船の乗客は3,000人以上だったそうだ。<br>그 배의 승객은 3,000명 이상이었다고 한다. |
| じょうし<br>上司 | 명 상사 | 私の上司はフランス人です。<br>제 상사는 프랑스인입니다. |
| じょうたい<br>状態 | 명 상태 | 今はどんな状態ですか。<br>지금은 어떤 상태입니까? |
| しょうてんがい<br>商店街 | 명 상점가 | 商店街には色々な店が集まっている。<br>상점가에는 여러 가게가 모여 있다. |
| しょうめん<br>正面 | 명 정면 | 建物の正面入り口から入ってください。<br>건물의 정면 입구로 들어와 주세요. |
| しょうゆ | 명 간장 | この料理はしょうゆで味付けをしました。<br>이 요리는 간장으로 간을 했습니다. |
| しようりょう<br>使用料 | 명 사용료 | 夏は水道使用料が増える。<br>여름에는 수도 사용료가 증가한다. |
| しょくぎょう<br>職業 | 명 직업 | どんな職業に関心がありますか。<br>어떤 직업에 관심이 있습니까? |

| 어휘 | 의미 | 예문 |
|---|---|---|
| しょくば<br>職場 | 명 직장 | あたら しょくば いえ ちか<br>新しい職場は、家からとても近い。<br>새로운 직장은 집에서 매우 가깝다. |
| しょくひん<br>食品 | 명 식품 | かれ しょくひんがいしゃ はたら<br>彼は食品会社で働いている。<br>그는 식품 회사에서 일하고 있다. |
| しょしんしゃ<br>初心者 | 명 초보자 | とざん はじ しょしんしゃむ すす<br>登山は初めてなので初心者向けのコースを勧められた。<br>등산은 처음이라서 초보자용 코스를 추천받았다. |
| しょとく<br>所得 | 명 소득 | ひと しょとく おお さ み<br>人によって、所得に大きな差が見られた。<br>사람에 따라 소득에 큰 차이를 볼 수 있었다. |
| しょるい<br>書類 | 명 서류 | かいぎ ひつようしょるい<br>会議までに必要書類をコピーしておかなければならない。<br>회의 때까지 필요 서류를 복사해 두어야 한다. |
| し あ<br>知り合い | 명 아는 사이, 지인 | かれ しゃちょう し あ<br>彼は社長の知り合いだそうだ。<br>그는 사장의 지인이라고 한다. |
| じりつ<br>自立 | 명 する 자립 | じりつ ひとりぐ はじ<br>自立するために一人暮らしを始めた。<br>자립하기 위해 자취를 시작했다. |
| しんかんせん<br>新幹線 | 명 신칸센 | おおさか い くるま しんかんせん ほう はや<br>大阪に行くなら、車よりも新幹線の方が速い。<br>오사카에 가는 것이라면, 차보다도 신칸센 쪽이 빠르다. |
| しんさつ<br>診察 | 명 する 진찰 | びょういん しんさつじかん ごご じ<br>この病院の診察時間は午後6時までだ。<br>이 병원의 진찰 시간은 오후 6시까지이다. |
| じんせい<br>人生 | 명 인생 | いちど じんせい たいせつ<br>一度しかない人生を大切にしよう。<br>한 번밖에 없는 인생을 소중히 하자. |
| しんだん<br>診断 | 명 する 진단 | かいしゃ ねん いっかいけんこうしんだん う<br>この会社では年に一回健康診断を受けなければならない。<br>이 회사에서는 일 년에 한 번 건강 검진을 받아야 한다. |

| 어휘 | 의미 | 예문 |
|---|---|---|
| しんにゅうせい<br>新入生 | 명 신입생 | がつ　　　　　だいがく　　しんにゅうせい<br>4月になると大学は新入生でにぎやかになる。<br>4월이 되면 대학은 신입생으로 북적이게 된다. |
| すいぶん<br>水分 | 명 수분 | ふゆ　はだ　すいぶん　た<br>冬は肌の水分が足りなくなる。<br>겨울에는 피부의 수분이 부족해진다. |
| すうがく<br>数学 | 명 수학 | すうがく　にがて　　えいご　とくい<br>数学は苦手だが、英語は得意だ。<br>수학은 잘 못하지만, 영어는 특기이다. |
| すうじつ<br>数日 | 명 수일 | しりょう　つく　　　すうじつ<br>資料を作るのに数日かかった。<br>자료를 만드는 데에 수일이 걸렸다. |
| せいかく<br>正確 | 명 ナ 정확 | にほんご　せいかく　はつおん　　　むずか<br>日本語を正確に発音するのは難しい。<br>일본어를 정확하게 발음하는 것은 어렵다. |
| せいひん<br>製品 | 명 제품 | しゃ　あたら　で　せいひん　う<br>A社から新しく出た製品がよく売れている。<br>A회사에서 새롭게 나온 제품이 잘 팔리고 있다. |
| せき | 명 기침 | あさ　　　　　　はなみず　と<br>朝からせきと鼻水が止まらない。<br>아침부터 기침과 콧물이 멈추지 않는다. |
| せきにん<br>責任 | 명 책임 | ぶか　しっぱい　じょうし　せきにん<br>部下の失敗は上司の責任だ。<br>부하의 실패는 상사의 책임이다. |
| せきゆ<br>石油 | 명 석유 | せきゆ　かかく　あ　　　　　さ<br>石油の価格が上がったり、下がったりする。<br>석유 가격이 올랐다 내렸다 한다. |
| せつめいかい<br>説明会 | 명 설명회 | にちようび　だいがく　にゅうがくせつめいかい　い<br>日曜日は大学の入学説明会に行ってきた。<br>일요일에는 대학 입학 설명회에 갔다 왔다. |
| ぜんいん<br>全員 | 명 전원 | き　　　　　　ひとぜんいん<br>来てくれた人全員にプレゼントがあります。<br>와 준 사람 전원에게 선물이 있습니다. |
| せんこう<br>専攻 | 명 する 전공 | わたし　せんこう　こうがく　　　　　　じょしがくせい　すく<br>私の専攻は工学だったので、女子学生が少なかった。<br>내 전공은 공학이었기 때문에 여학생이 적었다. |

| 어휘 | 의미 | 예문 |
|---|---|---|
| ぜんこく<br>全国 | 명 전국 | あした ぜんこく あめ ふ<br>明日は全国で雨が降るでしょう。<br>내일은 전국에서 비가 내리겠습니다. |
| ぜんたい<br>全体 | 명 전체 | かいしゃぜんたい み しゃちょう しごと<br>会社全体を見るのが社長の仕事だ。<br>회사 전체를 보는 것이 사장의 일이다. |
| ぞうきん | 명 걸레 | い つく<br>要らないタオルでぞうきんを作った。<br>필요 없는 수건으로 걸레를 만들었다. |
| そうりょう<br>送料 | 명 송료, 운송료 | しょうひん そうりょう む りょう<br>こちらの商品は送料が無料です。<br>이쪽 상품은 송료가 무료입니다. |
| そくたつ<br>速達 | 명 속달(빠른 우편) | いそ そくたつ にもつ おく<br>急いでいたので速達で荷物を送った。<br>서두르고 있었기 때문에 속달로 짐을 보냈다. |
| そっちょく<br>率直 | 명 ナ 솔직 | そっちょく いけん い<br>ここでは率直な意見を言ってください。<br>여기에서는 솔직한 의견을 말해 주세요. |
| たいいくかん<br>体育館 | 명 체육관 | がっこう やす じかん たいいくかん<br>学校の休み時間に体育館でバスケットボールをします。<br>학교 쉬는 시간에 체육관에서 농구를 합니다. |
| たいおん<br>体温 | 명 체온 | たいおん ど びょういん い<br>体温が38度になったので病院に行った。<br>체온이 38도가 되어서 병원에 갔다. |
| たいけん<br>体験 | 명 する 체험 | に ほん い とき きものたいけん<br>日本に行った時、着物体験をした。<br>일본에 갔을 때, 기모노(를 입는) 체험을 했다. |
| たい ど<br>態度 | 명 태도 | きゅう かのじょ たい ど か<br>急に彼女の態度が変わった。<br>갑자기 그녀의 태도가 바뀌었다. |
| たくはい<br>宅配 | 명 する 택배 | はは たくはいびん こめ とど<br>母から宅配便でお米が届いた。<br>어머니에게서 택배로 쌀이 도착했다. |

| 어휘 | 의미 | 예문 |
|---|---|---|
| ただ | 몡 공짜, 무료 | 3セット<ruby>買<rt>か</rt></ruby>うと、もう<ruby>一<rt>ひと</rt></ruby>つただでもらえるらしいよ。<br>3세트를 사면, 하나 더 공짜로 받을 수 있대. |
| <ruby>旅<rt>たび</rt></ruby> | 몡 여행 | <ruby>学生時代<rt>がくせいじだい</rt></ruby>に<ruby>一人<rt>ひとり</rt></ruby>で<ruby>旅<rt>たび</rt></ruby>をしたのが、いい<ruby>経験<rt>けいけん</rt></ruby>になりました。<br>학창 시절에 혼자서 여행을 했던 것이 좋은 경험이 되었습니다. |
| <ruby>単位<rt>たんい</rt></ruby> | 몡 단위, 학점 | <ruby>韓国<rt>かんこく</rt></ruby>のお<ruby>金<rt>かね</rt></ruby>の<ruby>単位<rt>たんい</rt></ruby>はウォンです。<br>한국 돈의 단위는 원입니다.<br><ruby>今学期<rt>こんがっき</rt></ruby>は20<ruby>単位<rt>たんい</rt></ruby>も<ruby>取<rt>と</rt></ruby>った。<br>이번 학기는 20학점이나 땄다. |
| <ruby>段階<rt>だんかい</rt></ruby> | 몡 단계 | <ruby>今<rt>いま</rt></ruby>の<ruby>段階<rt>だんかい</rt></ruby>でできることは、<ruby>何<rt>なに</rt></ruby>もありません。<br>지금 단계에서 할 수 있는 것은 아무것도 없습니다. |
| <ruby>男女<rt>だんじょ</rt></ruby> | 몡 남녀 | こちらは20<ruby>代男女<rt>だいだんじょ</rt></ruby>を<ruby>対象<rt>たいしょう</rt></ruby>としたアンケートの<ruby>結果<rt>けっか</rt></ruby>です。<br>이쪽은 20대 남녀를 대상으로 한 앙케트 결과입니다. |
| <ruby>団体<rt>だんたい</rt></ruby> | 몡 단체 | <ruby>旅行<rt>りょこう</rt></ruby>は<ruby>団体<rt>だんたい</rt></ruby>で<ruby>予約<rt>よやく</rt></ruby>すると<ruby>安<rt>やす</rt></ruby>くなる。<br>여행은 단체로 예약하면 저렴해진다. |
| <ruby>担任<rt>たんにん</rt></ruby> | 몡 する 담임 | <ruby>卒業<rt>そつぎょう</rt></ruby>の<ruby>日<rt>ひ</rt></ruby>に<ruby>担任<rt>たんにん</rt></ruby>の<ruby>先生<rt>せんせい</rt></ruby>に「<ruby>感謝<rt>かんしゃ</rt></ruby>しています」と<ruby>言<rt>い</rt></ruby>った。<br>졸업하는 날에 담임 선생님께 '감사합니다'라고 말했다. |
| <ruby>地位<rt>ちい</rt></ruby> | 몡 지위 | <ruby>彼<rt>かれ</rt></ruby>は<ruby>自分<rt>じぶん</rt></ruby>の<ruby>地位<rt>ちい</rt></ruby>のために、してはいけないことをした。<br>그는 자신의 지위를 위해 해서는 안 될 일을 했다. |
| <ruby>中華料理<rt>ちゅうかりょうり</rt></ruby> | 몡 중화요리 | <ruby>家<rt>いえ</rt></ruby>の<ruby>近<rt>ちか</rt></ruby>くに3<ruby>代続<rt>だいつづ</rt></ruby>く<ruby>中華料理屋<rt>ちゅうかりょうりや</rt></ruby>がある。<br>집 근처에 3대째 이어지는 중화요리점이 있다. |
| <ruby>中古<rt>ちゅうこ</rt></ruby> | 몡 중고 | <ruby>最近<rt>さいきん</rt></ruby>、<ruby>中古<rt>ちゅうこ</rt></ruby>ショップが<ruby>増<rt>ふ</rt></ruby>えている。<br>최근 중고숍이 늘고 있다. |

| 어휘 | 의미 | 예문 |
|---|---|---|
| ちゅうしゃじょう<br>駐車場 | 명 주차장 | あそこの駐車場はいつも車がいっぱいだ。<br>저 주차장은 언제나 차가 가득차 있다. |
| ちゅうしん<br>中心 | 명 중심 | 町の中心にある市場はいつも賑やかだ。<br>마을 중심에 있는 시장은 늘 북적거린다. |
| ちょくぜん<br>直前 | 명 직전 | 授業が始まる直前に、お腹が痛くなった。<br>수업이 시작되기 직전에 배가 아파졌다. |
| つうがく<br>通学 | 명 する 통학 | 家が近いので、歩いて通学している。<br>집이 가까워서 걸어서 통학하고 있다. |
| つうやく<br>通訳 | 명 する 통역,<br>통역사 | 将来の夢は韓国語と日本語の通訳になることだ。<br>장래의 꿈은 한국어와 일본어 통역사가 되는 것이다. |
| つうよう<br>通用 | 명 する 통용 | 彼の前では、嘘は通用しない。<br>그의 앞에서는 거짓말은 통용되지 않는다(통하지 않는다). |
| つうろ<br>通路 | 명 통로 | その店はとても人気があって、通路にまで客が<br>いっぱいだった。<br>그 가게는 매우 인기가 있어서, 통로에까지 손님이 가득했다. |
| つな<br>綱 | 명 밧줄 | 綱引きの全国大会があるらしい。<br>줄다리기의 전국 대회가 있는 듯 하다. |
| ていいん<br>定員 | 명 정원 | このエレベーターの定員は10名だ。<br>이 엘리베이터의 정원은 10명이다. |
| ていしゃ<br>停車 | 명 する 정차 | 乗っていたバスが急に停車した。<br>타고 있던 버스가 갑자기 정차했다. |
| ていしゅつ<br>提出 | 명 する 제출 | レポートは来週の金曜日までに提出してください。<br>리포트는 다음 주 금요일까지 제출해 주세요. |

| 어휘 | 의미 | 예문 |
|---|---|---|
| <ruby>程度<rt>てい ど</rt></ruby> | 명 정도 | <ruby>１日１杯程度<rt>にちいっぱいていど</rt></ruby>ならコーヒーを<ruby>飲<rt>の</rt></ruby>んでも<ruby>大丈夫<rt>だいじょうぶ</rt></ruby>です。<br>하루에 한 잔 정도라면 커피를 마셔도 괜찮습니다. |
| <ruby>出入り口<rt>で い ぐち</rt></ruby> | 명 출입구 | <ruby>電車<rt>でんしゃ</rt></ruby>では、<ruby>出入り口<rt>で い ぐち</rt></ruby>の<ruby>近<rt>ちか</rt></ruby>くに<ruby>立<rt>た</rt></ruby>たない<ruby>方<rt>ほう</rt></ruby>がいい。<br>전철에서는 출입구 근처에 서지 않는 편이 좋다. |
| <ruby>適切<rt>てきせつ</rt></ruby> | 명 ナ 적절 | <ruby>父<rt>ちち</rt></ruby>の<ruby>言葉<rt>ことば</rt></ruby>はいつも<ruby>適切<rt>てきせつ</rt></ruby>で<ruby>正<rt>ただ</rt></ruby>しい。<br>아버지의 말은 늘 적절하고 옳다. |
| <ruby>鉄道<rt>てつどう</rt></ruby> | 명 철도 | <ruby>韓国<rt>かんこく</rt></ruby>の<ruby>有名<rt>ゆうめい</rt></ruby>な<ruby>都市<rt>と し</rt></ruby>を<ruby>鉄道<rt>てつどう</rt></ruby>で<ruby>旅行<rt>りょこう</rt></ruby>している。<br>한국의 유명한 도시를 철도로 여행하고 있다. |
| <ruby>手袋<rt>て ぶくろ</rt></ruby> | 명 장갑 | <ruby>冬<rt>ふゆ</rt></ruby>になる<ruby>前<rt>まえ</rt></ruby>に<ruby>手袋<rt>て ぶくろ</rt></ruby>を<ruby>買<rt>か</rt></ruby>おうと<ruby>思<rt>おも</rt></ruby>っている。<br>겨울이 되기 전에 장갑을 사려고 생각하고 있다. |
| <ruby>電子レンジ<rt>でん し</rt></ruby> | 명 전자레인지 | お<ruby>弁当<rt>べんとう</rt></ruby>が<ruby>冷<rt>さ</rt></ruby>めていたので、<ruby>電子レンジ<rt>でん し</rt></ruby>で<ruby>温<rt>あたた</rt></ruby>めて<ruby>食<rt>た</rt></ruby>べた。<br>도시락이 식어서 전자레인지로 데워 먹었다. |
| <ruby>電池<rt>でん ち</rt></ruby> | 명 전지, 배터리 | <ruby>時計<rt>とけい</rt></ruby>が<ruby>止<rt>と</rt></ruby>まったので<ruby>電池<rt>でん ち</rt></ruby>を<ruby>取<rt>と</rt></ruby>り<ruby>替<rt>か</rt></ruby>えた。<br>시계가 멈춰서 배터리를 교체했다. |
| <ruby>店長<rt>てんちょう</rt></ruby> | 명 점장 | <ruby>彼女<rt>かのじょ</rt></ruby>は<ruby>入社<rt>にゅうしゃ</rt></ruby>３<ruby>年目<rt>ねん め</rt></ruby>で<ruby>店長<rt>てんちょう</rt></ruby>に<ruby>昇進<rt>しょうしん</rt></ruby>しました。<br>그녀는 입사 3년째에 점장으로 승진했습니다. |
| <ruby>当時<rt>とう じ</rt></ruby> | 명 당시 | <ruby>当時<rt>とう じ</rt></ruby>、<ruby>私<rt>わたし</rt></ruby>はまだ<ruby>中学生<rt>ちゅうがくせい</rt></ruby>だった。<br>당시 나는 아직 중학생이었다. |
| <ruby>当店<rt>とうてん</rt></ruby> | 명 이 가게, 우리 가게 | お<ruby>買<rt>か</rt></ruby>い<ruby>物<rt>もの</rt></ruby>は、ぜひ<ruby>当店<rt>とうてん</rt></ruby>をご<ruby>利用<rt>りよう</rt></ruby>ください。<br>쇼핑은 꼭 저희 가게를 이용해 주세요. |
| <ruby>読書<rt>どくしょ</rt></ruby> | 명 する 독서 | <ruby>最近<rt>さいきん</rt></ruby>、<ruby>読書<rt>どくしょ</rt></ruby>をする<ruby>学生<rt>がくせい</rt></ruby>が<ruby>減<rt>へ</rt></ruby>っている。<br>최근 독서를 하는 학생이 줄고 있다. |

| 어휘 | 의미 | 예문 |
|---|---|---|
| とし とし<br>歳・年 | 명 나이 | にほんでは、初めて会った人に歳を聞くのは失礼だ。<br>일본에서는 처음 만난 사람에게 나이를 묻는 것은 실례이다. |
| となり<br>隣 | 명 이웃, 옆 | ゆうびんきょくはスーパーの隣にあります。<br>우체국은 슈퍼마켓 옆에 있습니다. |
| と ほ<br>徒歩 | 명 도보 | わたしの家から駅までは徒歩10分で行ける。<br>우리 집에서 역까지는 도보 10분으로 갈 수 있다. |
| なが あいだ<br>長い間 | 명 오랫동안 | 長い間働いた会社を辞めることになった。<br>오랫동안 일하던 회사를 그만두게 되었다. |
| ながそで<br>長袖 | 명 긴팔, 긴소매 | 山に登る時は、長袖を着て行ったほうがいい。<br>산에 오를 때는 긴팔을 입고 가는 편이 좋다. |
| なが<br>長め | 명 약간 긴 듯함 | 修学旅行では、自由時間を長めにとった。<br>수학여행에서는 자유 시간을 조금 길게 가졌다. |
| な ふだ<br>名札 | 명 명찰 | 彼の名札を見たが、名前の漢字が難しかった。<br>그의 명찰을 봤는데 이름의 한자가 어려웠다. |
| なべ<br>鍋 | 명 냄비 | 冬は温かい鍋料理を食べるのが好きだ。<br>겨울에는 따뜻한 냄비 요리를 먹는 것을 좋아한다. |
| なみ き<br>並木 | 명 가로수 | 台風で並木が倒れてしまった。<br>태풍으로 가로수가 쓰러져 버렸다. |
| なわ<br>縄 | 명 줄, 새끼줄 | この縄は、太さが５センチもあって、とても<br>丈夫だ。<br>이 밧줄은 굵기가 5cm나 돼서 매우 튼튼하다. |
| にく<br>肉 | 명 고기 | 年を取って肉より魚が好きになった。<br>나이가 들며 고기보다 생선이 좋아졌다. |

| 어휘 | 의미 | 예문 |
|---|---|---|
| にちじ<br>日時 | 명 일시 | かいぎ にちじ おし<br>会議の日時はメールで教えてください。<br>회의 일시는 메일로 알려 주세요. |
| にっき<br>日記 | 명 일기 | かのじょ しょうがくせい とき まいにちにっき か<br>彼女は小学生の時から毎日日記を書いている。<br>그녀는 초등학생 때부터 매일 일기를 쓰고 있다. |
| にっすう<br>日数 | 명 일수, 날짜 | はっこう にっすう<br>ビザの発行にかかる日数はどれくらいですか。<br>비자 발행에 걸리는 날짜는 어느 정도입니까? |
| にゅういん<br>入院 | 명 する 입원 | せんしゅう しゅじん じこ いまにゅういん<br>先週、主人が事故にあって今入院している。<br>지난주 남편이 사고를 당해서 지금 입원해 있다. |
| にゅうりょく<br>入力 | 명 する 입력 | にゅうりょく はじ<br>パソコンにデータを入力するアルバイトを始めた。<br>컴퓨터에 데이터를 입력하는 아르바이트를 시작했다. |
| にんずう<br>人数 | 명 인원수 | たんじょうびかい く ともだち にんずう かくにん<br>誕生日会に来る友達の人数を確認した。<br>생일 파티에 오는 친구의 인원수를 확인했다. |
| ねんかん<br>年間 | 명 연간 | ねんかん う あ けいさん じょうし つた<br>年間の売り上げを計算して上司に伝えた。<br>연간 매출을 계산해서 상사에게 전달했다. |
| のり | 명 풀 | とき は<br>プリントをノートにまとめる時、のりで貼った。<br>프린트를 노트에 정리할 때 풀로 붙였다. |
| の ば<br>乗り場 | 명 타는 곳, 승차장 | はし わた の ば<br>この橋を渡ると、ボート乗り場があります。<br>이 다리를 건너면 보트 타는 곳이 있습니다. |
| はいけん<br>拝見 | 명 する 보다,<br>삼가 봄 | て がみ はいけん<br>お手紙を拝見しました。<br>편지를 봤습니다. |
| は がき<br>葉書 | 명 엽서 | そぼ たんじょうび か はがき おく<br>祖母の誕生日にメッセージを書いた葉書を送った。<br>할머니의 생일에 메시지를 쓴 엽서를 보냈다. |
| は け<br>吐き気 | 명 구역질 | はん た す は け<br>ご飯を食べ過ぎて吐き気がする。<br>밥을 너무 많이 먹어서 구역질이 난다. |

| 어휘 | 의미 | 예문 |
|------|------|------|
| はこ<br>箱 | 명 상자 | ひ こ にもつ はこ い せいり<br>引っ越しのために荷物を箱に入れて整理した。<br>이사하기 위해 짐을 상자에 넣어 정리했다. |
| はじ<br>初め | 명 시작, 개시, 초 | ことし はじ かぞく りょこう<br>今年の初めに家族でハワイ旅行をした。<br>올해 초에 가족끼리 하와이 여행을 했다. |
| はたら<br>働き | 명 기능, 작동, 활동 | ち えいよう からだじゅう おく はたら<br>血は栄養を体中に送る働きをする。<br>피는 영양을 몸 전체로 보내는 기능을 한다. |
| はっぴょうかい<br>発表会 | 명 발표회 | きのう ろんぶん はっぴょうかい きんちょう<br>昨日は論文の発表会だったので、とても緊張した。<br>어제는 논문 발표회였기 때문에 매우 긴장했다. |
| はなび<br>花火 | 명 불꽃놀이 | なつ ゆかた き はなび み い おも<br>夏は浴衣を着て、花火を見に行こうと思っている。<br>여름에는 유카타를 입고 불꽃놀이를 보러 가려고 생각하고 있다. |
| はなみ<br>花見 | 명 꽃놀이, 꽃구경 | はる はなみ きせつ<br>春はお花見の季節だ。<br>봄은 꽃놀이의 계절이다. |
| は みが<br>歯磨き | 명 する 양치 | はん た あと かなら は みが<br>ご飯を食べた後は必ず歯磨きをする。<br>밥을 먹은 후에는 반드시 양치를 한다. |
| はんがく<br>半額 | 명 반액 | か はんがく<br>このかばんは、セールで買ったから半額でした。<br>이 가방은 세일로 샀기 때문에 반값이었습니다. |
| はんだん<br>判断 | 명 する 판단 | しごと わたしひとり はんだん<br>この仕事については、私一人では判断できません。<br>이 일에 대해서는 저 혼자서는 판단할 수 없습니다. |
| ひ がえ<br>日帰り | 명 する 당일치기 | ほっかいどう み おお ひ がえ りょこう<br>北海道は見るところが多いので、日帰り旅行は<br>む り<br>無理だ。<br>홋카이도는 볼 곳이 많아서 당일치기 여행은 무리이다. |
| ひ が<br>日替わり | 명 매일 바뀜 | ひ が にんき<br>このレストランは日替わりランチが人気だ。<br>이 레스토랑은 날마다 바뀌는 점심 메뉴가 인기가 있다. |

| 어휘 | 의미 | 예문 |
|---|---|---|
| ひげ | 명 수염 | ひげをそって、仕事に出かけた。<br>수염을 깎고 일을 하러 나갔다. |
| ひ こう き<br>飛行機 | 명 비행기 | はは　ひこうき　の　　にがて<br>母は飛行機に乗るのが苦手だ。<br>어머니는 비행기 타는 것을 싫어한다. |
| ひざ | 명 무릎, 팔꿈치 | きゅう　　　　　いた　　　　　　　　　　やす<br>急にひざが痛くなって、ジムを休んでいる。<br>갑자기 무릎이 아파져서 헬스장을 쉬고 있다. |
| ひ づけ<br>日付 | 명 날짜 | かみ　ひづけ　か<br>この紙に日付を書いてから、サインをしてください。<br>이 종이에 날짜를 적고 나서 사인을 해 주세요. |
| ひ　こ<br>引っ越し | 명 する 이사 | らいしゅうひ　こ　　　　　　　　　　　じゅんび　いそが<br>来週引っ越しをするために、準備で忙しい。<br>다음 주 이사를 하기 때문에 준비로 바쁘다. |
| ひととき | 명 일시, 한때,<br>한동안 | ひさ　　　　　　ともだち　　たの　　　　　　　　　　　す<br>久しぶりに友達との楽しいひとときを過ごした。<br>오랜만에 친구와의 즐거운 한때를 보냈다. |
| ひとり ぐ<br>一人暮らし | 명 혼자 삶,<br>독신 생활 | ひとりぐ　　　　なが　　　　　か じ　　　　　　　　とくい<br>一人暮らしが長いので、家事はなんでも得意だ。<br>혼자 산 것이 오래되서 집안일은 뭐든지 잘한다. |
| ひ<br>日にち | 명 날, 날짜 | にほんご　ひ　　　　かぞ かた　むずか<br>日本語の日にちの数え方が難しい。<br>일본어의 날짜 세는 법이 어렵다. |
| ひま<br>暇 | 명 ナ 한가함 | ひま　とき　　　　　　あそ　　き<br>暇な時はいつでも遊びに来てください。<br>한가할 때는 언제라도 놀러 와 주세요. |
| ひも<br>紐 | 명 끈 | に もつ　しば　　　　　　なが　ひも　ひつよう<br>荷物を縛るために、長い紐が必要だ。<br>짐을 묶기 위해 긴 끈이 필요하다. |
| ひ や<br>日焼け | 명 する 햇볕에 탐 | なつ　ひや　　　　　　　　　　　　　　　　ひがさ<br>夏は日焼けしないように、サングラスと日傘を<br>も　　で<br>持って出かける。<br>여름에는 살이 타지 않도록 선글라스와 양산을 가지고 외출한다. |

| 어휘 | 의미 | 예문 |
|---|---|---|
| びょういん<br>美容院 | 명 미용실 | いつも同じ美容院の美容師に髪を切ってもらう。<br>늘 같은 미용실의 미용사에게 머리카락을 자른다. |
| びんぼう<br>貧乏 | 명 ナ 가난 | 彼は仕事を辞めさせられて貧乏になった。<br>그는 해고당해서 가난해졌다. |
| ふうけい<br>風景 | 명 풍경 | 電車から見えた風景を写真に撮った。<br>전철에서 보이는 풍경을 사진으로 찍었다. |
| ふうとう<br>封筒 | 명 봉투 | 封筒には110円の切手を貼ってください。<br>봉투에는 110엔짜리 우표를 붙여 주세요. |
| ふうん<br>不運 | 명 ナ 불운 | 彼の人生は不運の連続だ。<br>그의 인생은 불운의 연속이다. |
| ぶか<br>部下 | 명 부하 | 私の上司は部下にとても厳しい。<br>내 상사는 부하에게 매우 엄격하다. |
| ふく<br>服 | 명 옷 | 彼女はいつも高い服を着ている。<br>그녀는 늘 비싼 옷을 입고 있다. |
| ぶじ<br>無事 | 명 ナ 무사 | 地震の後、家族に電話したがみんな無事で安心した。<br>지진이 난 후, 가족에게 전화했는데 모두 무사해서 안심했다. |
| ふじんふく<br>婦人服 | 명 여성복 | デパートの婦人服売り場で、スカートを買った。<br>백화점의 여성복 매장에서 치마를 샀다. |
| ふそく・<br>〜不足<br>ぶそく | 명 ナ する 부족 | 最近、仕事が忙しくて運動不足だ。<br>요즘 일이 바빠서 운동 부족이다. |
| ふだん<br>普段 | 명 부 평소 | 私は普段6時には起きている。<br>나는 평소에 6시에는 일어나고 있다. |

| 어휘 | 의미 | 예문 |
|---|---|---|
| ふだんぎ<br>普段着 | 명 평상복 | にゅうがくしき　わたし　ふだんぎ　い<br>入学式に私は普段着で行ったが、みんなはスーツを着ていた。<br>입학식에 나는 평상복으로 갔는데, 모두 정장을 입고 있었다. |
| ふなたび<br>船旅 | 명 선박 여행 | わたし　りょうしん　ねんかん　ふなたび　で<br>私の両親は１年間の船旅に出た。<br>우리 부모님은 1년간 선박 여행을 떠났다. |
| ふね<br>船 | 명 배 | ふね　の　かいがいりょこう<br>船に乗りながら海外旅行をする。<br>배를 타고 해외 여행을 한다. |
| ぶぶん<br>部分 | 명 부분 | いえ　かぐ　こま　ぶぶん<br>あの家の家具は、細かい部分までデザインがきれいだった。<br>그 집의 가구는 세세한 부분까지 디자인이 예뻤다. |
| ぶんがく<br>文学 | 명 문학 | かのじょ　ほん　だい　す　らいねん　ぶんがくぶ　べんきょう<br>彼女は本が大好きで、来年から文学部で勉強する。<br>그녀는 책을 매우 좋아해서 내년부터 문학부에서 공부한다. |
| ぶんぽう<br>文法 | 명 문법 | にほんご　かんこくご　ぶんぽう　に<br>日本語と韓国語の文法は似ている。<br>일본어와 한국어의 문법은 비슷하다. |
| ぶんぼうぐ<br>文房具 | 명 문구 | け　ぶんぼうぐ　あつ　す<br>ペンや消しゴムなど、文房具を集めるのが好きだ。<br>펜이나 지우개 등 문구를 모으는 것을 좋아한다. |
| ぶんや<br>分野 | 명 분야 | かれ　せんもんぶんや　いがく<br>彼の専門分野は医学だ。<br>그의 전문 분야는 의학이다. |
| へいほう<br>平方<br>キロメートル | 명 평방 킬로미터,<br>㎢ | そうめんせき　へいほう<br>総面積は300平方キロメートルある。<br>총 면적은 300㎢이다. |
| へんこう<br>変更 | 명 する 변경 | にってい　へんこう　はや　おし<br>日程の変更は早く教えてほしい。<br>일정 변경은 빨리 가르쳐 주길 바란다. |
| へんしん<br>返信 | 명 する 회신, 답변 | はや　へんしん<br>できるだけ早く返信してください。<br>가능한 한 빨리 답변해 주십시오. |

| 어휘 | 의미 | 예문 |
|---|---|---|
| ポイ捨て | [명][する] 함부로 버림 | 最近は、道でごみをポイ捨てする人がいなくなった。<br>요즘은 길에 쓰레기를 함부로 버리는 사람이 없어졌다. |
| ほうき | [명] 빗자루 | 庭を掃除するために、ほうきを買った。<br>정원을 청소하기 위해 빗자루를 샀다. |
| 帽子<br>ぼうし | [명] 모자 | 彼女は昨日買った帽子を被っている。<br>그녀는 어제 산 모자를 쓰고 있다. |
| 包帯<br>ほうたい | [명] 붕대 | 彼は怪我をした右足に包帯を巻いていた。<br>그는 다친 오른발에 붕대를 감고 있었다. |
| 保管<br>ほかん | [명][する] 보관 | この書類は家で大事に保管してください。<br>이 서류는 집에서 소중하게 보관해 주세요. |
| 歩道橋<br>ほどうきょう | [명] 육교 | この道路には横断歩道がないので、歩道橋を渡ってください。<br>이 도로에는 횡단보도가 없으니까, 육교를 건너 주세요. |
| 本気<br>ほんき | [명][ナ] 본심, 진심 | 本気でやれば何でもできる。<br>진심으로 하면 뭐든지 할 수 있다. |
| 本日<br>ほんじつ | [명] 금일, 오늘 | 「本日の営業は終了いたしました」という店内放送が流れた。<br>'오늘 영업은 종료하였습니다'라는 점내 방송이 흘렀다. |
| 本来<br>ほんらい | [명] 본래, 원래 | この料理は素材本来の味を楽しむことができます。<br>이 요리는 소재 본연의 맛을 즐길 수 있습니다. |
| 前髪<br>まえがみ | [명] 앞머리 | 美容院で前髪を短く切られてしまいました。<br>미용실에서 앞머리를 짧게 잘리고 말았습니다. |

372

| 어휘 | 의미 | 예문 |
|---|---|---|
| まくら<br>枕 | 명 베개 | わたし まくら か ね<br>私は枕が変わると寝られないタイプだ。<br>나는 베개가 바뀌면 잠을 못 자는 타입이다. |
| まどぐち<br>窓口 | 명 창구 | ぎんこう まどぐち えいぎょうじかん ご ご じ<br>銀行の窓口の営業時間は、午後3時までだ。<br>은행 창구의 영업시간은 오후 3시까지이다. |
| まね | 명 する 흉내 | かれ かしゅ じょうず<br>彼は歌手のまねをするのがとても上手だ。<br>그는 가수 흉내내는 것을 매우 잘한다. |
| まんいん<br>満員 | 명 만원 | つうきんじかん まんいんでんしゃ いや はや しゅっきん<br>通勤時間の満員電車が嫌で、早めに出勤している。<br>통근 시간의 만원 전철이 싫어서 빨리 출근하고 있다. |
| まんねんひつ<br>万年筆 | 명 만년필 | まんねんひつ ねんまえ つま か<br>この万年筆は、5年前に妻が買ってくれたものです。<br>이 만년필은 5년 전에 아내가 사 준 것입니다. |
| みずか<br>自ら | 명 몸소, 스스로 | こ みずか かんが ちから ひつよう<br>子どもには自ら考える力が必要だ。<br>아이에게는 스스로 생각하는 힘이 필요하다. |
| みずぎ<br>水着 | 명 수영복 | ことし は で みずぎ はや<br>今年は派手な水着が流行るそうだ。<br>올해는 화려한 수영복이 유행한다고 한다. |
| みそしる<br>味噌汁 | 명 된장국 | みそしる はん あ<br>味噌汁とご飯はよく合う。<br>된장국과 밥은 잘 맞는다. |
| む<br>向かい | 명 맞은편, 건너편 | わたし いえ む<br>私の家の向かいにコンビニがあるので、とても<br>べんり<br>便利だ。<br>우리 집 맞은편에 편의점이 있어서 매우 편리하다. |
| むかし<br>昔 | 명 옛날 | むかし いま ぶっか やす か もの<br>昔は今より物価が安くて、買い物しやすかった。<br>옛날에는 지금보다 물가가 싸서 쇼핑하기 쉬웠다. |
| む<br>向こう | 명 저쪽, 맞은편,<br>상대편 | りゅうがくまえ む ぶんか てきおう ふあん<br>留学前は、向こうの文化に適応できるか不安<br>だった。<br>유학 전에는 그쪽의 문화에 적응할 수 있을까 불안했다. |

| 어휘 | 의미 | 예문 |
|---|---|---|
| むし<br>無視 | 명 する 무시 | 知らない人からメールが来たら、無視した方が<br>いい。<br>모르는 사람에게 메일이 오면, 무시하는 편이 좋다. |
| む だ づか<br>無駄遣い | 명 する 낭비 | 無駄遣いをしないで、貯金するつもりだ。<br>낭비하지 않고 저금할 생각이다. |
| めがね<br>眼鏡 | 명 안경 | 彼は、眼鏡をかけたほうが頭がよく見える。<br>그는 안경을 쓰는 편이 머리가 좋아 보인다. |
| め じるし<br>目印 | 명 표지, 표시 | 分からない単語に目印をつけておく。<br>모르는 단어에 표시를 해 둔다. |
| めまい | 명 현기증 | 気分が悪くてめまいがする。<br>속이 안 좋고 현기증이 난다. |
| めんどう<br>面倒 | 명 ナ 귀찮음,<br>성가심 | 疲れていて、ご飯を食べるのも面倒だ。<br>피곤해서 밥을 먹는 것도 귀찮다. |
| も もの<br>持ち物 | 명 소지품 | この高校では月に一度、持ち物検査がある。<br>이 고등학교에서는 한 달에 한 번 소지품 검사가 있다. |
| も あ<br>盛り合わせ | 명 모둠 | 色々な種類が食べたかったので、盛り合わせを<br>注文した。<br>여러 종류가 먹고 싶었기 때문에 모둠을 주문했다. |
| や お や<br>八百屋 | 명 채소 가게 | 八百屋でトマトときゅうりを買った。<br>채소 가게에서 토마토와 오이를 샀다. |
| やくわり<br>役割 | 명 역할, 임무 | 犬の散歩は子どもたちの役割だ。<br>강아지 산책은 아이들의 임무이다. |
| や ね<br>屋根 | 명 지붕 | 屋根の上に雪が積もっている。<br>지붕 위에 눈이 쌓여 있다. |

| 어휘 | 의미 | 예문 |
|---|---|---|
| やる気（き） | 명 할 마음, 의욕 | お腹（なか）がすいて、やる気（き）が出（で）ない。<br>배가 고파서 의욕이 나지 않는다. |
| 友人（ゆうじん） | 명 친구 | 結婚式（けっこんしき）で友人（ゆうじん）にスピーチをお願（ねが）いした。<br>결혼식에서 친구에게 축하 연설을 부탁했다. |
| 郵送（ゆうそう） | 명 する 우송 | 郵送（ゆうそう）には２週間（しゅうかん）ほどかかります。<br>우송에는 2주일 정도 걸립니다. |
| 夕飯（ゆうはん） | 명 저녁밥 | 今日（きょう）の夕飯（ゆうはん）は実家（じっか）の母（はは）に送（おく）ってもらった野菜（やさい）で作（つく）った。<br>오늘 저녁밥은 본가 어머니가 보내 준 채소로 만들었다. |
| 夕べ（ゆう） | 명 저녁 무렵,<br>전날 저녁 | 夕（ゆう）べは激（はげ）しい雨（あめ）と雷（かみなり）のせいで、電車（でんしゃ）とバスが遅（おく）れた。<br>어제 저녁에는 세찬 비와 천둥 탓에 전철과 버스가 늦어졌다. |
| 有料（ゆうりょう） | 명 유료 | 有料（ゆうりょう）の駐車場（ちゅうしゃじょう）に車（くるま）を止（と）めた。<br>유료 주차장에 차를 세웠다. |
| 指輪（ゆびわ） | 명 반지 | 結婚（けっこん）している人（ひと）は左（ひだり）の薬指（くすりゆび）に指輪（ゆびわ）をしている。<br>결혼한 사람은 왼쪽 약지에 반지를 끼고 있다. |
| 夢（ゆめ） | 명 꿈 | 子（こ）どものころの夢（ゆめ）は医者（いしゃ）でした。<br>어렸을 때의 꿈은 의사였습니다. |
| 用紙（ようし） | 명 용지 | この用紙（ようし）に記入（きにゅう）して、受付（うけつけ）に出（だ）してください。<br>이 용지에 기입하고 접수처에 제출해 주세요. |
| 予算（よさん） | 명 예산 | 家（いえ）を建（た）てるための予算（よさん）を決（き）める。<br>집을 짓기 위한 예산을 정한다. |
| 来店（らいてん） | 명 する 내점,<br>가게에 옴 | ここは、毎日（まいにち）２千人（せんにん）もの人（ひと）が来店（らいてん）する人気店（にんきてん）だ。<br>여기는 매일 2천 명이나 되는 사람이 내점하는 인기 점포이다. |

| 어휘 | 의미 | 예문 |
|------|------|------|
| りそうてき<br>理想的 | 명 ナ 이상적 | りそうてき すいみん じ かん じ かん<br>理想的な睡眠時間は8時間とされている。<br>이상적인 수면 시간은 8시간이라고 여겨진다. |
| りょうしゅうしょ<br>領収書 | 명 영수증 | かいしゃ の い とき かなら りょうしゅうしょ<br>会社で飲みに行く時は必ず領収書をもらう。<br>회사에서 술을 마시러 갈 때는 반드시 영수증을 받는다. |
| りょう り<br>料理 | 명 する 요리 | わたし はは りょう り<br>私の母の料理はとてもおいしい。<br>우리 어머니 요리는 매우 맛있다. |
| りょかん<br>旅館 | 명 여관 | に ほん りょこう とき かなら りょかん と<br>日本へ旅行する時は必ず旅館に泊まることにして<br>いる。<br>일본에 여행 갈 때는 꼭 여관에 묵기로 하고 있다. |
| ぶくろ<br>レジ袋 | 명 비닐 봉투 | かんきょう ぶくろ ゆうりょう<br>環境のためにレジ袋を有料にするべきだ。<br>환경을 위해 비닐 봉투를 유료로 해야 한다. |
| れんきゅう<br>連休 | 명 연휴 | れんきゅう わたし しごと やす<br>カレンダーでは連休だが、私は仕事で休めない。<br>달력으로는 연휴이지만, 나는 일 때문에 쉴 수 없다. |
| れんらくさき<br>連絡先 | 명 연락처 | かのじょ れんらくさき き ゆう き<br>彼女の連絡先が聞きたかったが、勇気がなくて<br>き<br>聞けなかった。<br>그녀의 연락처를 묻고 싶었지만, 용기가 없어서 물을 수 없었다. |
| わかもの<br>若者 | 명 젊은이 | さいきん わかもの はな こと ば むずか<br>最近の若者が話す言葉はとても難しい。<br>요즘 젊은이들이 하는 말은 매우 어렵다. |
| わす もの<br>忘れ物 | 명 잊은 물건 | かれ まいしゅう かいしゃ わす もの<br>彼は毎週のように会社に忘れ物をしている。<br>그는 거의 매주 회사에 물건을 잊어버리고 두고 온다. |
| わ ふく<br>和服 | 명 일본 전통 의상,<br>기모노 | さいきん わ ふく き き かい<br>最近は和服を着る機会があまりない。<br>요즘은 기모노(전통 의상)를 입을 기회가 별로 없다. |
| わりかん<br>割勘 | 명 する 각자 부담,<br>더치페이 | わりかん おお<br>ランチは割勘することが多い。<br>점심 식사는 더치페이 하는 경우가 많다. |

| 어휘 | 의미 | 예문 |
|---|---|---|
| わりびき<br>割引 | 명 する 할인 | この料理教室は、早く登録すると割引がある。<br>이 요리 교실은 빨리 등록하면 할인이 있다. |
| われわれ<br>我々 | 명 우리 | このことを知っているのは我々だけだ。<br>이 일을 알고 있는 것은 우리뿐이다. |

● **품사별 고득점 어휘**

| | | 동사편 |
|---|---|---|

| 어휘 | 의미 | 예문 |
|---|---|---|
| <ruby>開<rt>あ</rt></ruby>ける | 동 열다 | <ruby>冷蔵庫<rt>れいぞうこ</rt></ruby>のドアを<ruby>開<rt>あ</rt></ruby>けてジュースを<ruby>取<rt>と</rt></ruby>り<ruby>出<rt>だ</rt></ruby>した。<br>냉장고 문을 열어서 주스를 꺼냈다. |
| <ruby>言<rt>い</rt></ruby>い<ruby>返<rt>かえ</rt></ruby>す | 동 말대답하다 | <ruby>嫌<rt>いや</rt></ruby>なことを<ruby>言<rt>い</rt></ruby>われても<ruby>上司<rt>じょうし</rt></ruby>には<ruby>言<rt>い</rt></ruby>い<ruby>返<rt>かえ</rt></ruby>さない<ruby>方<rt>ほう</rt></ruby>がいい。<br>싫은 소리를 들어도 상사에게는 말대답하지 않는 편이 좋다. |
| <ruby>生<rt>い</rt></ruby>き<ruby>抜<rt>ぬ</rt></ruby>く | 동 끝까지 살아남다 | この<ruby>会社<rt>かいしゃ</rt></ruby>で<ruby>生<rt>い</rt></ruby>き<ruby>抜<rt>ぬ</rt></ruby>くためには、かなりの<ruby>努力<rt>どりょく</rt></ruby>が<ruby>必要<rt>ひつよう</rt></ruby>だ。<br>이 회사에서 살아남기 위해서는 상당한 노력이 필요하다. |
| いじめる | 동 괴롭히다 | <ruby>彼<rt>かれ</rt></ruby>は<ruby>部下<rt>ぶか</rt></ruby>をいつもいじめている。<br>그는 부하를 항상 괴롭히고 있다. |
| いただく | 동 '받다'의<br>겸양 표현 | <ruby>社長<rt>しゃちょう</rt></ruby>に<ruby>外国<rt>がいこく</rt></ruby>のお<ruby>菓子<rt>かし</rt></ruby>をいただいた。<br>사장님께 외국 과자를 받았다. |
| <ruby>受<rt>う</rt></ruby>け<ruby>付<rt>つ</rt></ruby>ける | 동 접수하다 | <ruby>質問<rt>しつもん</rt></ruby>は<ruby>説明<rt>せつめい</rt></ruby>のあとで<ruby>受<rt>う</rt></ruby>け<ruby>付<rt>つ</rt></ruby>けます。<br>질문은 설명 후에 받겠습니다. |
| <ruby>受<rt>う</rt></ruby>け<ruby>取<rt>と</rt></ruby>る | 동 수령하다, 받다 | <ruby>荷物<rt>にもつ</rt></ruby>を<ruby>受<rt>う</rt></ruby>け<ruby>取<rt>と</rt></ruby>りに<ruby>下<rt>した</rt></ruby>の<ruby>階<rt>かい</rt></ruby>へ<ruby>下<rt>お</rt></ruby>りて<ruby>行<rt>い</rt></ruby>った。<br>짐을 받으러 아래층으로 내려갔다. |
| <ruby>写<rt>うつ</rt></ruby>す | 동 (사진을) 찍다,<br>베끼다 | アルプスの<ruby>山<rt>やま</rt></ruby>をカメラで<ruby>写<rt>うつ</rt></ruby>した。<br>알프스의 산을 카메라로 찍었다. |
| <ruby>生<rt>う</rt></ruby>まれる | 동 태어나다 | <ruby>子<rt>こ</rt></ruby>どもが<ruby>生<rt>う</rt></ruby>まれたら、<ruby>会社<rt>かいしゃ</rt></ruby>は<ruby>辞<rt>や</rt></ruby>めるつもりだ。<br>아이가 태어나면 회사는 그만둘 생각이다. |
| <ruby>生<rt>う</rt></ruby>み<ruby>出<rt>だ</rt></ruby>す | 동 만들어내다 | この<ruby>会社<rt>かいしゃ</rt></ruby>は<ruby>新<rt>あたら</rt></ruby>しい<ruby>商品<rt>しょうひん</rt></ruby>をどんどん<ruby>生<rt>う</rt></ruby>み<ruby>出<rt>だ</rt></ruby>している。<br>이 회사는 새로운 상품을 계속 만들어내고 있다. |
| <ruby>埋<rt>う</rt></ruby>める | 동 묻다 | <ruby>犬<rt>いぬ</rt></ruby>が<ruby>食<rt>た</rt></ruby>べ<ruby>物<rt>もの</rt></ruby>を<ruby>庭<rt>にわ</rt></ruby>に<ruby>埋<rt>う</rt></ruby>めた。<br>개가 음식을 정원에 묻었다. |

| 어휘 | 의미 | 예문 |
|---|---|---|
| えが か<br>描く・描く | [동] 그리다 | が か ふうけい えが ゆうめい<br>この画家は風景を描いた絵で有名です。<br>이 화가는 풍경을 그린 그림으로 유명합니다. |
| え<br>得る | [동] 얻다 | うしな え おお<br>失ったものもあったが、得たものも多かった。<br>잃은 것도 있었지만, 얻은 것도 많았다. |
| おさ<br>抑える | [동] 억제하다,<br>억누르다 | くすり の ねつ おさ<br>この薬を飲めば、熱が抑えられる。<br>이 약을 먹으면 열을 억제할 수 있다. |
| お<br>押す | [동] 누르다 | お でん き<br>このボタンを押せば電気がつきます。<br>이 버튼을 누르면 전기가 켜집니다. |
| おろす | [동] 내리다, 인출하다 | わたし かね<br>私はよくコンビニのATMでお金をおろす。<br>나는 자주 편의점 ATM에서 돈을 인출한다. |
| か だ<br>書き出す | [동] 쓰기 시작하다 | かのじょ きのう にっき か だ<br>彼女は昨日から日記を書き出した。<br>그녀는 어제부터 일기를 쓰기 시작했다. |
| か なお<br>書き直す | [동] 고쳐 쓰다 | せんせい ちゅうい さくぶん いちど<br>先生にたくさん注意されたので、作文をもう一度<br>か なお<br>書き直した。<br>선생님에게 주의를 많이 받아서, 작문을 다시 한번 고쳐 썼다. |
| かぎ<br>限る | [동] 한정하다, 한하다 | かぎ じかんない お<br>テストは限られた時間内に終わらせなければなら<br>ない。<br>시험은 한정된 시간 안에 끝내야 한다. |
| なお<br>かけ直す | [동] 다시 걸다 | いまかい ぎ ちゅう あと なお つた<br>今会議中だから、後でかけ直すと伝えてください。<br>지금 회의 중이니까 나중에 다시 걸겠다고 전해 주세요. |
| かせ<br>稼ぐ | [동] 돈을 벌다 | らく かね かせ ほうほう<br>楽をしてお金を稼ぐ方法はない。<br>편하게 돈을 버는 방법은 없다. |
| かた づ<br>片付く | [동] 정리되다,<br>처리되다, 끝나다 | いえ そうじ かた づ<br>家の掃除がやっと片付いた。<br>집 청소가 겨우 끝났다. |

| 어휘 | 의미 | 예문 |
|---|---|---|
| か<br>噛む | 동 씹다 | ガムを噛み過ぎて、あごが痛くなった。<br>껌을 너무 많이 씹어서 턱이 아파졌다. |
| かんが なお<br>考え直す | 동 다시 생각하다,<br>재고하다 | この問題は最初から考え直した方がいい。<br>이 문제는 맨 처음부터 다시 생각하는 편이 좋다. |
| くださる | 동 주시다 | しゃちょう わたし<br>社長が私たちにメッセージをくださいました。<br>사장님이 우리에게 메시지를 주셨습니다. |
| く かえ<br>繰り返す | 동 반복하다 | おな しっぱい く かえ<br>同じ失敗を繰り返してはいけない。<br>같은 실패를 되풀이해서는 안 된다. |
| こ<br>越える | 동 넘다, 건너다 | やま こ わたし いえ<br>あの山を越えると私の家があります。<br>저 산을 넘으면 우리 집이 있습니다. |
| こぼれる | 동 넘치다 | みず き<br>水がこぼれないように気をつけてください。<br>물이 흘러넘치지 않도록 주의해 주세요. |
| こ こ<br>混む・込む | 동 붐비다 | じこ みち こ<br>事故で道が混んでいる。<br>사고로 길이 막히고 있다. |
| さ<br>下がる | 동 내려가다,<br>떨어지다 | さいきん きゅう きおん さ か<br>最近、急に気温が下がったので、コートを買った。<br>최근 갑자기 기온이 떨어져서 코트를 샀다. |
| さ あ<br>差し上げる | 동 드리다 | こうにゅうきんがく まんえん いじょう きゃくさま<br>購入金額が５万円以上のお客様に、プレゼントを<br>さ あ<br>差し上げます。<br>구입 금액이 5만 엔 이상인 손님께는 선물을 드립니다. |
| さ<br>指す | 동 가리키다 | かれ ことば なに さ わたし わ<br>彼の言葉が何を指すのか、私には分からなかった。<br>그의 말이 무엇을 가리키는지 나는 몰랐다. |
| すく<br>救う | 동 구하다,<br>건져 올리다 | ひと ひと すく あ まえ<br>人が人を救うのは当たり前のことだ。<br>사람이 사람을 구하는 것은 당연한 일이다. |

| 어휘 | 의미 | 예문 |
|---|---|---|
| す<br>住む | 동 살다, 거주하다 | わたし えき ちか す<br>私は駅の近くにあるアパートに住んでいます。<br>저는 역 근처에 있는 아파트에 살고 있습니다. |
| だ<br>抱く | 동 안다, 포옹하다 | あか だ ある たいへん<br>赤ちゃんを抱いて歩くのは大変です。<br>아기를 안고 걷는 것은 힘듭니다. |
| た<br>足す | 동 더하다, 채우다 | き かみ た<br>コピー機に紙がなかったので、足しておいた。<br>복사기에 종이가 없어서 채워 두었다. |
| たず<br>尋ねる | 동 묻다 | みち けいさつかん たず<br>道がわからなくて警察官に尋ねた。<br>길을 몰라서 경찰관에게 물었다. |
| た<br>発つ | 동 출발하다, 떠나다 | に ほん りゅうがく あした かんこく た<br>日本に留学するために、明日韓国を発つ。<br>일본에서 유학하기 위해 내일 한국을 떠난다. |
| た<br>立てる | 동 세우다 | ともだち いっしょ りょこう けいかく た<br>友達と一緒に旅行の計画を立てた。<br>친구와 함께 여행 계획을 세웠다. |
| たの<br>楽しむ | 동 즐기다 | しゅうまつ か ぞく じ かん たの<br>週末は、家族との時間を楽しんだ。<br>주말에는 가족과의 시간을 즐겼다. |
| つか<br>捕まえる | 동 붙잡다 | かれ かわ つか さかな おお<br>彼が川で捕まえた魚は、とても大きかった。<br>그가 강에서 잡은 물고기는 매우 컸다. |
| つ あ<br>付き合う | 동 교제하다, 사귀다 | かのじょ つ あ ねん<br>彼女と付き合って、もうすぐ2年だ。<br>그녀와 사귄지 이제 곧 2년이다. |
| つ あ<br>突き当たる | 동 부딪히다,<br>충돌하다 | みち い つ あ みぎ<br>この道をまっすぐ行って、突き当たったら右に<br>ま<br>曲がってください。<br>이 길을 곧장 가서 막다른 곳에 이르면 우측으로 꺾어 주세요. |
| つく なお<br>作り直す | 동 다시 만들다 | りょう り いち ど つく なお<br>料理がおいしくなくて、もう一度作り直した。<br>요리가 맛있지 않아서, 다시 한번 만들었다. |

| 어휘 | 의미 | 예문 |
|---|---|---|
| <ruby>詰<rt>つ</rt></ruby>める | 图 채우다, 담다 | <ruby>誕生日<rt>たんじょうび</rt></ruby>のプレゼントを<ruby>箱<rt>はこ</rt></ruby>に<ruby>詰<rt>つ</rt></ruby>めた。<br>생일 선물을 상자에 담았다. |
| <ruby>連<rt>つ</rt></ruby>れる | 图 데리고 가(오)다,<br>동반하다 | <ruby>彼女<rt>かのじょ</rt></ruby>は<ruby>出<rt>で</rt></ruby>かける<ruby>時<rt>とき</rt></ruby>はいつも<ruby>犬<rt>いぬ</rt></ruby>を<ruby>連<rt>つ</rt></ruby>れている。<br>그녀는 외출할 때는 항상 개를 동반한다. |
| <ruby>出会<rt>であ</rt></ruby>う | 图 우연히 만나다 | <ruby>彼<rt>かれ</rt></ruby>らはオーストラリアで<ruby>出会<rt>であ</rt></ruby>ったそうだ。<br>그들은 호주에서 우연히 만났다고 한다. |
| <ruby>手伝<rt>てつだ</rt></ruby>う | 图 돕다, 도와주다 | <ruby>就職<rt>しゅうしょく</rt></ruby>するまで、<ruby>家<rt>いえ</rt></ruby>の<ruby>仕事<rt>しごと</rt></ruby>を<ruby>手伝<rt>てつだ</rt></ruby>うことにした。<br>취직하기 전까지 집 일을 돕기로 했다. |
| <ruby>問<rt>と</rt></ruby>う | 图 묻다 | <ruby>社長<rt>しゃちょう</rt></ruby>はその<ruby>事故<rt>じこ</rt></ruby>の<ruby>責任<rt>せきにん</rt></ruby>を<ruby>問<rt>と</rt></ruby>われた。<br>사장님은 그 사고의 문책을 당했다. |
| <ruby>通<rt>とお</rt></ruby>す | 图 통하게 하다 | <ruby>暑<rt>あつ</rt></ruby>いので、<ruby>窓<rt>まど</rt></ruby>を<ruby>開<rt>あ</rt></ruby>けて<ruby>外<rt>そと</rt></ruby>の<ruby>空気<rt>くうき</rt></ruby>を<ruby>部屋<rt>へや</rt></ruby>の<ruby>中<rt>なか</rt></ruby>に<ruby>通<rt>とお</rt></ruby>した。<br>더워서 창문을 열어 바깥 공기를 방 안으로 통하게 했다. |
| <ruby>取<rt>と</rt></ruby>り<ruby>扱<rt>あつか</rt></ruby>う | 图 다루다, 취급하다 | ガラスの<ruby>花瓶<rt>かびん</rt></ruby>は<ruby>割<rt>わ</rt></ruby>れやすいから<ruby>優<rt>やさ</rt></ruby>しく<ruby>取<rt>と</rt></ruby>り<ruby>扱<rt>あつか</rt></ruby>ってください。<br>유리 화병은 깨지기 쉬우니까 살살 다뤄 주세요. |
| <ruby>取<rt>と</rt></ruby>り<ruby>組<rt>く</rt></ruby>む | 图 몰두하다 | <ruby>学生時代<rt>がくせいじだい</rt></ruby>、<ruby>部活<rt>ぶかつ</rt></ruby>に<ruby>取<rt>と</rt></ruby>り<ruby>組<rt>く</rt></ruby>む<ruby>人<rt>ひと</rt></ruby>が<ruby>多<rt>おお</rt></ruby>かった。<br>학창 시절에 동아리 활동에 몰두하는 사람이 많았다. |
| <ruby>取<rt>と</rt></ruby>り<ruby>込<rt>こ</rt></ruby>む | 图 어수선하다,<br>혼잡하다 | お<ruby>取<rt>と</rt></ruby>り<ruby>込<rt>こ</rt></ruby>み<ruby>中<rt>ちゅう</rt></ruby>、<ruby>申<rt>もう</rt></ruby>し<ruby>訳<rt>わけ</rt></ruby>ございません。<br>바쁘신 중에 죄송합니다. |
| <ruby>撮<rt>と</rt></ruby>る | 图 (사진을) 찍다 | <ruby>写真<rt>しゃしん</rt></ruby>を<ruby>撮<rt>と</rt></ruby>るのは<ruby>好<rt>す</rt></ruby>きだが、<ruby>撮<rt>と</rt></ruby>られるのは<ruby>好<rt>す</rt></ruby>きじゃない。<br>사진을 찍는 것은 좋아하지만, 찍히는 것은 좋아하지 않는다. |
| <ruby>取<rt>と</rt></ruby>れる | 图 떨어지다, 빠지다 | スーツのボタンが<ruby>取<rt>と</rt></ruby>れて、<ruby>困<rt>こま</rt></ruby>ってしまった。<br>정장의 단추가 떨어져서 난처해져 버렸다. |

382

| 어휘 | 의미 | 예문 |
|---|---|---|
| な<br>無くなる | 동 없어지다,<br>다 떨어지다 | シャンプーが無くなったので、新しいのを買った。<br>삼푸가 다 떨어졌기 때문에 새 것을 샀다. |
| ぬ<br>塗る | 동 바르다, 칠하다 | そのベンチはペンキを塗ったばかりです。<br>그 벤치는 페인트를 칠한지 얼마 되지 않았습니다. |
| ぬ<br>濡れる | 동 젖다 | 急に雨が降ったので、服が濡れてしまった。<br>갑자기 비가 내려서 옷이 젖어 버렸다. |
| の<br>延ばす | 동 연기하다, 미루다 | 体調が良くないので、友達に電話して約束を来週に延ばした。<br>몸이 안 좋아서 친구에게 전화해서 약속을 다음 주로 미뤘다. |
| は<br>履く | 동 (치마·바지를)<br>입다,<br>(신발·양말을)<br>신다 | 太って去年買ったスカートが履けなくなってしまった。<br>살이 쪄서 작년에 산 치마를 입을 수 없게 되어 버렸다. |
| はな　あ<br>話し合う | 동 서로 이야기하다,<br>의논하다 | 会議で一つのテーマについて3時間も話し合った。<br>회의에서 하나의 테마에 대해 3시간이나 이야기를 나눴다. |
| はな<br>話しかける | 동 말을 걸다 | 飛行機で隣の席の外国人に話しかけられた。<br>비행기에서 옆 좌석의 외국인이 말을 걸었다. |
| はな<br>離れる | 동 떨어지다 | 家族と離れて暮らすのは大変だ。<br>가족과 떨어져 지내는 것은 힘들다. |
| はや<br>流行る | 동 유행하다 | 寒くなったので、風邪が流行っているそうだ。<br>추워졌기 때문에 감기가 유행하고 있다고 한다. |
| は　き<br>張り切る | 동 의욕이 넘치다,<br>힘이 넘치다 | 娘は初めての海外旅行に張り切っている。<br>딸은 첫 해외여행에 의욕이 넘치고 있다. |
| は<br>貼る | 동 붙이다 | しなければならないことを、メモに書いて貼った。<br>해야 할 일을 메모에 적어서 붙였다. |

| 어휘 | 의미 | 예문 |
|---|---|---|
| <ruby>引<rt>ひ</rt></ruby>く | 동 끌다, 끌어당기다 | <ruby>彼<rt>かれ</rt></ruby>の<ruby>優<rt>やさ</rt></ruby>しい<ruby>性格<rt>せいかく</rt></ruby>に<ruby>心<rt>こころ</rt></ruby>が<ruby>引<rt>ひ</rt></ruby>かれる。<br>그의 상냥한 성격에 마음이 끌린다. |
| <ruby>弾<rt>ひ</rt></ruby>く | 동 (악기를)<br>연주하다 | ピアノを<ruby>弾<rt>ひ</rt></ruby>くのは<ruby>楽<rt>たの</rt></ruby>しいが、<ruby>練習<rt>れんしゅう</rt></ruby>は<ruby>嫌<rt>きら</rt></ruby>いだ。<br>피아노를 치는 것은 즐겁지만 연습은 싫어한다. |
| <ruby>広<rt>ひろ</rt></ruby>げる | 동 펼치다, 벌리다 | <ruby>電車<rt>でんしゃ</rt></ruby>の<ruby>中<rt>なか</rt></ruby>で<ruby>足<rt>あし</rt></ruby>を<ruby>広<rt>ひろ</rt></ruby>げて<ruby>座<rt>すわ</rt></ruby>るのは<ruby>良<rt>よ</rt></ruby>くない。<br>전철 안에서 다리를 벌리고 앉는 것은 좋지 않다. |
| <ruby>吹<rt>ふ</rt></ruby>く | 동 불다 | <ruby>朝<rt>あさ</rt></ruby>から<ruby>風<rt>かぜ</rt></ruby>が<ruby>強<rt>つよ</rt></ruby>く<ruby>吹<rt>ふ</rt></ruby>いています。<br>아침부터 바람이 세게 불고 있습니다. |
| <ruby>踏<rt>ふ</rt></ruby>む | 동 밟다 | <ruby>電車<rt>でんしゃ</rt></ruby>の<ruby>中<rt>なか</rt></ruby>で<ruby>隣<rt>となり</rt></ruby>の<ruby>人<rt>ひと</rt></ruby>の<ruby>足<rt>あし</rt></ruby>を<ruby>踏<rt>ふ</rt></ruby>んでしまった。<br>전철 안에서 옆 사람 발을 밟고 말았다. |
| <ruby>振<rt>ふ</rt></ruby>り<ruby>返<rt>かえ</rt></ruby>る | 동 돌아보다,<br>회고하다 | <ruby>誰<rt>だれ</rt></ruby>かいる<ruby>気<rt>き</rt></ruby>がして<ruby>振<rt>ふ</rt></ruby>り<ruby>返<rt>かえ</rt></ruby>ったが、<ruby>誰<rt>だれ</rt></ruby>もいなかった。<br>누군가 있는 것 같은 기분이 들어서 돌아봤는데, 아무도 없었다. |
| <ruby>振<rt>ふ</rt></ruby>り<ruby>向<rt>む</rt></ruby>く | 동 뒤돌아보다 | <ruby>誰<rt>だれ</rt></ruby>かに<ruby>名前<rt>なまえ</rt></ruby>を<ruby>呼<rt>よ</rt></ruby>ばれたので、<ruby>振<rt>ふ</rt></ruby>り<ruby>向<rt>む</rt></ruby>いた。<br>누군가가 이름을 불렀기 때문에 뒤돌아봤다. |
| ほめる | 동 칭찬하다 | <ruby>先生<rt>せんせい</rt></ruby>は<ruby>学生<rt>がくせい</rt></ruby>のいい<ruby>部分<rt>ぶぶん</rt></ruby>を<ruby>見<rt>み</rt></ruby>つけてほめるのが<br><ruby>得意<rt>とくい</rt></ruby>だ。<br>선생님은 학생의 좋은 부분을 발견해서 칭찬하는 것을 잘한다. |
| <ruby>参<rt>まい</rt></ruby>る | 동 '가다', '오다'의<br>겸양 표현 | <ruby>社長<rt>しゃちょう</rt></ruby>、<ruby>明日<rt>あした</rt></ruby>は<ruby>大阪<rt>おおさか</rt></ruby>に<ruby>出張<rt>しゅっちょう</rt></ruby>に<ruby>行<rt>い</rt></ruby>って<ruby>参<rt>まい</rt></ruby>ります。<br>사장님, 내일은 오사카에 출장 다녀오겠습니다. |
| <ruby>間違<rt>まちが</rt></ruby>う | 동 틀리다, 잘못되<br>다, 실수하다 | <ruby>名前<rt>なまえ</rt></ruby>が<ruby>間違<rt>まちが</rt></ruby>っているから<ruby>直<rt>なお</rt></ruby>してください。<br>이름이 잘못되어 있으니까 고쳐 주세요. |
| <ruby>学<rt>まな</rt></ruby>ぶ | 동 배우다, 익히다 | <ruby>私<rt>わたし</rt></ruby>は<ruby>趣味<rt>しゅみ</rt></ruby>で<ruby>英語<rt>えいご</rt></ruby>を<ruby>学<rt>まな</rt></ruby>んでいる。<br>나는 취미로 영어를 배우고 있다. |

| 어휘 | 의미 | 예문 |
|---|---|---|
| み<br>見かける | 동 눈에 띄다,<br>가끔 만나다 | あの人はよく図書館で見かける。<br>저 사람은 자주 도서관에서 마주친다. |
| み<br>見せる | 동 보여 주다 | 友達が旅行の時に撮った写真を見せてくれた。<br>친구가 여행 때 찍은 사진을 보여 주었다. |
| み わた<br>見渡す | 동 멀리 바라보다,<br>전망하다 | このタワーからは東京全体を見渡すことができる。<br>이 타워에서는 도쿄 전체를 전망할 수 있다. |
| む<br>向かう | 동 향하다, 면하다 | 彼らは海に向かって走り出した。<br>그들은 바다를 향해 달리기 시작했다. |
| む あ<br>向き合う | 동 마주 보다,<br>마주 대하다 | 将来について、自分と向き合って考える時間が<br>必要だ。<br>장래에 대해 자신과 마주 보고 생각할 시간이 필요하다. |
| むす<br>結びつく | 동 결부되다,<br>연결되다 | 顔と名前がなかなか結びつかない。<br>얼굴과 이름이 좀처럼 연결되지 않는다. |
| めぐ<br>恵まれる | 동 혜택받다,<br>풍족하다 | 今の会社は人間関係もよく、とても恵まれている。<br>지금 회사는 인간관계도 좋고 아주 좋은 환경이다. |
| め ざ<br>目指す | 동 지향하다,<br>목표로 하다 | 兄は日本の大学入学を目指すことにした。<br>형은 일본 대학 입학을 목표하기로 했다. |
| め あ<br>召し上がる | 동 드시다 | 社長は毎朝、カレーを召し上がります。<br>사장님은 매일 아침 카레를 드십니다. |
| もうける | 동 벌다,<br>이익을 보다 | 彼は最近新しい仕事を始めて、お金をもうけているそうだ。<br>그는 최근 새로운 일을 시작해서 돈을 벌고 있다고 한다. |
| も かえ<br>持ち帰る | 동 가지고 돌아가다 | 個人情報の問題で、仕事の資料を家に持ち帰ることはできない。<br>개인 정보 문제로 업무 자료를 집에 가지고 갈 수 없다. |

| 어휘 | 의미 | 예문 |
|---|---|---|
| な<br>鳴る | 통 울리다,<br>소리가 나다 | きのう　よる　　　かみなり　　　　　　　な<br>昨日の夜は、雷がゴロゴロ鳴っていた。<br>어젯밤은 천둥이 우르르 쳤다. |
| わす<br>忘れる | 통 잊다 | しゅくだい　わす　　　せんせい　おこ<br>宿題を忘れて先生に怒られた。<br>숙제를 잊어서 선생님에게 혼났다. |
| わ　こ<br>割り込む | 통 끼어들다 | れつ　わ　こ<br>列に割り込まないでください。<br>줄에 끼어들지 마세요. |

| 형용사편 | | |
|---|---|---|
| **어휘** | **의미** | **예문** |
| <ruby>忙<rt>いそが</rt></ruby>しい | イ 바쁘다 | <ruby>忙<rt>いそが</rt></ruby>しくても<ruby>週<rt>しゅう</rt></ruby>１<ruby>回<rt>かい</rt></ruby>ぐらいは<ruby>電話<rt>でんわ</rt></ruby>してほしい。<br>바빠도 일주일에 한 번 정도는 전화해 주었으면 한다. |
| うらやましい | イ 부럽다 | <ruby>明日<rt>あした</rt></ruby>が<ruby>休<rt>やす</rt></ruby>みだなんて、とてもうらやましい。<br>내일이 휴일이라니, 매우 부럽다. |
| <ruby>寂<rt>さび</rt></ruby>しい | イ 쓸쓸하다,<br>허전하다 | みんなが<ruby>帰<rt>かえ</rt></ruby>ってしまった<ruby>後<rt>あと</rt></ruby>は<ruby>寂<rt>さび</rt></ruby>しい。<br>모두가 돌아가 버린 후는 쓸쓸하다. |
| <ruby>四角<rt>しかく</rt></ruby>い | イ 네모나다 | <ruby>旅行<rt>りょこう</rt></ruby>のために、<ruby>大<rt>おお</rt></ruby>きくて<ruby>四角<rt>しかく</rt></ruby>いスーツケースを<ruby>買<rt>か</rt></ruby>った。<br>여행을 위해 크고 네모난 여행 가방을 샀다. |
| <ruby>正<rt>ただ</rt></ruby>しい | イ 옳다, 바르다 | <ruby>何<rt>なに</rt></ruby>が<ruby>正<rt>ただ</rt></ruby>しいかは<ruby>私<rt>わたし</rt></ruby>にはよく<ruby>分<rt>わ</rt></ruby>かりません。<br>뭐가 옳은지 저로서는 잘 모르겠습니다. |
| のろい | イ 느리다 | <ruby>彼<rt>かれ</rt></ruby>は<ruby>行動<rt>こうどう</rt></ruby>がのろくて<ruby>困<rt>こま</rt></ruby>ることがよくある。<br>그는 행동이 느려서 곤란한 경우가 자주 있다. |
| <ruby>騒々<rt>そうぞう</rt></ruby>しい | イ 시끄럽다 | <ruby>外<rt>そと</rt></ruby>が<ruby>騒々<rt>そうぞう</rt></ruby>しかったので<ruby>出<rt>で</rt></ruby>てみると、<ruby>近所<rt>きんじょ</rt></ruby>の<ruby>人<rt>ひと</rt></ruby>がけんかをしていた。<br>밖이 시끄러워서 나가 봤더니 이웃 사람이 싸우고 있었다. |
| <ruby>当<rt>あ</rt></ruby>たり<ruby>前<rt>まえ</rt></ruby> | ナ 당연함, 마땅함 | <ruby>当<rt>あ</rt></ruby>たり<ruby>前<rt>まえ</rt></ruby>のことを<ruby>聞<rt>き</rt></ruby>かないでください。<br>당연한 것을 묻지 말아 주세요. |
| <ruby>同<rt>おな</rt></ruby>じ | ナ 같음 | <ruby>私<rt>わたし</rt></ruby>と<ruby>彼女<rt>かのじょ</rt></ruby>は<ruby>同<rt>おな</rt></ruby>じジムで<ruby>運動<rt>うんどう</rt></ruby>している。<br>나와 그녀는 같은 헬스장에서 운동하고 있다. |
| かわいそう | ナ 불쌍함, 가엾음 | このドラマの<ruby>主人公<rt>しゅじんこう</rt></ruby>はかわいそうな<ruby>子供<rt>こども</rt></ruby>です。<br>이 드라마의 주인공은 가엾은 아이입니다. |

| 어휘 | 의미 | 예문 |
|---|---|---|
| きら<br>嫌い | ナ 싫음, 싫어함 | はは むかし うんどう きら<br>母は昔から運動が嫌いだった。<br>어머니는 예전부터 운동을 싫어했다. |
| だい じ<br>大事 | ナ 소중함, 중요함 | じ ぶん じんせい だい じ<br>自分の人生を大事にしてください。<br>자신의 인생을 소중히 해 주세요. |
| どうよう<br>同様 | ナ 부 같은 모양,<br>같음,<br>마찬가지 | かのじょ どうよう わたし かんが はんたい<br>彼女と同様、私もその考えには反対だ。<br>그녀와 마찬가지로 나도 그 생각에는 반대이다. |
| にぎ<br>賑やか | ナ 활기참, 번화함 | きのう ひと き<br>昨日のパーティーはたくさんの人が来て、とても<br>にぎ<br>賑やかだった。<br>어제 파티는 많은 사람이 와서 매우 북적거렸다. |
| へ た<br>下手 | ナ 못함, 서투름 | かれ まえ うた へた れんしゅう じょうず<br>彼は前は歌が下手だったが、練習して上手に<br>なった。<br>그는 전에는 노래를 못했지만 연습해서 능숙해졌다. |

| 어휘 | 의미 | 예문 |
|---|---|---|
| あっという間 | 눈 깜짝할 사이 | 楽しい時間があっという間に終わってしまった。<br>즐거운 시간이 눈 깜짝할 사이에 끝나 버렸다. |
| 改めて | 다시, 새삼스럽게 | 確認後、改めてお電話いたします。<br>확인 후, 다시 전화 드리겠습니다. |
| 案外 | 의외로 | 今回のテストは案外簡単だった。<br>이번 시험은 의외로 간단했다. |
| いつの間にか | 어느새 | いつの間にか雨が止んで空は晴れていた。<br>어느새 비가 그치고 하늘은 맑아졌다. |
| 今に | 곧, 조만간 | あの人が悪い人だということは、今に分かるだろう。<br>저 사람이 나쁜 사람이라는 것은 곧 알게 될 것이다. |
| 今にも | 이제 곧, 당장이라도 | 今にも雨が降りそうですね。<br>당장이라도 비가 내릴 것 같네요. |
| 思い切り | 마음껏, 실컷, 과감히 | 久しぶりに思い切り走った。<br>오랜만에 마음껏 달렸다. |
| 偶然 | 우연히 | 町で偶然、中学校の時の先生に会った。<br>동네에서 우연히 중학교 때 선생님을 만났다. |
| 結局 | 결국 | 急な仕事のため、結局パーティーには行けなかった。<br>급한 업무 때문에 결국 파티에는 갈 수 없었다. |
| 結構 | 상당히, 꽤 | 一人暮らしをしているので、料理には結構自信がある。<br>혼자 살고 있기 때문에 요리에는 꽤 자신이 있다. |
| 決して(～ない) | 결코, 절대로<br>~않다(부정 수반) | ここで経験したことは、決して忘れません。<br>여기에서 경험한 것은 절대로 잊지 않겠습니다. |

| 어휘 | 의미 | 예문 |
|---|---|---|
| さき<br>先に | 먼저, 전에 | 今日は用があるので、彼を待たずに先に帰ることにした。<br>오늘은 볼일이 있으니까 그를 기다리지 않고 먼저 돌아가기로 했다. |
| じっさい<br>実際 | 실제로 | 彼は、実際話してみると、とてもいい人だった。<br>그는 실제로 이야기해 봤더니, 매우 좋은 사람이었다. |
| じつ<br>実に | 실로, 매우, 정말 | あのハリウッド映画は実に面白かった。<br>저 헐리우드 영화는 정말 재미있었다. |
| じょじょ<br>徐々に | 서서히, 점차 | 溶けながら徐々に色が変わるアイスクリームがあるそうだ。<br>녹으면서 점차 색이 변하는 아이스크림이 있다고 한다. |
| すく<br>少なくとも | 적어도 | ここから会場まで、少なくとも15分はかかる。<br>여기에서 행사장까지 적어도 15분은 걸린다. |
| そうとう<br>相当 | 상당히 | 1週間も欠席しているから、彼の風邪は相当ひどいみたいだ。<br>일주일이나 결석하고 있으니, 그의 감기는 상당히 심한 것 같다. |
| たし<br>確か(に) | 분명히, 확실히 | 会議は確か来週の水曜日だよね。<br>회의는 분명 다음 주 수요일이지? |
| たぶん<br>多分 | 아마 | このまま行けば、多分時間に間に合うだろう。<br>이대로 가면 아마 시간에 맞출 수 있을 것이다. |
| ちょくせつ<br>直接 | 직접 | 人から聞くより、自分の目で直接見た方がいい。<br>타인에게 듣는 것보다 자신의 눈으로 직접 보는 편이 좋다. |
| つぎつぎ<br>次々 | 차례로, 잇달아,<br>계속해서 | 駅に着くと、次々に人が降りていった。<br>역에 도착하자 차례로 사람들이 내렸다. |
| つね<br>常に | 항상, 늘 | 彼は常に礼儀正しい人だ。<br>그는 항상 예의 바른 사람이다. |

| 어휘 | 의미 | 예문 |
|---|---|---|
| <ruby>同時<rt>どうじ</rt></ruby>に | 동시에, 한꺼번에 | そこにいた<ruby>人<rt>ひと</rt></ruby>みんなが<ruby>同時<rt>どうじ</rt></ruby>に<ruby>話<rt>はな</rt></ruby>し<ruby>始<rt>はじ</rt></ruby>めた。<br>거기에 있던 사람 모두가 동시에 이야기하기 시작했다. |
| <ruby>特<rt>とく</rt></ruby>に | 특히 | <ruby>私<rt>わたし</rt></ruby>は<ruby>料理<rt>りょうり</rt></ruby>の<ruby>中<rt>なか</rt></ruby>でも<ruby>特<rt>とく</rt></ruby>に<ruby>辛<rt>から</rt></ruby>いものが<ruby>好<rt>す</rt></ruby>きだ。<br>나는 요리 중에서도 특히 매운 것을 좋아한다. |
| <ruby>何<rt>なん</rt></ruby>と | 얼마나, 놀랍게도 | <ruby>何<rt>なん</rt></ruby>と<ruby>立派<rt>りっぱ</rt></ruby>な<ruby>家<rt>いえ</rt></ruby>だろう。<br>이 얼마나 훌륭한 집이란 말인가. |
| <ruby>何<rt>なん</rt></ruby>とか | 어떻게든,<br>그럭저럭, 간신히 | <ruby>朝寝坊<rt>あさねぼう</rt></ruby>をしたが、<ruby>会議<rt>かいぎ</rt></ruby>には<ruby>何<rt>なん</rt></ruby>とか<ruby>間<rt>ま</rt></ruby>に<ruby>合<rt>あ</rt></ruby>った。<br>늦잠을 잤지만 회의에는 간신히 늦지 않았다. |
| <ruby>非常<rt>ひじょう</rt></ruby>に | 대단히, 몹시 | <ruby>今年<rt>ことし</rt></ruby>は<ruby>非常<rt>ひじょう</rt></ruby>に<ruby>雪<rt>ゆき</rt></ruby>が<ruby>多<rt>おお</rt></ruby>くて<ruby>大変<rt>たいへん</rt></ruby>だ。<br>올해는 몹시 눈이 많이 내려서 큰일이다. |
| <ruby>再<rt>ふたた</rt></ruby>び | 재차, 다시 | <ruby>彼<rt>かれ</rt></ruby>に<ruby>再<rt>ふたた</rt></ruby>び<ruby>会<rt>あ</rt></ruby>うことはないだろう。<br>그를 다시 만날 일은 없을 것이다. |
| <ruby>前<rt>まえ</rt></ruby>もって | 미리, 사전에 | この<ruby>店<rt>みせ</rt></ruby>は<ruby>人気<rt>にんき</rt></ruby>があるので、<ruby>前<rt>まえ</rt></ruby>もって<ruby>予約<rt>よやく</rt></ruby>をしておいた<ruby>方<rt>ほう</rt></ruby>がいい。<br>이 가게는 인기가 있어서 미리 예약을 해 두는 편이 좋다. |
| <ruby>最<rt>もっと</rt></ruby>も | 가장 | チーターは、<ruby>最<rt>もっと</rt></ruby>も<ruby>足<rt>あし</rt></ruby>の<ruby>速<rt>はや</rt></ruby>い<ruby>動物<rt>どうぶつ</rt></ruby>だ。<br>치타는 가장 발이 빠른 동물이다. |

| | 접속사편 | |
|---|---|---|
| **어휘** | **의미** | **예문** |
| いっぽう<br>一方 | 한편 | 彼は部活をしている一方、勉強も頑張っている。<br>그는 동아리 활동을 하고 있는 한편, 공부도 열심히 하고 있다. |
| したがって | 따라서, 그러므로 | あの店は人気がある。したがって事前に予約しなければならない。<br>저 가게는 인기가 있다. 따라서 사전에 예약해야 한다. |
| すると | 그러자, 그러면 | 部屋の中に入った。すると、勝手にドアが閉まった。<br>방에 들어갔다. 그러자 저절로 문이 닫혔다. |
| そこで | 그래서 | 彼はこの分野の専門家だ。そこで彼をチームに入れることにした。<br>그는 이 분야의 전문가이다. 그래서 그를 팀에 넣기로 했다. |
| そのうえ | 더구나, 게다가 | 彼女は頭がいい。そのうえ性格もいい。<br>그녀는 머리가 좋다. 게다가 성격도 좋다. |
| それから | 그리고, 그다음에 | 映画を見た。それから原作の小説を読んだ。<br>영화를 봤다. 그다음에 원작 소설을 읽었다. |
| それでも | 그런데도, 그래도 | 彼とけんかをした。それでもまだ彼のことが好きだ。<br>그와 다투었다. 그래도 아직 그를 좋아한다. |
| それとも | 그렇지 않으면,<br>아니면 | バスで行きますか、それとも地下鉄で行きますか。<br>버스로 가겠습니까? 아니면 지하철로 가겠습니까? |
| それに | 그런데도, 게다가 | 昨日は試験があった。それに面接もあった。<br>어제는 시험이 있었다. 게다가 면접도 있었다. |
| だから | 그러므로,<br>그러니까 | 努力していないんですね。だから上手にならないんですよ。<br>노력하지 않고 있군요. 그래서 능숙해지지 않는 거예요. |

| 어휘 | 의미 | 예문 |
|------|------|------|
| だって | 하지만, 그래도 | A ちょっと食<ruby>食<rt>た</rt></ruby>べすぎじゃない？<br>좀 과식하는 거 아냐?<br>B だっておいしいんだもん。<br>하지만, 맛있단 말이야. |
| ちなみに | 덧붙여서, 참고로 | ちなみに、ご<ruby>実家<rt>じっか</rt></ruby>はどちらですか。<br>참고로 본가는 어디십니까? |
| でも | 하지만 | <ruby>今日<rt>きょう</rt></ruby>は<ruby>失敗<rt>しっぱい</rt></ruby>してしまった。でも<ruby>明日<rt>あした</rt></ruby>はきっとうまくいく。<br>오늘은 실패하고 말았다. 하지만 내일은 분명히 잘 될 것이다. |
| ところが | 그런데, 그러나 | <ruby>今日<rt>きょう</rt></ruby>は<ruby>天気<rt>てんき</rt></ruby>がいいと<ruby>聞<rt>き</rt></ruby>いていた。ところが<ruby>雨<rt>あめ</rt></ruby>が<ruby>降<rt>ふ</rt></ruby>り<ruby>始<rt>はじ</rt></ruby>めた。<br>오늘은 날씨가 좋다고 들었다. 그런데 비가 내리기 시작했다. |
| ところで | 그런데<br>(화제 전환) | ところで、あの<ruby>映画<rt>えいが</rt></ruby>は<ruby>見<rt>み</rt></ruby>ましたか。<br>그런데 저 영화는 보셨어요? |
| なぜなら | 왜냐하면 | <ruby>明日<rt>あした</rt></ruby>は<ruby>少<rt>すこ</rt></ruby>し<ruby>遅<rt>おそ</rt></ruby>くなります。なぜなら<ruby>会社<rt>かいしゃ</rt></ruby>の<ruby>飲<rt>の</rt></ruby>み<ruby>会<rt>かい</rt></ruby>があるからです。<br>내일은 조금 늦어집니다. 왜냐하면 회사 회식이 있기 때문입니다. |
| あるいは | 또는, 혹은 | さびしい<ruby>時<rt>とき</rt></ruby>、あるいは<ruby>悲<rt>かな</rt></ruby>しい<ruby>時<rt>とき</rt></ruby>、<ruby>彼女<rt>かのじょ</rt></ruby>は<ruby>母親<rt>ははおや</rt></ruby>に<ruby>連絡<rt>れんらく</rt></ruby>する。<br>쓸쓸할 때, 혹은 슬플 때 그녀는 어머니에게 연락한다. |
| おまけに | 그 위에, 게다가 | <ruby>風邪<rt>かぜ</rt></ruby>を<ruby>引<rt>ひ</rt></ruby>いて<ruby>鼻水<rt>はなみず</rt></ruby>も<ruby>出<rt>で</rt></ruby>るし、おまけに<ruby>頭<rt>あたま</rt></ruby>も<ruby>痛<rt>いた</rt></ruby>いです。<br>감기에 걸려서 콧물도 나오고, 게다가 머리도 아픕니다. |
| けれども | 그러나, 그렇지만 | <ruby>仕事<rt>しごと</rt></ruby>が<ruby>忙<rt>いそが</rt></ruby>しい。けれども<ruby>子<rt>こ</rt></ruby>どものために<ruby>毎日<rt>まいにち</rt></ruby>お<ruby>弁当<rt>べんとう</rt></ruby>を<ruby>作<rt>つく</rt></ruby>っている。<br>일이 바쁘다. 그렇지만 아이를 위해 매일 도시락을 만들고 있다. |

| 어휘 | 의미 | 예문 |
|---|---|---|
| さて | 그런데,<br>그건 그렇고<br>(화제 전환) | さて、今日は何をしようか。<br>그나저나, 오늘은 뭘 할까? |
| それで | 그래서 | 風邪を引いた。それで病院に行くことにした。<br>감기에 걸렸다. 그래서 병원에 가기로 했다. |
| それにしても | 그렇다 치더라도,<br>그건 그렇고 | それにしても田中さん、遅いですね。<br>그건 그렇고, 다나카 씨 늦네요. |
| それによって | 그에 따라,<br>그로 인해 | 今回は失敗してしまったが、それによって多くのことを学んだ。<br>이번에는 실패해 버렸지만, 그로 인해 많은 것을 배웠다. |
| だが | 그러나, 그렇지만 | 彼は仕事では厳しい。だが、プライベートではとても優しい。<br>그는 일에서는 엄격하다. 그렇지만 사적으로는 매우 상냥하다. |
| ただし | 단, 다만 | こちらの商品は全て100円です。ただし、一人に二つまでです。<br>이쪽 상품은 전부 100엔입니다. 단, 한 사람에 두 개까지입니다. |
| とはいえ | 그렇다고 해도 | もう春ですね。とはいえ朝はまだ寒いから風邪に気をつけてください。<br>벌써 봄이네요. 그렇다고 해도 아침은 아직 추우니까 감기 조심하세요. |
| または | 또는, 혹은 | 鉛筆またはボールペンで書いてください。<br>연필 또는 볼펜으로 써 주세요. |
| その代わり | 그 대신 | 週末に仕事をしたので、その代わり月曜日は休むことにした。<br>주말에 일을 했기 때문에, 그 대신 월요일은 쉬기로 했다. |
| それなら | 그렇다면, 그러면 | それなら、あなたの言うとおりにしましょう。<br>그렇다면 당신이 말하는 대로 합시다. |

## 한자 읽기

| 어휘 | 의미 | 어휘 | 의미 |
|------|------|------|------|
| <ruby>合図<rt>あい ず</rt></ruby> | (몸짓 · 소리 등의) 신호 | <ruby>横断<rt>おうだん</rt></ruby> | 횡단 |
| <ruby>相手<rt>あい て</rt></ruby> | 상대 | <ruby>応募<rt>おう ぼ</rt></ruby> | 응모 |
| <ruby>浅い<rt>あさ</rt></ruby> | 얕다 | <ruby>応用<rt>おうよう</rt></ruby> | 응용 |
| <ruby>預ける<rt>あず</rt></ruby> | 맡기다 | <ruby>遅れる<rt>おく</rt></ruby> | 늦다, 더디다 |
| <ruby>汗<rt>あせ</rt></ruby> | 땀 | <ruby>遅い<rt>おそ</rt></ruby> | 느리다, 늦다 |
| <ruby>遊ぶ<rt>あそ</rt></ruby> | 놀다 | <ruby>覚える<rt>おぼ</rt></ruby> | 기억하다, 암기하다 |
| <ruby>厚い<rt>あつ</rt></ruby> | 두껍다 | <ruby>折る<rt>お</rt></ruby> | 부러뜨리다, 꺾다 |
| <ruby>表す<rt>あらわ</rt></ruby> | 나타내다, 표현하다 | <ruby>折れる<rt>お</rt></ruby> | 꺾이다, 부러지다 |
| <ruby>息<rt>いき</rt></ruby> | 숨, 호흡 | <ruby>改札<rt>かいさつ</rt></ruby> | 개찰, 개찰구 |
| <ruby>以降<rt>い こう</rt></ruby> | 이후 | <ruby>返す<rt>かえ</rt></ruby> | 되돌리다, 돌려주다, 반납하다 |
| <ruby>位置<rt>い ち</rt></ruby> | 위치 | <ruby>換える<rt>か</rt></ruby> | 바꾸다, 교환하다 |
| <ruby>一般的<rt>いっぱんてき</rt></ruby> | 일반적 | <ruby>替える<rt>か</rt></ruby> | 바꾸다, 교환하다, 교체하다 |
| <ruby>岩<rt>いわ</rt></ruby> | 바위 | <ruby>価格<rt>か かく</rt></ruby> | 가격 |
| <ruby>印象<rt>いんしょう</rt></ruby> | 인상 | <ruby>家具<rt>か ぐ</rt></ruby> | 가구 |
| <ruby>疑う<rt>うたが</rt></ruby> | 의심하다 | <ruby>各駅<rt>かくえき</rt></ruby> | 각 역, 매 역 |
| <ruby>美しい<rt>うつく</rt></ruby> | 아름답다, 예쁘다 | <ruby>各地<rt>かく ち</rt></ruby> | 각지 |
| <ruby>移す<rt>うつ</rt></ruby> | 옮기다, 이동하다 | <ruby>過去<rt>か こ</rt></ruby> | 과거 |
| <ruby>裏<rt>うら</rt></ruby> | 뒤, 뒷면 | <ruby>下線<rt>か せん</rt></ruby> | 밑줄 |
| <ruby>笑顔<rt>え がお</rt></ruby> | 웃는 얼굴 | <ruby>固い<rt>かた</rt></ruby> | 딱딱하다 |

| 어휘 | 의미 | 어휘 | 의미 |
|---|---|---|---|
| か<br>勝つ | 이기다 | くる<br>苦しい | 괴롭다, 고통스럽다 |
| かど<br>角 | 모서리, 구석 | く ろう<br>苦労 | 고생 |
| かな<br>悲しい | 슬프다 | くわ<br>加える | 가하다, 더하다 |
| か ねつ<br>加熱 | 가열 | くんれん<br>訓練 | 훈련 |
| かんきゃく<br>観客 | 관객 | けいえいがく<br>経営学 | 경영학 |
| かんじょうてき<br>感情的 | 감정적 | けいさん<br>計算 | 계산 |
| かんせい<br>完成 | 완성 | げ か<br>外科 | 외과 |
| き かい<br>機会 | 기회 | けつあつ<br>血圧 | 혈압 |
| きたな<br>汚い | 더럽다, 불결하다 | けつえきがた<br>血液型 | 혈액형 |
| き ほん<br>基本 | 기본 | げつまつ<br>月末 | 월말 |
| ぎ もん<br>疑問 | 의문 | けん<br>件 | 건, 사항 |
| きゅうじつ<br>休日 | 휴일 | けん さ<br>検査 | 검사 |
| きょうつう<br>共通 | 공통 | げんざい<br>現在 | 현재 |
| きょうりょく<br>協力 | 협력 | こい<br>恋しい | 그립다 |
| きんえん<br>禁煙 | 금연 | こう か<br>高価 | 고가 |
| くうせき<br>空席 | 공석 | こうこく<br>広告 | 광고 |
| くば<br>配る | 나누어 주다, 배부하다 | こうりゅう<br>交流 | 교류 |
| くび<br>首 | 목 | こ がた<br>小型 | 소형 |
| く<br>組む | 엇걸다, 짜다 | こ きゅう<br>呼吸 | 호흡 |
| くら<br>比べる | 비교하다 | こし<br>腰 | 허리 |

| 어휘 | 의미 | 어휘 | 의미 |
|---|---|---|---|
| こ じん<br>個人 | 개인 | しゅるい<br>種類 | 종류 |
| ことわ<br>断る | 거절하다 | じゅんばん<br>順番 | 순서 |
| こま<br>困る | 곤란하다 | しょうぎょう<br>商業 | 상업 |
| ころ<br>転ぶ | 구르다, 넘어지다 | しょうひん<br>商品 | 상품 |
| さいしょ<br>最初 | 최초, 처음 | じょうひん<br>上品だ | 품위 있다, 우아하다 |
| さんぎょう<br>産業 | 산업 | じょうほう<br>情報 | 정보 |
| しお<br>塩 | 소금 | しょっ き<br>食器 | 식기(그릇) |
| し きゅう<br>支給 | 지급 | ぜいきん<br>税金 | 세금 |
| じ じょう<br>事情 | 사정 | せいふく<br>制服 | 제복, 유니폼 |
| し ぜん<br>自然 | 자연 | せき<br>席 | 자리 |
| したが<br>従う | 따르다, 좇다 | せき ゆ<br>石油 | 석유 |
| しつぎょう<br>失業 | 실업 | せん<br>線 | 선 |
| じつりょく<br>実力 | 실력 | せんしゅ<br>選手 | 선수 |
| しま<br>島 | 섬 | ぞうげん<br>増減 | 증감 |
| しめ<br>示す | 나타내다, 가리키다 | そうぞう<br>想像 | 상상 |
| しゅうちゅう<br>集中 | 집중 | そうたい<br>早退 | 조퇴 |
| しゅじゅつ<br>手術 | 수술 | そうだん<br>相談 | 상담, 상의 |
| しゅっちょう<br>出張 | 출장 | そつぎょう<br>卒業 | 졸업 |
| しゅ と<br>首都 | 수도 | たいいん<br>退院 | 퇴원 |
| しゅよう<br>主要 | 주요 | たいかい<br>大会 | 대회 |

| 어휘 | 의미 |
|---|---|
| <ruby>確<rt>たし</rt></ruby>かに | 확실히, 분명히 |
| <ruby>助<rt>たす</rt></ruby>ける | 돕다, 도와주다 |
| <ruby>他人<rt>たにん</rt></ruby> | 타인 |
| <ruby>単語<rt>たんご</rt></ruby> | 단어 |
| <ruby>地球<rt>ちきゅう</rt></ruby> | 지구 |
| <ruby>駐車<rt>ちゅうしゃ</rt></ruby> | 주차 |
| <ruby>昼食<rt>ちゅうしょく</rt></ruby> | 점심 식사 |
| <ruby>朝刊<rt>ちょうかん</rt></ruby> | 조간 |
| <ruby>調査<rt>ちょうさ</rt></ruby> | 조사 |
| <ruby>朝食<rt>ちょうしょく</rt></ruby> | 조식, 아침 식사 |
| <ruby>貯金<rt>ちょきん</rt></ruby> | 저금 |
| <ruby>直接<rt>ちょくせつ</rt></ruby> | 직접 |
| <ruby>通勤<rt>つうきん</rt></ruby> | 통근 |
| <ruby>通知<rt>つうち</rt></ruby> | 통지 |
| <ruby>伝<rt>つた</rt></ruby>える | 전하다, 전달하다 |
| <ruby>包<rt>つつ</rt></ruby>む | 싸다, 둘러싸다, 포장하다 |
| <ruby>適当<rt>てきとう</rt></ruby> | 적당 |
| <ruby>動作<rt>どうさ</rt></ruby> | 동작 |
| <ruby>到着<rt>とうちゃく</rt></ruby> | 도착 |
| <ruby>得意<rt>とくい</rt></ruby>だ | 잘하다, 숙련되다, 특기이다 |

| 어휘 | 의미 |
|---|---|
| <ruby>独立<rt>どくりつ</rt></ruby> | 독립 |
| <ruby>努力<rt>どりょく</rt></ruby> | 노력 |
| <ruby>逃<rt>に</rt></ruby>げる | 도망치다, 달아나다 |
| <ruby>荷物<rt>にもつ</rt></ruby> | 짐 |
| <ruby>根<rt>ね</rt></ruby> | 뿌리 |
| <ruby>残<rt>のこ</rt></ruby>す | 남기다 |
| <ruby>残<rt>のこ</rt></ruby>り | 남음, 남은 것 |
| <ruby>生<rt>は</rt></ruby>える | (식물 등이) 나다 |
| <ruby>発見<rt>はっけん</rt></ruby> | 발견 |
| <ruby>発表<rt>はっぴょう</rt></ruby> | 발표 |
| <ruby>払<rt>はら</rt></ruby>う | 지불하다, 돈을 내다 |
| <ruby>冷<rt>ひ</rt></ruby>える | 차가워지다, 식다 |
| <ruby>秒<rt>びょう</rt></ruby> | 초(시간) |
| <ruby>表面<rt>ひょうめん</rt></ruby> | 표면 |
| <ruby>広場<rt>ひろば</rt></ruby> | 광장 |
| <ruby>夫婦<rt>ふうふ</rt></ruby> | 부부 |
| <ruby>深<rt>ふか</rt></ruby>い | 깊다 |
| <ruby>復習<rt>ふくしゅう</rt></ruby> | 복습 |
| <ruby>複数<rt>ふくすう</rt></ruby> | 복수(둘 이상의 수) |
| <ruby>普通<rt>ふつう</rt></ruby> | 보통 |

| 어휘 | 의미 | 어휘 | 의미 |
|---|---|---|---|
| ぶぶん<br>部分 | 부분 | めいれい<br>命令 | 명령 |
| ふぼ<br>父母 | 부모 | もうこ<br>申し込み | 신청 |
| ぶんしょう<br>文章 | 문장, 글 | も<br>燃える | 타다, 불타다 |
| ぶんるい<br>分類 | 분류 | ゆうそう<br>郵送 | 우송 |
| へいきん<br>平均 | 평균 | ゆうひ<br>夕日 | 석양, 저녁 해 |
| へいじつ<br>平日 | 평일 | ゆうびん<br>郵便 | 우편 |
| へんか<br>変化 | 변화 | ゆうめい<br>有名 | 유명 |
| ほうがく<br>方角 | 방위, 방향 | ようき<br>容器 | 용기, 그릇 |
| ほうこう<br>方向 | 방향 | よこ<br>横 | 옆 |
| ほうちょう<br>包丁 | 부엌칼 | よご<br>汚す | 더럽히다 |
| ほ<br>干す | 말리다, 널다 | よご<br>汚れる | 더러워지다 |
| ほそ<br>細い | 좁다, 가늘다 | よやく<br>予約 | 예약 |
| まめ<br>豆 | 콩 | るす<br>留守 | 부재, 부재중 |
| まる<br>丸い | 둥글다 | わか<br>若い | 젊다 |
| まわ<br>回す | 돌리다, 회전시키다 | わら<br>笑う | 웃다 |
| みじか<br>短い | 짧다 | わ<br>割る | 깨다, 깨뜨리다 |
| みずうみ<br>湖 | 호수 | わ<br>割れる | 깨지다, 갈라지다 |
| みらい<br>未来 | 미래 | | |
| むずか<br>難しい | 어렵다 | | |
| むす<br>結ぶ | 잇다, 맺다, 묶다 | | |

| 어휘 | 의미 | 어휘 | 의미 |
|---|---|---|---|
| <ruby>浅<rt>あさ</rt></ruby>い | 얕다 | <ruby>温泉<rt>おんせん</rt></ruby> | 온천 |
| <ruby>預<rt>あず</rt></ruby>ける | 맡기다 | <ruby>絵画<rt>かい が</rt></ruby> | 회화(그림) |
| <ruby>暖<rt>あたた</rt></ruby>かい | 따뜻하다 | <ruby>解決<rt>かいけつ</rt></ruby> | 해결 |
| <ruby>温<rt>あたた</rt></ruby>める | 따뜻하게 하다, 데우다 | <ruby>会費<rt>かい ひ</rt></ruby> | 회비 |
| <ruby>当<rt>あ</rt></ruby>たる | 맞다, 적중하다 | <ruby>家具<rt>か ぐ</rt></ruby> | 가구 |
| <ruby>厚<rt>あつ</rt></ruby>い | 두껍다, 두텁다 | <ruby>過去<rt>か こ</rt></ruby> | 과거 |
| <ruby>現<rt>あらわ</rt></ruby>れる | 나타나다 | <ruby>重<rt>かさ</rt></ruby>ねる | 겹치다, 쌓다, 포개다 |
| <ruby>案内<rt>あんない</rt></ruby> | 안내 | <ruby>貸<rt>か</rt></ruby>す | 빌려주다 |
| <ruby>胃<rt>い</rt></ruby> | 위, 위장 | <ruby>楽器<rt>がっき</rt></ruby> | 악기 |
| <ruby>以降<rt>い こう</rt></ruby> | 이후 | <ruby>仮定<rt>か てい</rt></ruby> | 가정(조건 · 전제) |
| <ruby>痛<rt>いた</rt></ruby>い | 아프다 | <ruby>必<rt>かなら</rt></ruby>ず | 반드시 |
| <ruby>一般的<rt>いっぱんてき</rt></ruby> | 일반적 | <ruby>空<rt>から</rt></ruby> | (속이) 빔, 아무것도 없음 |
| <ruby>右折<rt>う せつ</rt></ruby> | 우회전 | <ruby>借<rt>か</rt></ruby>りる | 빌리다 |
| <ruby>内側<rt>うちがわ</rt></ruby> | 안쪽, 내면 | <ruby>関係<rt>かんけい</rt></ruby> | 관계 |
| <ruby>移<rt>うつ</rt></ruby>る | 옮기다, 이동하다 | <ruby>観光<rt>かんこう</rt></ruby> | 관광 |
| <ruby>笑顔<rt>え がお</rt></ruby> | 웃는 얼굴 | <ruby>観察<rt>かんさつ</rt></ruby> | 관찰 |
| <ruby>追<rt>お</rt></ruby>う | 뒤쫓다, 따르다 | <ruby>関心<rt>かんしん</rt></ruby> | 관심 |
| <ruby>遅<rt>おそ</rt></ruby>い | 늦다 | <ruby>気温<rt>き おん</rt></ruby> | 기온 |
| <ruby>降<rt>お</rt></ruby>りる | (차 · 탈 것에서) 내리다 | <ruby>規則<rt>き そく</rt></ruby> | 규칙 |

| 어휘 | 의미 |
|---|---|
| きたい<br>期待 | 기대 |
| きたく<br>帰宅 | 귀가 |
| きねん<br>記念 | 기념 |
| ぎゃく<br>逆 | 역, 반대, 거꾸로임 |
| きょうし<br>教師 | 교사 |
| きろく<br>記録 | 기록 |
| く<br>組む | 엇걸다, 짜다 |
| く<br>暮らす | 살다, 지내다, 생활하다 |
| けいゆ<br>経由 | 경유 |
| け<br>消す | 끄다, 지우다 |
| けつえき<br>血液 | 혈액 |
| けっせき<br>欠席 | 결석 |
| けってん<br>欠点 | 결점, 단점 |
| けん<br>券 | 권, 표 |
| げんいん<br>原因 | 원인 |
| けんこう<br>健康 | 건강 |
| けんさ<br>検査 | 검사 |
| げんざい<br>現在 | 현재 |
| げんしょう<br>減少 | 감소 |
| げんりょう<br>原料 | 원료 |

| 어휘 | 의미 |
|---|---|
| こい<br>恋しい | 그립다 |
| こうか<br>高価だ | 고가이다, 값비싸다 |
| こうこく<br>広告 | 광고 |
| こくばん<br>黒板 | 칠판 |
| こし<br>腰 | 허리 |
| こま<br>細かい | 잘다, 미세하다, 작다 |
| こま<br>困る | 곤란하다 |
| さいしょ<br>最初 | 최초 |
| さかみち<br>坂道 | 비탈길, 고갯길 |
| ざっし<br>雑誌 | 잡지 |
| さゆう<br>左右 | 좌우 |
| ざんぎょう<br>残業 | 잔업, 야근 |
| じしん<br>自信 | 자신, 자신감 |
| しま<br>島 | 섬 |
| じゆう<br>自由 | 자유 |
| しゅうかんし<br>週刊誌 | 주간지 |
| しゅっきん<br>出勤 | 출근 |
| じゅんばん<br>順番 | 순번, 순서 |
| じょうしゃ<br>乗車 | 승차 |
| しん<br>信じる | 믿다 |

| 어휘 | 의미 | 어휘 | 의미 |
|---|---|---|---|
| しんちょう<br>身長 | 신장, 키 | つづ<br>続き | 계속됨, 이어짐 |
| しんぱい<br>心配 | 걱정 | つつ<br>包む | 싸다, 둘러싸다, 포장하다 |
| す<br>吸う | (공기 등을) 흡입하다, 마시다,<br>(담배를) 피우다 | つと<br>勤める | 근무하다 |
| ず つう<br>頭痛 | 두통 | ていでん<br>停電 | 정전 |
| せいかい<br>正解 | 정답, 해답 | でんごん<br>伝言 | 전언(전하는 말) |
| せいかく<br>性格 | 성격 | と<br>解く | (문제·매듭 등을) 풀다 |
| せいじょう<br>正常 | 정상(제대로인 상태) | どくしん<br>独身 | 독신 |
| せいせき<br>成績 | 성적 | と<br>飛ぶ | 날다, 뛰다 |
| せいふく<br>制服 | 제복, 교복, 유니폼 | と<br>止まる | 멈추다, 정지하다 |
| せんもん か<br>専門家 | 전문가 | な<br>泣く | 울다 |
| そうだん<br>相談 | 상담, 상의, 의논 | な<br>投げる | 던지다 |
| そだ<br>育てる | 키우다, 기르다 | なみ<br>波 | 파도, 물결 |
| たいいん<br>退院 | 퇴원 | なみだ<br>涙 | 눈물 |
| たいりょう<br>大量 | 대량 | に<br>逃げる | 도망치다, 달아나다 |
| たし<br>確か | 확실히, 분명히 | ねが<br>願う | 원하다, 바라다 |
| たん き<br>短気 | 성질이 급함 | ねっしん<br>熱心に | 열심히 |
| ちが<br>違う | 다르다, 틀리다 | ねむ<br>眠る | 자다, 잠들다 |
| ちゅうしゃ<br>注射 | 주사 | は<br>葉 | 이파리, 잎 |
| つか<br>疲れ | 피로 | は<br>歯 | 치아, 이 |
| つか<br>疲れる | 지치다, 피곤하다 | ばい<br>倍 | 배, 갑절 |

| 어휘 | 의미 |
|---|---|
| はや<br>早く | 빨리 |
| ひ<br>冷える | 식다, 차가워지다 |
| ひく<br>低い | 낮다 |
| びょう<br>秒 | 초(시간) |
| ふくざつ<br>複雑 | 복잡 |
| ふくしゅう<br>復習 | 복습 |
| ふくすう<br>複数 | 복수(둘 이상의 수) |
| ほうこう<br>方向 | 방향 |
| ほうりつ<br>法律 | 법률 |
| ま<br>負ける | 지다 |
| まも<br>守る | 지키다 |
| まわ<br>回す | 돌리다 |
| まんぞく<br>満足 | 만족 |
| みじか<br>短い | 짧다 |
| みどり<br>緑 | 초록, 녹색 |
| むす<br>結ぶ | 잇다, 맺다, 묶다 |
| むすめ<br>娘 | 딸 |
| めいれい<br>命令 | 명령 |
| ものがたり<br>物語 | 이야기 |
| や<br>焼く | 굽다 |

| 어휘 | 의미 |
|---|---|
| やく<br>訳す | 번역하다, 해석하다 |
| やっきょく<br>薬局 | 약국 |
| ゆ しゅつ<br>輸出 | 수출 |
| よう き<br>容器 | 용기, 그릇 |
| よくしゅう<br>翌週 | 다음 주, 내주 |
| よ そう<br>予想 | 예상 |
| り ゆう<br>理由 | 이유 |
| わか<br>若い | 젊다 |

| 어휘 | 의미 | 어휘 | 의미 |
|---|---|---|---|
| 諦める (あきらめる) | 포기하다 | 印象 (いんしょう) | 인상 |
| 飽きる (あきる) | 싫증나다, 질리다 | インタビュー | 인터뷰 |
| アクセス | 액세스, 접근, 접근성 | うっかり | 무심코, 깜빡 |
| あくび | 하품 | 羨ましい (うらやましい) | 부럽다 |
| 汗 (あせ) | 땀 | うろうろ | 우왕좌왕, 어슬렁어슬렁 |
| 当たる (あたる) | 맞다, 적중하다 | うわさ | 소문 |
| 扱う (あつかう) | 다루다, 취급하다 | 運休 (うんきゅう) | 운휴, 운전·운항 등을 쉼 |
| アドバイス | 어드바이스, 조언, 충고 | 影響 (えいきょう) | 영향 |
| あふれる | 넘치다 | 栄養 (えいよう) | 영양 |
| 編む (あむ) | 엮다, 뜨다 | エネルギー | 에너지 |
| アメリカ産 (アメリカさん) | 미국산 | 偉い (えらい) | 위대하다, 훌륭하다, 장하다 |
| 怪しい (あやしい) | 수상하다 | 延期 (えんき) | 연기 |
| あわ | 거품 | 演奏 (えんそう) | 연주 |
| 合わせる (あわせる) | 맞추다 | 追い越す (おいこす) | 추월하다 |
| 意外に (いがいに) | 의외로 | 追いつく (おいつく) | 따라잡다, 따라붙다 |
| 意志 (いし) | 의지 | お祝い (おいわい) | 축하, 축하 선물 |
| 一応 (いちおう) | 일단, 우선 | 応援 (おうえん) | 응원 |
| 一度に (いちどに) | 한번에 | 応募 (おうぼ) | 응모 |
| イメージ | 이미지, 인상 | おかしい | 이상하다 |

| 어휘 | 의미 | 어휘 | 의미 |
|---|---|---|---|
| 起きる | 일어나다 | 可能だ | 가능하다 |
| 惜しい | 아깝다 | カバー | 커버, 덮개 |
| お互いに | 서로 | 我慢 | 참음, 견딤 |
| 落ち着く | 안정되다, 진정되다 | からから | 물기가 마른 모양, 텅텅 빔 |
| お疲れさま | 수고했어요(인사말) | 枯れる | 마르다, 시들다 |
| おぼれる | (물에) 빠지다 | 渇く | 목마르다, 갈증나다 |
| 主に | 주로 | 乾く | 마르다, 건조하다 |
| カーブ | 커브 | 感覚 | 감각 |
| 解決 | 해결 | 間隔 | 간격 |
| 外食 | 외식 | 観察 | 관찰 |
| 香り | 향기 | 感じ | 느낌, 기분 |
| かかる | (병에) 걸리다, (시간이) 걸리다 | 完成 | 완성 |
| 確実だ | 확실하다 | 乾燥 | 건조 |
| 隠す | 감추다, 숨기다 | 感動 | 감동 |
| 囲まれる | 둘러싸이다 | 期限 | 기한 |
| 囲む | 둘러싸다, 에워싸다 | 傷 | 상처 |
| 重ねる | 겹치다, 포개다 | 期待 | 기대 |
| 片方 | 한쪽, 한편 | きちんと | 깔끔히, 말쑥히 |
| カタログ | 카탈로그, 상품 목록 | きつい | 심하다, 헐렁하지 않고 꼭 끼다 |
| がっかり | 실망·낙심하는 모양 | 記念 | 기념 |

| 어휘 | 의미 |
|---|---|
| きぼう<br>希望 | 희망 |
| キャンセル | 캔슬, 취소 |
| きょうみ<br>興味 | 흥미, 관심 |
| きんし<br>禁止 | 금지 |
| ぐうぜん<br>偶然 | 우연히, 뜻밖에 |
| くせ | 버릇, 습관 |
| くや<br>悔しい | 분하다 |
| くる<br>苦しい | 괴롭다, 답답하다 |
| くんれん<br>訓練 | 훈련 |
| けいえい<br>経営 | 경영 |
| げいじゅつ<br>芸術 | 예술 |
| けいゆ<br>経由 | 경유 |
| けんさ<br>検査 | 검사 |
| げんりょう<br>原料 | 원료 |
| こい<br>恋しい | 그립다 |
| こうかてき<br>効果的 | 효과적 |
| こうかん<br>交換 | 교환 |
| ごうせい<br>合成 | 합성 |
| ことわ<br>断る | 거절하다 |
| あいだ<br>この間 | 요전, 일전 |

| 어휘 | 의미 |
|---|---|
| さ<br>差 | 차, 차이 |
| さいしん<br>最新 | 최신 |
| ざいりょう<br>材料 | 재료 |
| さか<br>盛ん | 번성함, 왕성함 |
| さくもつ<br>作物 | 작물, 농작물 |
| さっそく | 즉시 |
| さ<br>覚める | 잠이 깨다, 눈이 떠지다 |
| しげん<br>資源 | 자원 |
| じじょう<br>事情 | 사정 |
| じしん<br>自信 | 자신, 자신감 |
| しず<br>沈む | 가라앉다 |
| しせい<br>姿勢 | 자세 |
| した<br>親しい | 친하다, 친밀하다 |
| しっかり | 확실히, 똑똑히 |
| しつこい | 집요하다, 끈질기다 |
| じどうてき<br>自動的に | 자동적으로 |
| しばらく | 잠깐, 당분간 |
| しばる | 묶다, 매다 |
| しぼる | (물기를) 짜다, (범위를) 좁히다 |
| しまう | (서랍 등에) 넣다, (가게 등을) 닫다 |

| 어휘 | 의미 |
|---|---|
| 自慢 (じ まん) | 자랑 |
| 染み (し) | 얼룩 |
| 締め切り (し き) | 마감 |
| ～者 (しゃ) | ~자, ~하는 사람 |
| 就職 (しゅうしょく) | 취직, 취업 |
| 渋滞 (じゅうたい) | 정체, 교통 체증 |
| 集中 (しゅうちゅう) | 집중 |
| 主張 (しゅちょう) | 주장 |
| 順番 (じゅんばん) | 순번, 차례 |
| 消極的 (しょうきょくてき) | 소극적 |
| 冗談 (じょうだん) | 농담 |
| 信じる (しん) | 믿다 |
| 申請 (しんせい) | 신청 |
| 親戚 (しんせき) | 친척 |
| ずいぶん | 몹시, 대단히 |
| ずきずき | 욱신욱신, 지끈지끈 |
| 清潔 (せいけつ) | 청결 |
| 制限 (せいげん) | 제한 |
| 正常に (せいじょう) | 정상적으로 |
| 整理 (せい り) | 정리 |

| 어휘 | 의미 |
|---|---|
| 積極的 (せっきょくてき) | 적극적 |
| セット | 세트 |
| 全～ (ぜん) | 전(전체)~ |
| 前後 (ぜん ご) | 전후, 안팎, 내외 |
| 想像 (そうぞう) | 상상 |
| 底 (そこ) | 바닥 |
| そっくり | 꼭 닮은 모양, 통째로 |
| そっと | 살짝, 가만히 |
| 代金 (だいきん) | 대금 |
| 代表的 (だいひょうてき) | 대표적 |
| 体力 (たいりょく) | 체력 |
| 確かめる (たし) | 확인하다 |
| 戦う (たたか) | 싸우다 |
| 叩く (たた) | 치다, 때리다 |
| たたむ | 접다, (빨래를) 개다 |
| 経つ (た) | (시간이) 지나다, 경과하다 |
| ためる | 모으다 |
| 頼る (たよ) | 의지하다 |
| だるい | 나른하다, 노곤하다 |
| チャレンジ | 챌린지, 도전 |

| 어휘 | 의미 |
|---|---|
| ちょうし<br>調子 | 상태, 컨디션 |
| つうち<br>通知 | 통지 |
| つうやく<br>通訳 | 통역 |
| つ あ<br>付き合う | 사귀다, 교제하다 |
| テーマ | 테마, 주제 |
| デザイン | 디자인 |
| どうさ<br>動作 | 동작 |
| とうじつ<br>当日 | 당일 |
| とうじょう<br>登場 | 등장 |
| どきどき | 두근두근 |
| とくちょう<br>特徴 | 특징 |
| とける | 녹다 |
| と<br>閉じる | (눈을) 감다, 덮다 |
| とち<br>土地 | 토지 |
| とつぜん<br>突然 | 돌연, 갑자기 |
| と け<br>取り消す | 취소하다 |
| と だ<br>取り出す | 꺼내다, 끄집어내다 |
| ないしょ<br>内緒 | 비밀 |
| なか<br>仲 | (사람과의) 사이, 관계 |
| なが<br>流れる | 흐르다 |

| 어휘 | 의미 |
|---|---|
| なつ<br>懐かしい | 그립다, 반갑다 |
| なめる | 핥다, 맛보다 |
| なるべく | 되도록, 가능한 한 |
| ノック | 노크 |
| の<br>伸ばす | 펴다, 키우다, 늘리다 |
| はいたつ<br>配達 | 배달 |
| バケツ | 양동이 |
| はってん<br>発展 | 발전 |
| はっぴょう<br>発表 | 발표 |
| は で<br>派手だ | 화려하다 |
| はな あ<br>話し合う | 서로 이야기하다 |
| はや<br>早めに | 일찌감치, 빨리 |
| ばらばら | 제각기 다른 모양, 뿔뿔이 |
| ばん<br>番 | 차례, 순서 |
| はんにち<br>半日 | 반일, 한나절 |
| パンフレット | 팸플릿, 소책자 |
| ひかく<br>比較 | 비교 |
| ひがし む<br>東向き | 동향 |
| ひ う<br>引き受ける | 맡다, 떠맡다 |
| ぴったり | 꼭 들어맞는 모양, 딱 |

| 어휘 | 의미 |
|---|---|
| ヒント | 힌트 |
| 不安<br>ふあん | 불안 |
| 拭く<br>ふ | 닦다 |
| 複雑だ<br>ふくざつ | 복잡하다 |
| 防ぐ<br>ふせ | 막다, 방지하다 |
| 物価<br>ぶっか | 물가 |
| ぶつかる | 부딪치다, 충돌하다 |
| 不満<br>ふまん | 불만 |
| ふらふら | 흔들흔들, 비틀비틀, 휘청휘청 |
| ぶらぶら | 어슬렁어슬렁, 빈둥빈둥 |
| 振る<br>ふ | 흔들다, 휘두르다 |
| 平気だ<br>へいき | 아무렇지 않다, 걱정 없다, 태연하다 |
| 平均<br>へいきん | 평균 |
| 別々<br>べつべつ | 따로따로, 제각기 |
| ペラペラ | 술술, 줄줄 |
| 報告<br>ほうこく | 보고 |
| ほえる | 짖다 |
| 干す<br>ほ | 말리다 |
| マイク | 마이크 |
| 交ざる<br>ま | 섞이다 |

| 어휘 | 의미 |
|---|---|
| 待ち合わせる<br>ま あ | 약속을 정해 만나다 |
| マナー | 매너, 예의 |
| 守る<br>まも | 지키다 |
| 迷う<br>まよ | 헤매다, 길을 잃다, 망설이다 |
| 身につける<br>み | 몸에 익히다, 몸에 지니다 |
| むく | (껍질을) 벗기다, 까다 |
| 無駄<br>むだ | 쓸데없음, 낭비 |
| 面倒くさい<br>めんどう | 귀찮다, 성가시다 |
| 申込書<br>もうしこみしょ | 신청서 |
| 目的<br>もくてき | 목적 |
| 目標<br>もくひょう | 목표 |
| もったいない | 아깝다 |
| 文句<br>もんく | 불평, 불만 |
| 家賃<br>やちん | 집세 |
| 破れる<br>やぶ | 찢어지다, 깨지다 |
| ユーモア | 유머, 익살맞음 |
| 床<br>ゆか | 바닥 |
| ゆるい | 느슨하다, 헐겁다 |
| 許す<br>ゆる | 용서하다 |
| 翌日<br>よくじつ | 다음날, 이튿날 |

| 어휘 | 의미 |
| --- | --- |
| <ruby>呼<rt>よ</rt></ruby>びかける | 호소하다 |
| リサイクル | 리사이클, 재활용 |
| <ruby>立<rt>りっ</rt></ruby><ruby>派<rt>ぱ</rt></ruby>だ | 훌륭하다 |
| <ruby>流<rt>りゅう</rt></ruby><ruby>行<rt>こう</rt></ruby>する | 유행하다 |
| 〜<ruby>料<rt>りょう</rt></ruby> | ~료(비용) |
| <ruby>両<rt>りょう</rt></ruby><ruby>替<rt>がえ</rt></ruby> | 환전 |
| <ruby>料<rt>りょう</rt></ruby><ruby>金<rt>きん</rt></ruby> | 요금 |
| レシピ | 레시피, 조리법 |
| <ruby>列<rt>れつ</rt></ruby> | 열, 줄 |
| <ruby>別<rt>わか</rt></ruby>れる | 헤어지다 |
| <ruby>分<rt>わ</rt></ruby>ける | 나누다 |
| <ruby>割<rt>わり</rt></ruby><ruby>合<rt>あい</rt></ruby> | 비율 |

## 유의 표현

| | | |
|---|---|---|
| 相変わらず 변함없이 | ≒ | 前と同じで 전과 같이 |
| あきらめる 포기하다, 체념하다 | ≒ | やめる 그만두다 |
| 明ける 날이 밝다, 끝나다 | ≒ | 終わる 끝나다, 마치다 |
| あたえる 주다, 부여하다 | ≒ | あげる 주다 |
| あまりました 남았습니다 | ≒ | 多すぎて残りました 너무 많아서 남았습니다 |
| あらゆる 온갖, 모든 | ≒ | 全部の 전부, 모든 |
| あわてる 당황하다, 몹시 서두르다 | ≒ | 急ぐ 서두르다 |
| 案 안, 생각, 의견 | ≒ | アイデア 아이디어, 생각, 의견 |
| 暗記する 암기하다 | ≒ | 覚える 외우다, 암기하다, 기억하다 |
| 位置 위치 | ≒ | 場所 장소 |
| 一流 일류 | ≒ | 素晴らしい 훌륭하다 |
| 疑っている 의심하고 있다 | ≒ | 本当ではないと思っている 사실이 아니라고 생각하고 있다 |
| うばう 빼앗다 | ≒ | 取る 잡다, 취하다, 빼앗다 |
| 売り切れる 매진되다 | ≒ | 全部売れる 전부 팔리다 |
| 延期になった 연기되었다 | ≒ | 後の別の日にやることになった 이후의 다른 날에 하게 되었다 |
| おい (남자) 조카 | ≒ | 妹の息子 여동생의 아들 |

| | | |
|---|---|---|
| 横断禁止 횡단 금지 (おうだんきんし) | ≒ | 渡ってはいけない 건너서는 안 되다 (わた) |
| おかしな 이상한, 우스운 | ≒ | 変な 이상한 (へん) |
| お小遣い 용돈 (こづか) | ≒ | お金 돈 (かね) |
| おしまい 끝, 마지막, 마침 | ≒ | 終わり 끝, 마지막 (お) |
| 恐ろしい 두렵다, 무섭다 (おそ) | ≒ | 怖い 무섭다 (こわ) |
| カーブしている 구부러져 있다 | ≒ | 曲がっている 구부러져 있다 (ま) |
| 回収する 회수하다, 거두다 (かいしゅう) | ≒ | 集める 모으다 (あつ) |
| 価格 가격 (かかく) | ≒ | 値段 가격, 값 (ねだん) |
| 輝いている 빛나고 있다 (かがや) | ≒ | 光っている 빛나고 있다 (ひか) |
| 駆けてくる 뛰어오다 (か) | ≒ | 走ってくる 달려오다 (はし) |
| がっかりした 실망했다 | ≒ | 残念だと思った 유감이라고 생각했다 (ざんねん) (おも) |
| 学校をサボる 학교를 빼먹다, 땡땡이치다 (がっこう) | ≒ | 遊びたくて学校を休む 놀고 싶어서 학교를 쉬다 (あそ) (がっこう) (やす) |
| 感謝 감사 (かんしゃ) | ≒ | お礼 감사, 감사 인사, 감사 선물 (れい) |
| 機会 기회 (きかい) | ≒ | チャンス 찬스, 기회 |
| 企業 기업 (きぎょう) | ≒ | 会社 회사 (かいしゃ) |
| きつい 고되다, 심하다 | ≒ | 大変だ 힘들다 (たいへん) |

| | | |
|---|---|---|
| キッチン 키친, 부엌 | ≒ | 台所(だいどころ) 부엌 |
| 気(き)に入(い)る 마음에 들다 | ≒ | 好(す)きになる 좋아지다 |
| 決(き)まり 규칙, 규정 | ≒ | 規則(きそく) 규칙 |
| 逆(ぎゃく) 반대, 거꾸로임 | ≒ | 反対(はんたい) 반대 |
| 共通点(きょうつうてん) 공통점 | ≒ | 同(おな)じところ 같은 점 |
| 協力(きょうりょく)する 협력하다 | ≒ | 手伝(てつだ)う 도와주다, 거들다 |
| くたびれる 기진맥진하다, 녹초가 되어 뻗다 | ≒ | 疲(つか)れる 지치다, 피로해지다 |
| グラウンド 그라운드, 운동장 | ≒ | 運動場(うんどうじょう) 운동장 |
| 詳(くわ)しい 자세하다, 상세하다 | ≒ | 細(こま)かい 잘다, 미세하다, 세세하다 |
| 欠点(けってん) 결점 | ≒ | よくないところ 좋지 않은 점 |
| 検討(けんとう)する 검토하다 | ≒ | よく考(かんが)える 잘 생각하다 |
| この頃(ころ) 요즈음 | ≒ | 最近(さいきん) 최근, 요즘 |
| 混雑(こんざつ)する 혼잡하다 | ≒ | 客(きゃく)がたくさんいる 손님이 많이 있다 |
| サイズ 사이즈, 크기 | ≒ | 大(おお)きさ 크기 |
| さっき 아까, 조금 전 | ≒ | 少(すこ)し前(まえ) 조금 전 |
| さっそく 곧, 즉시 | ≒ | すぐに 바로, 곧 |

| | | |
|---|---|---|
| さまざまな 다양한 | ≒ | いろいろな 여러 가지의, 다양한 |
| 次第に 차츰, 점차 | ≒ | 少しずつ 조금씩 |
| 指定 지정 | ≒ | 決められる 정해지다 |
| 指導する 지도하다 | ≒ | 教える 가르치다, 알려 주다 |
| しゃべる 이야기하다, 수다를 떨다 | ≒ | 話す 이야기하다 |
| 手段 수단 | ≒ | やり方 하는 방법(수단) |
| 信じる 믿다 | ≒ | 本当だと思っている 정말이라고 생각하고 있다 |
| ずいぶん 대단히, 매우, 몹시 | ≒ | 非常に 상당히, 매우 |
| スケジュール 스케줄 | ≒ | 予定 예정, 일정 |
| 全て 전부, 모두 | ≒ | 全部 전부 |
| 済ませる 끝내다, 마치다 | ≒ | 終わらせる 끝내다, 종료시키다 |
| 整理する 정리하다 | ≒ | 片付ける 정리하다, 치우다, 처리하다 |
| 絶対 절대, 단연코 | ≒ | 必ず 반드시 |
| そっと 살짝, 가만히 | ≒ | 静かに 조용히 |
| そのまま 그대로 | ≒ | 何も変えないで 아무것도 바꾸지 않고 |
| 退屈だ 심심하다, 따분하다 | ≒ | つまらない 재미없다, 지루하다 |

414

| | | |
|---|---|---|
| 確かめる 확인하다 | ≒ | チェックする 체크하다, 확인하다 |
| 多少 다소 | ≒ | ちょっと 좀, 조금 |
| 経つ 지나다, 경과하다 | ≒ | 過ぎる 지나다 |
| たまる 모이다, 쌓이다 | ≒ | 残る 남다 |
| 黙る 가만히 있다 | ≒ | 話さない 말하지 않다 |
| 短気だ 성미가 급하다 | ≒ | すぐ怒る 바로 화내다 |
| 単純だ 단순하다 | ≒ | 分かりやすい 알기 쉽다 |
| 団体 단체 | ≒ | グループ 그룹, 집단 |
| 注文する 주문하다 | ≒ | 頼む 부탁하다, 주문하다 |
| 通勤する 통근하다 | ≒ | 仕事に行く 일하러 가다 |
| 当然 당연 | ≒ | もちろん 물론 |
| 得意な 잘하는, 특기인 | ≒ | とても上手な 매우 실력이 좋은 |
| どなる 고함치다, 호통치다 | ≒ | 大声で怒る 큰소리로 화내다 |
| トレーニング 트레이닝 | ≒ | 練習 연습 |
| 内緒にして 비밀로 하여 | ≒ | 誰にも話さないで 아무에게도 말하지 않고 |
| 納得 납득 | ≒ | とてもよく分かる 굉장히 잘 알다 |

| | | |
|---|---|---|
| <ruby>年中<rt>ねんじゅう</rt></ruby> 연중, 일년 내내, 언제나, 늘 | ≒ | いつも 항상 |
| <ruby>配達<rt>はいたつ</rt></ruby>する 배달하다 | ≒ | <ruby>届<rt>とど</rt></ruby>ける 전하다, 배달하다 |
| バックする 뒤로 가다, 후진하다 | ≒ | <ruby>後<rt>うし</rt></ruby>ろに<ruby>下<rt>さ</rt></ruby>がる 뒤로 물러나다 |
| <ruby>避難<rt>ひなん</rt></ruby>する 피난하다 | ≒ | <ruby>逃<rt>に</rt></ruby>げる 도망치다 |
| <ruby>不安<rt>ふあん</rt></ruby>だ 불안하다 | ≒ | <ruby>心配<rt>しんぱい</rt></ruby>だ 걱정이다 |
| <ruby>普段<rt>ふだん</rt></ruby> 평소, 항상 | ≒ | いつも 언제나, 늘, 보통 때 |
| <ruby>触<rt>ふ</rt></ruby>れる 닿다, 접촉하다 | ≒ | <ruby>触<rt>さわ</rt></ruby>る 만지다, 접촉하다 |
| ぺこぺこ 배가 고픈 모양 | ≒ | <ruby>空<rt>す</rt></ruby>いている 비어 있다, (배가) 고프다 |
| ベスト 베스트, 가장 좋은 | ≒ | <ruby>最<rt>もっと</rt></ruby>もよい 가장 좋다 |
| ぺらぺら 유창하게, 술술 | ≒ | <ruby>上手<rt>じょうず</rt></ruby>に<ruby>話<rt>はな</rt></ruby>せる 능숙하게 이야기할 수 있다 |
| <ruby>減<rt>へ</rt></ruby>る 줄어들다 | ≒ | <ruby>少<rt>すく</rt></ruby>なくなる 적어지다 |
| <ruby>報告<rt>ほうこく</rt></ruby>する 보고하다 | ≒ | <ruby>知<rt>し</rt></ruby>らせる 알리다 |
| <ruby>孫<rt>まご</rt></ruby> 손자 | ≒ | <ruby>娘<rt>むすめ</rt></ruby>の<ruby>息子<rt>むすこ</rt></ruby> 딸의 아들 |
| まったく 전혀, 완전히 | ≒ | <ruby>全然<rt>ぜんぜん</rt></ruby> 전연, 전혀 |
| <ruby>学<rt>まな</rt></ruby>んでいる 배우고 있다 | ≒ | <ruby>勉強<rt>べんきょう</rt></ruby>している 공부하고 있다 |
| まぶしい 눈부시다 | ≒ | <ruby>明<rt>あか</rt></ruby>るすぎる 너무 밝다 |

| | | |
|---|---|---|
| めい (여자) 조카 | ≒ | 兄弟の娘 형제의 딸 |
| 約 약 | ≒ | だいたい 대략, 대개 |
| やり直す 다시 하다 | ≒ | もう一度やる 한번 더 하다 |
| ゆるい 느슨하다, 헐렁하다 | ≒ | 大きい 크다 |
| ようやく 겨우, 가까스로 | ≒ | やっと 겨우, 간신히 |
| 翌年 이듬해(翌年이라고도 함) | ≒ | 次の年 다음 해 |
| 楽な 편한 | ≒ | 簡単な 간단한 |

| 어휘 | 의미 | 어휘 | 의미 |
|---|---|---|---|
| <ruby>諦<rt>あきら</rt></ruby>める | 포기하다 | <ruby>追<rt>お</rt></ruby>い<ruby>抜<rt>ぬ</rt></ruby>く | 앞지르다, 추월하다 |
| <ruby>預<rt>あず</rt></ruby>ける | 맡기다 | オーバー | 오버, 과장됨 |
| <ruby>新<rt>あたら</rt></ruby>しい | 새롭다 | お<ruby>互<rt>たが</rt></ruby>いに | 서로, 상호간에 |
| <ruby>余<rt>あま</rt></ruby>る | 남다, 넘치다 | <ruby>落<rt>お</rt></ruby>ち<ruby>着<rt>つ</rt></ruby>く | 안정되다, 진정되다 |
| あわてる | 당황하다 | <ruby>回収<rt>かいしゅう</rt></ruby> | 회수 |
| <ruby>暗記<rt>あんき</rt></ruby> | 암기 | かき<ruby>混<rt>ま</rt></ruby>ぜる | 휘젓다, 뒤섞다 |
| <ruby>異常<rt>いじょう</rt></ruby> | 이상, 비정상 | <ruby>重<rt>かさ</rt></ruby>なる | 겹치다, 중복되다 |
| <ruby>移動<rt>いどう</rt></ruby> | 이동 | <ruby>活動<rt>かつどう</rt></ruby> | 활동 |
| <ruby>植<rt>う</rt></ruby>える | (나무 등을) 심다 | <ruby>空<rt>から</rt></ruby> | 비어 있음 |
| <ruby>受<rt>う</rt></ruby>け<ruby>入<rt>い</rt></ruby>れる | 받아들이다 | <ruby>枯<rt>か</rt></ruby>れる | 시들다 |
| <ruby>受<rt>う</rt></ruby>け<ruby>取<rt>と</rt></ruby>る | 받다, 수령하다, 수취하다 | <ruby>完成<rt>かんせい</rt></ruby> | 완성 |
| <ruby>埋<rt>う</rt></ruby>める | 묻다, 메우다 | <ruby>期限<rt>きげん</rt></ruby> | 기한 |
| <ruby>栄養<rt>えいよう</rt></ruby> | 영양 | <ruby>気<rt>き</rt></ruby>づく | 깨닫다, 눈치를 채다 |
| <ruby>延期<rt>えんき</rt></ruby> | 연기(뒤로 미룸) | <ruby>急<rt>きゅう</rt></ruby>に | 갑자기 |
| <ruby>追<rt>お</rt></ruby>いつく | 따라잡다, (수준에) 달하다 | <ruby>共通<rt>きょうつう</rt></ruby> | 공통 |

| 어휘 | 의미 | 어휘 | 의미 |
|---|---|---|---|
| 距離<br><sub>きょり</sub> | 거리 | 転ぶ<br><sub>ころ</sub> | 구르다, 넘어지다 |
| 緊張<br><sub>きんちょう</sub> | 긴장 | 盛ん<br><sub>さか</sub> | 번성함, 성행함, 왕성함 |
| 区切る<br><sub>くぎ</sub> | 구획 짓다, 구분하다 | 参加<br><sub>さんか</sub> | 참가 |
| ぐっすり | 푹, 깊이 잠든 모양 | 支給<br><sub>しきゅう</sub> | 지급 |
| 区別<br><sub>くべつ</sub> | 구별 | 指示<br><sub>しじ</sub> | 지시 |
| 経由<br><sub>けいゆ</sub> | 경유 | 親しい<br><sub>した</sub> | 친하다, 친근하다 |
| 欠点<br><sub>けってん</sub> | 결점 | 実物<br><sub>じつぶつ</sub> | 실물 |
| 健康<br><sub>けんこう</sub> | 건강 | 締め切り<br><sub>し き</sub> | 마감, 마감일 |
| 減少<br><sub>げんしょう</sub> | 감소 | 集合<br><sub>しゅうごう</sub> | 집합 |
| 建設<br><sub>けんせつ</sub> | 건설 | 渋滞<br><sub>じゅうたい</sub> | 정체, 교통 체증 |
| 建築<br><sub>けんちく</sub> | 건축 | 重大な<br><sub>じゅうだい</sub> | 중대한 |
| 原料<br><sub>げんりょう</sub> | 원료 | 修理<br><sub>しゅうり</sub> | 수리 |
| 効果<br><sub>こうか</sub> | 효과 | 縮小<br><sub>しゅくしょう</sub> | 축소 |
| 交流<br><sub>こうりゅう</sub> | 교류 | 出張<br><sub>しゅっちょう</sub> | 출장 |
| 断る<br><sub>ことわ</sub> | 거절하다 | 正直だ<br><sub>しょうじき</sub> | 정직하다 |
| こぼす | 흘리다, 엎지르다 | 消費<br><sub>しょうひ</sub> | 소비 |

| 어휘 | 의미 |
|---|---|
| 知り合う | 서로 알다 |
| 診察 | 진찰 |
| 新鮮だ | 신선하다 |
| 進歩 | 진보 |
| 性格 | 성격 |
| 清潔だ | 청결하다 |
| 制限 | 제한 |
| 整理 | 정리 |
| 早退 | 조퇴 |
| そっくりだ | 꼭 닮다 |
| 空 | 하늘 |
| そろそろ | 슬슬, 이제 곧 |
| 滞在 | 체재, 체류 |
| 抱く | 안다 |
| たまる | 모이다, 쌓이다 |
| だるい | 나른하다, 지루하다 |

| 어휘 | 의미 |
|---|---|
| 知識 | 지식 |
| 中古 | 중고 |
| 中旬 | 중순 |
| 伝わる | 전해지다, 알려지다 |
| 詰める | 채우다, 채워 넣다, (간격을) 좁히다 |
| 通り過ぎる | 지나치다, 지나치다, 통과하다 |
| どきどき | 두근두근 |
| どなる | 고함치다, 호통치다 |
| 取り消す | 취소하다 |
| 内容 | 내용 |
| 慰める | 위로하다, 달래다 |
| なだらかだ | 완만하다 |
| 似合う | 어울리다 |
| 握る | 쥐다, 잡다 |
| にこにこ | 생긋생긋, 싱글벙글 |
| はかる | (무게를) 달다, 재다 |

| 어휘 | 의미 |
|---|---|
| 発生 はっせい | 발생 |
| 発展 はってん | 발전 |
| 話しかける はな | 말을 걸다 |
| 離す はな | 떼다, 사이를 벌리다 |
| 引き受ける ひ う | 맡다, 떠맡다 |
| ひびく | 울리다, 울려 퍼지다 |
| 沸騰 ふっとう | 비등, (액체가) 끓어 오름 |
| ふらふら | 흔들흔들, 비틀비틀 |
| 分類 ぶんるい | 분류 |
| 報告 ほうこく | 보고 |
| 訪問 ほうもん | 방문 |
| ほえる | 짖다, 으르렁거리다 |
| 募集 ぼしゅう | 모집 |
| 翻訳 ほんやく | 번역 |
| 曲げる ま | 구부리다, 굽히다 |
| 貧しい まず | 가난하다 |

| 어휘 | 의미 |
|---|---|
| 混ぜる ま | 섞다, 혼합하다 |
| 満員 まんいん | 만원(인원이 다 참) |
| 見送る み おく | 배웅하다, 보류하다 |
| 身につける み | 몸에 익히다, 몸에 지니다 |
| 見本 み ほん | 견본 |
| 未来 み らい | 미래 |
| ユーモア | 유머, 익살맞음 |
| 行き先 ゆ さき | 행선지, 목적지 |
| ゆでる | 데치다, 삶다 |
| 緩い ゆる | 느슨하다, 엄하지 않다 |
| 割引 わりびき | 할인 |

MEMO

# JLPT 합격 시그널 | 일본어능력시험 단어장 N3

| | |
|---|---|
| **초판인쇄** | 2025년 5월 9일 |
| **초판발행** | 2025년 5월 30일 |

| | |
|---|---|
| **저자** | JLPT 연구모임 |
| **편집** | 김성은, 조은형, 오은정, 무라야마 토시오 |
| **펴낸이** | 엄태상 |
| **디자인** | 이건화 |
| **조판** | 이서영 |
| **콘텐츠 제작** | 김선웅, 장형진 |
| **마케팅** | 이승욱, 노원준, 조성민, 이선민 |
| **경영기획** | 조성근, 최성훈, 김로은, 최수진, 오희연 |
| **물류** | 정종진, 윤덕현, 신승진, 구윤주 |

| | |
|---|---|
| **펴낸곳** | 시사일본어사(시사북스) |
| **주소** | 서울시 종로구 자하문로 300 시사빌딩 |
| **주문 및 교재 문의** | 1588-1582 |
| **팩스** | 0502-989-9592 |
| **홈페이지** | www.sisabooks.com |
| **이메일** | book_japanese@sisadream.com |
| **등록일자** | 1977년 12월 24일 |
| **등록번호** | 제 300-2014-92호 |

ISBN 978-89-402-9446-8(13730)